Felix Kolewe

iPad in Schule und Unterricht

Das Praxis-Handbuch für Lehrer*innen

Rheinwerk
Computing

Liebe Leserin, lieber Leser,

als Apple-Gründer Steve Jobs 2010 das erste iPad vorstellte, hielten manche es für ein groß geratenes iPhone, andere für einen geschrumpften Computer. Heute hat das iPad die Geräteklasse der Tablets grundlegend geprägt und übersteigt mit großem Abstand die Absatzzahlen der nacheifernden Konkurrenz. Im Schulunterricht steckt es sowohl Smartphones als auch Laptops locker in die Tasche. Leicht, einfach zu bedienen und mit einer Vielzahl an Funktionen – das alles macht es zum idealen Begleiter im digitalisierten Schulalltag. Statt den analogen Schulunterricht hinter ein Displayglas zu sperren, gibt Ihnen das iPad völlig neue Möglichkeiten Ihren Unterricht interaktiver, spannender und zukunftsorientierter zu gestalten.

Felix Kolewe kennt den didaktischen Wert des Apple-Tablets aus jahrelanger Unterrichtspraxis. Er zeigt Ihnen die Kniffe, die mit Kreide an der Tafel noch unmöglich waren: Steigen Sie mit der Wahl von iPad und Zubehör ins digitale Unterrichten ein und bedienen Sie spielend leicht die Oberfläche Ihres Tablets. Lernen Sie, wie Sie digitale Zusammenarbeit zwischen Schüler*innen möglich machen und behalten Sie diese auf Ihrem iPad immer im Blick. In multimedialen Lernprojekten können Ihre Schützlinge selbst Nachrichten- und Erklärvideos gestalten und werden kreativ. Setzen Sie Apps wie *Explain Everything* oder *Schoolwork* ein, die speziell auf den Schulunterricht abgestimmt sind und erfahren Sie, wie Sie Ihren Lehreralltag mit dem *Kalender*, der *Kamera* oder der Präsentations-App *Keynote* bereichern.

Dieses Buch wurde mit größter Sorgfalt geschrieben und hergestellt. Sollten Sie dennoch einmal etwas entdecken, das nicht so funktioniert, wie Sie es erwarten, oder inhaltliche Anregungen haben, freue ich mich, wenn Sie mir schreiben. Nun wünsche ich Ihnen aber erst einmal viel Freude beim Lesen und Erfolg beim digitalen Unterrichten!

Ihr Fynn Koretz
Lektorat Rheinwerk Computing

fynn.koretz@rheinwerk-verlag.de
www.rheinwerk-verlag.de
Rheinwerk Verlag · Rheinwerkallee 4 · 53227 Bonn

Auf einen Blick

Wir hoffen, dass Sie Freude an diesem Buch haben und sich Ihre Erwartungen erfüllen. Ihre Anregungen und Kommentare sind uns jederzeit willkommen. Bitte bewerten Sie doch das Buch auf unserer Website unter **www.rheinwerk-verlag.de/feedback**.

An diesem Buch haben viele mitgewirkt, insbesondere:

Lektorat Isabella Bleissem, Fynn Koretz
Korrektorat Friederike Daenecke, Zülpich
Herstellung Norbert Englert
Typografie und Layout Vera Brauner
Einbandgestaltung Bastian Illerhaus
Titelbild shutterstock: 433365982 © KucherAV, 735959146 © Monkey_Business_Images; iStock: 1276704847 © momcilog
Satz III-Satz, Husby
Druck und Bindung mediaprint solutions, Paderborn

Dieses Buch wurde gesetzt aus der TheAntiquaB (9,35/13,7 pt) in FrameMaker.
Gedruckt wurde es auf chlorfrei gebleichtem Offsetpapier (90 g/m²).
Hergestellt in Deutschland.

Bibliografische Information der Deutschen Nationalbibliothek:
Die Deutsche Nationalbibliothek verzeichnet diese Publikation in der Deutschen Nationalbibliografie; detaillierte bibliografische Daten sind im Internet über *http://dnb.dnb.de* abrufbar.

ISBN 978-3-8362-8613-8

1. Auflage 2022

Informationen zu unserem Verlag und Kontaktmöglichkeiten finden Sie auf unserer Verlagswebsite **www.rheinwerk-verlag.de**. Dort können Sie sich auch umfassend über unser aktuelles Programm informieren und unsere Bücher und E-Books bestellen.

Inhalt

Kapitel 1
Der didaktische Mehrwert des Unterrichts mit dem iPad

Gerade während der COVID-19-Pandemie erfuhr das Unterrichten mit digitalen Endgeräten einen regelrechten Boom. Plötzlich bekam die Digitalisierung an Schulen ungeahnte Aufmerksamkeit, und die Lücken zwischen Anspruch und Realität wurden deutlich.

Neben der oftmals fehlenden Breitbandverbindung, ohne die digitales Arbeiten in der Schule schwerfällt, fehlte es auch an passenden Endgeräten, um die Unterrichtsprozesse digital gestalten zu können. Derzeit werden mithilfe des *DigitalPakts Schule* viele Endgeräte angeschafft und in die Schulen gestellt – und trotzdem läuft die Veränderung immer noch schleppend an: Eine gute Internetverbindung und moderne Endgeräte sind eben nicht automatisch der Garant für den Erfolg der Digitalisierung. Besonders wichtig ist die Unterrichtsgestaltung durch die Lehrkräfte: Sie müssen die neuen Möglichkeiten gezielt einsetzen. Doch das erweist sich bei der Vielzahl an unterschiedlichen Endgeräten, Schulausstattungen und Plänen nicht immer als einfach.

Dieses Buch soll Ihnen dabei helfen, einen Einstieg in das Unterrichten mit dem iPad zu erhalten. Es zeigt Ihnen Tipps und Tricks im Umgang mit dem iPad und verhilft Ihnen zu mehr Sicherheit und Routine im Unterricht. Seit nunmehr sieben Jahren unterrichte ich an meiner Schule, der Villa Wewersbusch, mit dem iPad und habe dabei viel erlebt: Von völlig verfehlten Unterrichtszielen bis hin zum Technikausfall musste ich schon jede Leidenssituation mit dem iPad durchstehen. Dennoch bin ich überzeugter Verfechter des Einsatzes digitaler Technologien im Unterricht.

Das liegt zum einen an den vielen großartigen digitalen Werken, die meine Schüler*innen bereits kreiert haben und an der Veränderung im Lernen, die ich mit ihnen erleben durfte. Gerade die COVID-19-Pandemie hat mir gezeigt, wie wichtig die Digitalisierung an Schulen ist. Die Schule von heute muss flexibel aufgebaut sein, um ihre Schüler*innen für die Zukunft zu unterrichten.

Abbildung 1.1 Das iPad ist der treue Unterrichtsbegleiter meiner Schülerinnen und Schüler.

1.1 Welchen Effekt haben digitale Lerngeräte auf den Lernerfolg?

Ich muss Sie direkt ernüchtern: Es ist schwierig, den Effekt digitaler Lerngeräte auf den Lernerfolg der Schülerinnen und Schüler zu messen. Lernen Ihre Schüler*innen ihre Vokabeln mit dem iPad besser als ohne? Wahrscheinlich nicht. Schreiben sie auf einmal bessere Aufsätze? Das wohl eher nicht. Die positiven Effekte des Unterrichtens mit digitalen Endgeräten sind vielmehr die schwer messbaren Kompetenzen, die mithilfe der digitalen Endgeräte erlernt werden. Schulaufgaben können plötzlich viel kreativer gelöst werden, weil den Schüler*innen mehr Möglichkeiten zur Verfügung stehen.

Um Aufgaben zu lösen, müssen sie im Team arbeiten, sich absprechen und organisieren, die Aufgabe kritisch betrachten und Nachforschungen anstellen. Diese Kompetenzen werden durch das Arbeiten mit digitalen Endgeräten gefördert – es bedarf aber auch einer Umstrukturierung des Unterrichts. Der klassische Frontalunterricht eignet sich für den iPad-Einsatz nur bedingt. Natürlich können Sie das iPad leicht mit einer App wie *Explain Everything* als Whiteboard nutzen und so schlicht Tafel und Kreide durch iPad und Apple Pencil ersetzen – doch der Mehrwert des digitalen Endgeräts wird erst im projektbasierten Unterricht wirklich sichtbar, wenn Schüler*innen selbst forschen, recherchieren und produzieren.

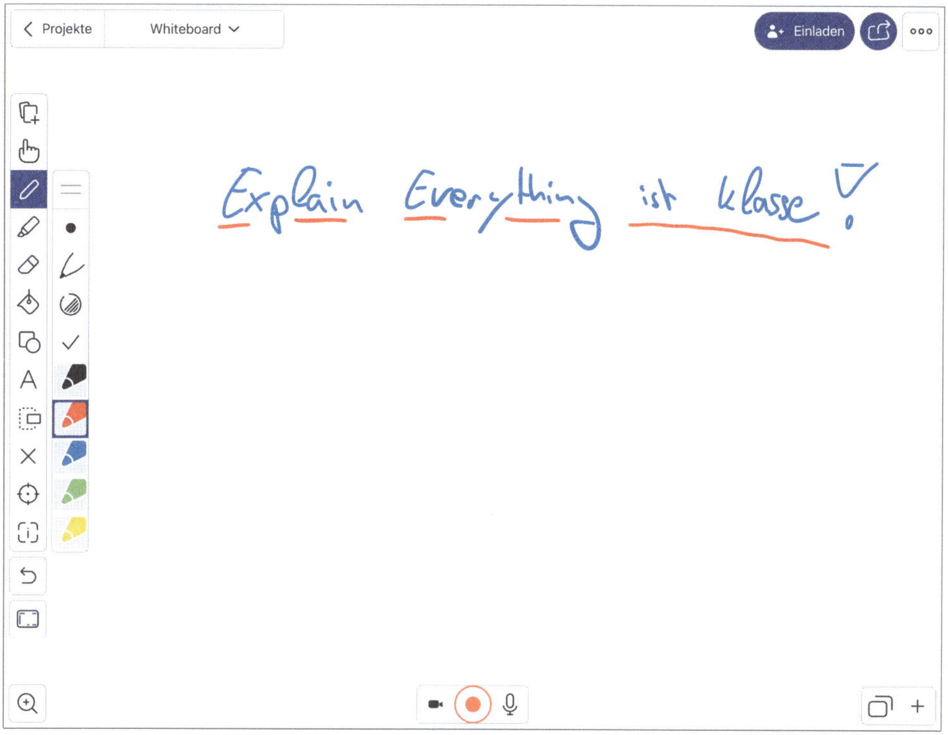

Abbildung 1.2 Die App »Explain Everything« kann viel mehr, als nur Tafel und Kreide zu ersetzen: Mehr dazu erfahren Sie in Kapitel 12.

Ihre Schüler*innen sind heute täglich mit digitalen Medien beschäftigt und bewegen sich mühelos in digitalen Sphären. Der Einsatz digitaler Endgeräte im Unterricht knüpft an ihre Lebenswelt an und motiviert sie nachhaltig. Digitalisierter Unterricht ist viel greifbarer für Ihre Klasse, denn er bringt die Lerninhalte direkt zu den Schüler*innen, anstatt sie innerhalb eines weltfremden Bildungskonstrukts mit Wissen zu füttern. Ich bin ehrlich: Natürlich haben meine Schüler*innen mehr Spaß daran, ein eigenes (Lern-) Video zu produzieren – wie es viele ihrer YouTube-Vorbilder machen –, anstatt nur zuzuhören, was ihr Lehrer ihnen zu sagen hat.

Abbildung 1.3 Mit dem iPad können sowohl Schüler*innen als auch Lehrkräfte leicht eigene Lernvideos erstellen. Wie das geht, erfahren Sie in Kapitel 8, »Multimedial unterrichten und Medienkompetenz vermitteln«.

1.2 Einsatzmöglichkeiten des iPads im Unterricht

In meinem Unterricht nutze ich das iPad in vielfältiger Weise. Ich stelle über das iPad meinen Schüler*innen die Aufgaben zur Verfügung, die ich vorher darauf vorbereitet habe; ich nutze mein iPad als digitales Whiteboard, indem ich es mit Beamer und Apple TV auf das Whiteboard in der Klasse projiziere, und ich verwalte auch die Noten meiner Schüler*innen damit.

Die gesamte Schulverwaltung inklusive des digitalen Klassenbuchs läuft an meiner Schule mithilfe des iPads. Auch alle Korrekturen erledige ich mittlerweile auf dem Tablet.

Für mich besteht der große Vorteil beim Korrigieren mit dem iPad in den vielfältigen Feedback-Möglichkeiten. Ich kann beispielsweise die Aufgaben einer bestimmten Schülerin nicht nur korrigieren, sondern ihr dazu noch Sprachnachrichten oder Videoaufnahmen schicken, die gezielt auf ihre Fehler eingehen.

Auch die Schüler*innen können die iPads vielfältig einsetzen: Sie können ihre Hefte digital führen, indem sie Handgeschriebenes einscannen und in Ordnern sortieren. Sie können Aufgaben digital bearbeiten und einreichen. Auch Kommunikation mit Lehrkräften und Mitschüler*innen ist über das iPad möglich.

Die neuen Aufgabentypen, die mithilfe der digitalen Endgeräte gestellt werden können, machen den Unterricht variabler und abwechslungsreicher. Neben den bereits erwähnten Lernvideos können die Schüler*innen Podcasts erstellen, digitale Bücher schreiben oder Vorträge halten. Und dies ist nur ein kleiner Ausschnitt der Möglichkeiten des digitalen Unterrichts. Oft sind es auch Kleinigkeiten, wie eine spontane Tour durch New York mithilfe der *Karten*-App oder das Lesen der aktuellen BBC-Nachrichten auf Englisch, die den Unterricht bereichern und die Schüler*innen begeistern.

1.3 Projektbasiertes Lernen mit dem iPad

Das iPad ist ein portables Endgerät mit Kamera und Internetzugang – die perfekte Kombination für projektbasiertes Lernen. Mit dem Ziel, ein Endprodukt zu erstellen, können Schülerinnen und Schüler in Gruppenarbeit Ideen entwickeln, Aufgaben verteilen, recherchieren und ihren Fortschritt untereinander austauschen, um am Ende ein Ziel zu erreichen. Das Produkt, das von den Schülern und Schülerinnen erschaffen wurde, besitzt für sie Relevanz und gibt ihnen das Gefühl einer Errungenschaft. Die Lehrkraft nimmt dabei die Rolle eines Lernbegleiters ein und kann den Erarbeitungsprozess unterstützen, indem sie moderiert und hilft. Die Schüler*innen sind während des Prozesses unmittelbar in das Unterrichtsgeschehen eingebunden und tragen zum Erfolg des Projekts bei.

Das Arbeiten mit dem iPad unterstützt die Schüler*innen bei der Entwicklung ihres Produkts, das digital sein kann, aber nicht sein muss. Sie können das Internet nutzen, um zu recherchieren, in geteilten Dokumenten arbeiten, um Ideen festzuhalten, oder eine To-do-Liste für den weiteren Verlauf des Projekts erstellen. Ähnliche Prozesse warten auch in ihrem späteren Arbeitsleben auf die Schüler*innen. Dieses hat sich in den letzten Jahren durch die fortschreitende technologische Entwicklung deutlich verändert.

Abbildung 1.4 Mit ein wenig Anleitung können Ihre Schüler*innen ein Filmprojekt mit der App »iMovie« umsetzen. Wie Sie sie dabei begleiten können, lernen Sie in Kapitel 10.

1.4 Vorbereitung auf ein digitales Arbeitsleben

Durch die COVID-19-Pandemie digitalisiert sich die Arbeitswelt schneller als je zuvor. Während in den Monaten des Lockdowns die Büroräume wie ausgestorben waren, tummelten sich die Menschen in Videokonferenzen bei digitalen Meetings.

Erst die Digitalisierung machte das Konzept des Homeoffice möglich. Blickt man zehn Jahre in die Vergangenheit, wäre es nicht möglich gewesen, seinem Beruf von zu Hause aus nachzugehen: Die Videokonferenz-Plattform *Zoom* wurde gerade erst gegründet, vielen Endgeräten fehlte der Internetzugang und die Bandbreite erschwerte digitales Arbeiten immens.

Und die Digitalisierung schreitet in allen Lebensbereichen rasant voran: Selbstfahrende Autos, Weltraumtourismus oder Roboter, die im Alltag helfen, sind heute keine Zukunftsvisionen aus Science-Fiction-Filmen mehr. Doch wie genau das Leben und vor allem das Arbeitsleben in 10 Jahren aussehen wird, lässt sich heute noch nicht vorhersagen.

Deshalb müssen wir unsere Schüler*innen auf eine ungewisse Zukunft vorbereiten. Es wird Berufe geben, die wir uns heute noch nicht vorstellen können, und es werden Fähigkeiten gefragt sein, die sich nur schwer erahnen lassen.

Abbildung 1.5 Ohne eine digitale Ausbildung fehlen Schülerinnen und Schülern wichtige Fähigkeiten für ihre Zukunft.

Das kompetenzorientierte Arbeiten mit digitalen Endgeräten in der Schule bereitet unsere Schülerinnen und Schüler bestmöglich auf diese Welt vor. Die Jugendlichen müssen am Ende ihrer Schulzeit die Kompetenzen beherrschen, die sie brauchen, um sich in der zukünftigen Arbeitswelt zurechtzufinden. Neben den digitalen Fähigkeiten zählen dazu vor allem soziale Kompetenzen – kooperative Arbeitsformen sind im Berufsleben gefragter denn je. Die Schule als Ort der Bildung muss sich dem Wandel der Arbeitswelt anpassen und bei der Digitalisierung vorangehen, anstatt ihr hinterherzulaufen.

Kapitel 2
Das passende iPad-Modell und Zubehör auswählen

Seit der Einführung des iPads im Jahre 2010 gibt es mittlerweile über 20 verschiedene Versionen des Tablets. Auch wenn manche älteren iPads nach heutigem technischen Standard im Unterricht nicht mehr verwendbar sind, kann die Auswahl für den Unterricht trotzdem schwerfallen.

Prinzipiell können Sie mit allen iPad-Modellen unterrichten, denn im Grunde bieten sie Ihnen im Alltag die gleichen Möglichkeiten. Einige Unterschiede sind gerade für Sie als Lehrkraft besonders relevant.

2.1 Welche Modelle gibt es?

Generell muss man in der iPad-Familie zwischen vier Modelltypen unterscheiden: dem *iPad Pro*, dem *iPad Air*, dem klassischen *iPad* und dem *iPad mini*.

Abbildung 2.1 Apple bietet eine breite Auswahl an iPads für verschiedene Einsatzzwecke und in unterschiedlichen Preisklassen an. (Quelle: Apple)

Das klassische Modell *iPad* wurde 2010 vom Apple-Gründer Steve Jobs vorgestellt. Mittlerweile ist diese Modellreihe bereits in der 9. Generation angelangt. Während das erste iPad 2010 noch keine Kamera besaß, kann das heutige iPad mit seiner technischen Ausstattung schon fast alle Aufgaben eines klassischen Computers übernehmen. In der neusten Generation ist es das letzte Tablet von Apple, das noch einen klassischen runden Home-Button unter dem Bildschirm hat.

Abbildung 2.2 Das klassische »iPad« sowie ältere Versionen des »mini«, »Air« und »Pro« haben den bekannten Home-Button unter dem Display, der einen Fingerabdruckscanner enthält. (Quelle: Apple)

Das *iPad mini* unterscheidet sich vor allem durch seine Größe von den anderen iPad-Modellen. Es ist handlicher und lässt sich gut verstauen, jedoch ist der Bildschirm dafür auch deutlich kleiner, was das Arbeiten in der Schule mit diesem Modell bedeutend erschwert. Bis zur 5. Generation erinnerte es optisch stark an das klassische iPad, in der 6. Generation hat es die dünnen Displayränder der Air- und Pro-Varianten geerbt und den Home-Button verloren.

Das *iPad Air* startete 2013 als eine etwas schlankere Version des klassischen iPads. Damals war es häufig die erste Wahl für den Einsatz in der Schule, da Preis und Funktionen sehr attraktiv waren. 2020 wurde das iPad Air in der 4. Generation vorgestellt und erhielt dabei viele Eigenschaften der teureren Pro-Variante, wie den gleichmäßig dünnen Rand um das Display oder die Unterstützung für den fortgeschrittenen Apple Pencil der 2. Generation. Auch haben neue iPad Airs keinen Home-Button mehr unterhalb des Displays, sondern werden mithilfe eines Fingerabdrucksensors am Gehäuse entsperrt.

Abbildung 2.3 Die Größe des »iPad mini« mag beim Transport ein Vorteil sein, beim Arbeiten auf dem Gerät ist sie ein Hindernis. (Quelle: Apple)

Das *iPad Pro* ist das leistungsstärkste und auch teuerste Modell der iPad-Reihe. 2021 erschien die 5. Generation dieser Reihe mit dem schnellen M1-Chip, der auch in Apples Mac-Computern seinen Dienst verrichtet. Dieser macht das iPad Pro unglaublich schnell und leistungsstark. Bei neueren iPad-Pro-Modellen (siehe Abbildung 2.4) fehlt der Home-Button unterhalb des Bildschirms, den Sie in Abbildung 2.2 erkennen können. Dafür besitzt das iPad Pro nun die Gesichtserkennungstechnologie *Face ID*, mit der Sie das iPad entsperren können.

Abbildung 2.4 Neue Modelle des »iPad Pro« und des »Air« haben einen symmetrischen Rand um das Display und richten sich an professionellere Anwender. (Quelle: Apple)

2.2 Welches Modell eignet sich für den Unterricht?

Im Unterrichtseinsatz hat sich die klassische *iPad*-Reihe vor allem aufgrund ihres Preises und ihrer Displaygröße durchgesetzt. Die meisten Geräte, die für den Unterricht beschafft werden, stammen aus dieser Modellreihe. Bekommen Sie ein Gerät von der Schule gestellt, wird es sich daher wahrscheinlich um ein iPad der 7., 8. oder 9. Generation handeln (siehe Abbildung 2.5). Mit einem Preis von knapp über 350 € und der Möglichkeit, den Apple Pencil auf diesem Gerät zu benutzen sowie eine Tastatur anzuschließen, ist es der perfekte Allrounder für den Unterricht.

Das *iPad Air* hat einen schnelleren Prozessor und ist in verschiedenen Farben erhältlich, dafür auch etwa 200 € teurer. Mit seinem modernen Äußeren stellt es als Lehrergerät einen guten preislichen Mittelweg dar; für eine Vielzahl an Schüler*innen lohnt sich der Aufpreis wohl eher nicht.

Schaffen Sie sich privat ein iPad für den Schulunterricht an und wollen Sie das Nonplusultra, werden Sie wohl zum *iPad Pro* greifen. Dieses Modell bietet als einziges eine Version mit größerem 12,9-Zoll-Display. Die meisten wird aber der hohe Preis vom Einsatz im Unterricht abhalten.

Abbildung 2.5 Ein iPad der 7. Generation mit Apple Pencil und Schutzhülle für den Unterricht

2.3 Betriebssystem und Apps auf dem neusten Stand

Regelmäßig erhalten das Betriebssystem Ihres iPads sowie die installierten Apps neue Updates, die die Nutzererfahrung und auch die Sicherheit des Geräts verbessern. Achten Sie deshalb darauf, regelmäßig beides zu aktualisieren.

2.3.1 Das Betriebssystem aktualisieren

Bis 2019 teilten sich iPhone und iPad noch das Betriebssystem iOS. Im Juni 2019 wurde dann das iPad-eigene Betriebssystem *iPadOS* eingeführt. Jährlich erscheint ein Update auf eine neue Version des Betriebssystems. Diese wird im Sommer vorgestellt und kann im Herbst heruntergeladen und installiert werden. Im Jahr 2021 heißt die neue Version *iPadOS 15*.

Mit den neuen Updates kann es immer wieder zu Neuerungen und Veränderungen kommen, die den Umgang mit dem iPad vereinfachen sollen. So kann seit der Umstellung auf iPadOS das Betriebssystem viel besser den persönlichen Vorlieben angepasst werden. Es empfiehlt sich daher, immer die angebotenen Betriebssystem-Updates auf dem iPad durchzuführen, damit Sie auf dem neuesten Stand sind und von erweiterten Möglichkeiten profitieren können.

Um ein Update durchzuführen, öffnen Sie auf dem Home-Bildschirm die App EINSTELLUNGEN, indem Sie auf das entsprechende Icon tippen. Sie sehen dann links auf dem Gerät eine Auswahl wie in Abbildung 2.6. Unter dem Reiter ALLGEMEIN finden Sie unter anderen den Reiter SOFTWAREUPDATES.

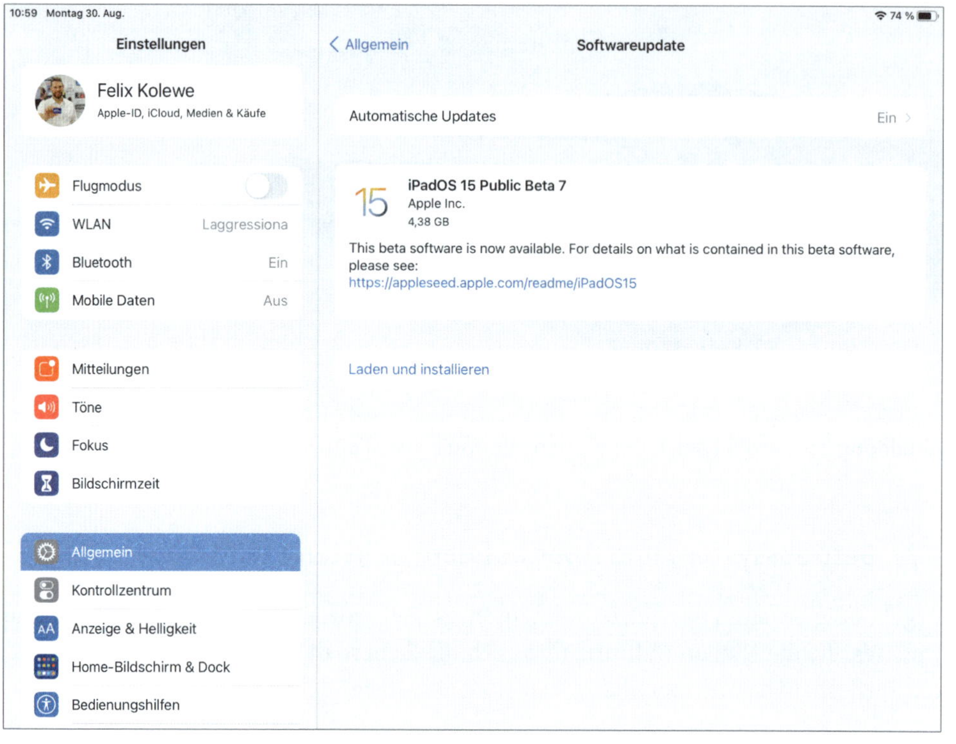

Abbildung 2.6 Durch Softwareupdates halten Sie Ihr iPad immer auf dem neuesten Stand.

Hier können Sie die neuesten Updates mit dem Button LADEN UND INSTALLIEREN einspielen. Achten Sie darauf, dass die Installation gut und gerne 20 Minuten dauern kann, deshalb sollten Sie Updates lieber in Ruhe zu Hause vornehmen, statt kurz vor dem Unterricht.

2.3.2 Ihre Apps aktualisieren

Ihre Apps müssen Sie nur dann selbst aktualisieren, wenn Sie Ihr iPad mit einer *privaten Apple-ID* nutzen. Hat Ihre Schule Ihr iPad mit einer *verwalteten Apple-ID* für Sie eingerichtet, werden App-Updates zentral vom Admin der iPads durchgeführt und Sie müssen sich nicht darum kümmern. Mehr über diese beiden Typen von Apple-IDs erfahren Sie in Kapitel 3, »Verwaltung des iPads in der Schule«.

Wie Sie neue Apps herunterladen, lernen Sie in Abschnitt 5.9. Normalerweise aktualisieren sich Ihre Apps automatisch. Ist dies nicht der Fall, können Sie die entsprechende Funktion in der App Einstellungen aufrufen. Wählen Sie auf der linken Seite die Kategorie App Store, und aktivieren Sie den Schieberegler neben App-Updates, indem Sie diesen nach rechts ziehen (siehe Abbildung 2.7).

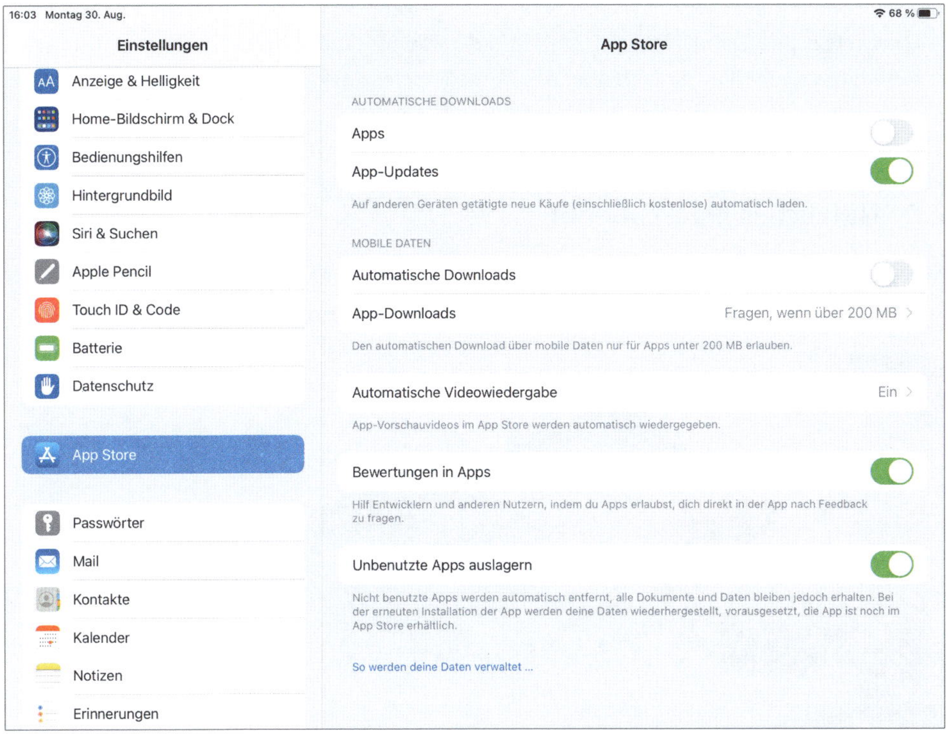

Abbildung 2.7 In den Einstellungen zum »App Store« sollten Sie die automatischen Updates aktivieren.

App-Updates bieten Ihnen neue Funktionen, die nützlich sein könnten. Außerdem werden auch Fehler behoben, die das Arbeiten mit der App beeinflussen könnten.

2.4 Ihr iPad aufladen

Je nach iPad-Modell verfügt Ihr Gerät entweder über einen sog. *Lightning*- oder einen *USB-C*-Anschluss: In den neusten Generationen aller iPad-Modellreihen setzt Apple auf einen USB-C-Anschluss, ältere Modelle werden häufig noch über den vom iPhone bekannten Lightning-Anschluss geladen werden.

Ein entsprechendes Kabel und der Netzstecker für die Steckdose werden beim Kauf des iPads mitgeliefert.

Nutzen Sie eine Powerbank

Eine geladene Powerbank, das ist ein tragbarer Akku, kann im Lehreralltag sehr hilfreich sein. Es kann immer vorkommen, dass man vergessen hat, sein iPad zu laden. Die Powerbank rettet Ihre Schulstunde, wenn einmal keine Steckdose in Reichweite sein sollte. Verbinden Sie Ihr iPad einfach über das mitgelieferte Ladekabel mit der Powerbank.

2.5 Nützliches iPad-Zubehör

Mit dem richtigen Zubehör kann das iPad ohne Probleme einen Desktop-Computer ersetzen bzw. mit dem Apple Pencil noch ganz andere Dinge leisten (siehe Abbildung 2.8).

Abbildung 2.8 Mit dem Apple Pencil auf dem Display zu schreiben, eröffnet viele Möglichkeiten.

2.5.1 Der Apple Pencil

Der *Apple Pencil* sollte das wichtigste Zubehör für jede Lehrkraft sein und kann in fast jeder Unterrichtsstunde zum Einsatz kommen. Es gibt den Stift aus dem Hause Apple in zwei unterschiedlichen Versionen:

- Der *Apple Pencil der 1. Generation* ist mit dem klassischen iPad (ab der 6. Generation), älteren iPad-Pro-Modellen, dem iPad Air (in der 3. Generation) und mit dem iPad mini (ausschließlich in der 5. Generation) kompatibel. Sein Preis liegt bei etwa 95 €.
- Der *Apple Pencil der 2. Generation* ist mit den iPad-Pro-Modellen (ab der 3. Generation), dem iPad Air der 4. Generation und dem iPad mini der 6. Generation kompatibel. Diese neue und verbesserte Version des Apple-Stifts kostet mit um die 120 € etwas mehr als ihr Vorgänger.

Durch seine Kompatibilität mit dem klassischen iPad – dem meistgenutzten Modell in der Schule – wird der *Apple Pencil der 1. Generation* in der Schule am häufigsten verwendet.

Suchen Sie nach einer Alternative zum Apple Pencil, bietet sich der *Logitech Crayon* an. Mit einem Preis von etwa 55 € ist er eine deutlich günstigere Alternative zum Apple Pencil. Auch wenn der Apple Pencil Sie vielleicht noch etwas präziser auf dem iPad zeichnen lässt, ist der Logitech Crayon eine sinnvolle Alternative und in vielen Schulen in Gebrauch (siehe Abbildung 2.9).

Abbildung 2.9 Der »Logitech Crayon« ist eine preiswerte Alternative zum Apple Pencil.

Zeichnen wie auf Papier

Sogenannte Paper-Schutzfolien ahmen nach Anbringung auf dem Display des iPads eine Papieroberfläche nach. Dies sorgt für ein angenehm vertrautes Gefühl beim Schreiben mit dem Stift. Online sind sie ab etwa 15 € erhältlich.

2.5.2 Eine Tastatur für das iPad

Im normalen Gebrauch öffnet sich auf Ihrem iPad eine eingeblendete digitale Tastatur, wenn diese zum Ausfüllen eines Textfeldes gebraucht wird. Dennoch kann es sinnvoll sein, auf eine externe Tastatur zurückzugreifen. Dies ist besonders dann empfehlenswert, wenn Sie besonders viel auf Ihrem iPad schreiben. Eine physische Tastatur erleichtert das Schreiben im Vergleich zur Arbeit mit der virtuellen iPad-Tastatur deutlich. Die Auswahl an Tastaturen ist groß, da sich viele per Bluetooth mit dem iPad verbinden lassen.

Die klassischen iPad-Modelle ab der 7. Generation besitzen einen sogenannten *Smart Connector*, einen Anschluss mit drei Punkten am seitlichen Rand des iPads, über den sich eine externe Tastatur leicht anschließen lässt. Dies bietet den Vorteil, dass Sie nicht die Bluetooth-Einstellungen öffnen müssen, um die Tastatur zu verbinden, sondern sie an das iPad anstecken und direkt loslegen können.

Über den *Smart Connector* ist das klassische iPad mit dem von Apple angebotenen *Smart Keyboard* kompatibel. Zum Verbinden mit dem Tablet muss man die Tastatur nur aufklappen und das iPad auf sie stellen. Mit einem Preis von über 150 € ist sie jedoch auch im höheren Preissegment eingeordnet.

Abbildung 2.10 Die »Combo Touch«-Tastatur von Logitech bietet unterhalb der Tastatur ein eingebautes Touchpad, das als Mauscursor fungiert.

Eine sehr beliebte und auch überaus praktische Alternative ist die *Combo Touch*-Tastatur von Logitech (siehe Abbildung 2.10). Sie lässt sich ebenfalls über den Smart Connector mit dem iPad verbinden und besitzt zudem unter den Tasten ein Touchpad, das als Maus des iPads fungiert. Sie können über das Touchpad einen Cursor auf dem Bildschirm Ihres iPads bewegen. Für alle iPad-Benutzer, die an eine Maus gewöhnt sind und sich ein Arbeiten ohne sie nicht vorstellen können, ist diese Tastatur eine gute Investition.

Auch für die höherpreisigen iPad-Modelle bietet Apple Tastaturlösungen über den Smart Connector an. So lassen sich iPad-Pro-Modelle sowie die 4. Generation des iPad Air etwa mit dem *Smart Keyboard Folio* oder dem teureren *Magic Keyboard* verbinden. Letzteres besitzt wie die *Combo Touch*-Tastatur von Logitech ein Touchpad.

Kapitel 3
Verwaltung des iPads in der Schule

Während früher iPads meist privat gekauft wurden, um im Unterricht verwendet zu werden, wird heute das von Bund und Ländern bereitgestellte Geld in digitale Infrastruktur investiert, und neben einer Breitbandverbindung werden auch digitale Endgeräte in Form von iPads angeschafft.

Hier sieht man auch schon die zwei Verwaltungsmöglichkeiten des iPads im Unterricht: eine private Verwaltung, d. h. Sie nehmen Ihr eigenes Gerät mit in den Unterricht, oder eine schulische Verwaltung. In diesem Fall bekommen Sie ein Endgerät von Ihrem Schulträger gestellt und können es im Unterricht verwenden.

Wenn Sie ein Gerät gestellt bekommen, lassen sich hier auch noch einige Szenarien unterscheiden. Oft werden iPad-Klassensätze bestellt, die in Koffern in der Schule bleiben und für einzelne Stunden ausgeliehen werden können. Mittlerweile bekommen aber auch viele Lehrkräfte ein eigenes Gerät gestellt, das auch zu Hause verwendet werden kann.

3.1 Private Verwaltung

Wenn Sie Ihr Privatgerät mit in den Unterricht nehmen, richten Sie es mit Ihrer privaten Apple-ID ein. Wie das funktioniert, erfahren Sie in Abschnitt 4.1.1, »Die private Apple-ID«.

Anschließend verbinden Sie das iPad mit dem WLAN Ihrer Schule, und schon können Sie starten. Um ein iPad mit dem WLAN zu verbinden, tippen Sie auf Ihrem iPad auf die App EINSTELLUNGEN und wählen den Punkt WLAN aus. Tippen Sie dann auf das WLAN-Netzwerk, mit dem Sie sich verbinden möchten (siehe Abbildung 3.1), und geben Sie, wenn nötig, das gewünschte Passwort ein.

Verwalten Sie das iPad privat, laden Sie Apps selbst über den *App Store* auf Ihr iPad herunter und müssen kostenpflichtige Apps dementsprechend auch selbst bezahlen (mehr dazu lesen Sie in Abschnitt 5.9, »Apps herunterladen«). Sie haben auf diese Weise auch keinen Zugriff auf die Geräte Ihrer Schüler, wie es mit einer zentralen Verwaltung möglich ist.

Der Vorteil der privaten Verwaltung ist aber die völlige Freiheit, die Sie bei der Einrichtung und Nutzung des Geräts haben. Bei einer zentralen Verwaltung unterliegen die iPads oft strengen Einschränkungen durch die iPad-Administration Ihrer Schule.

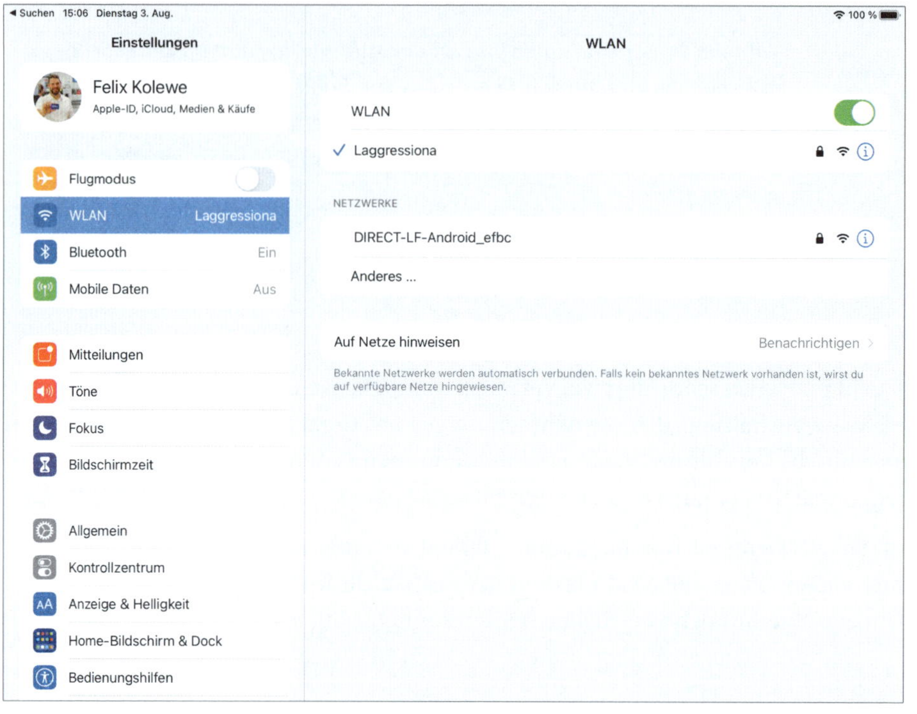

Abbildung 3.1 In den Einstellungen wählen Sie das gewünschte Netzwerk aus.

3.2 Zentrale Verwaltung

Bekommen Sie ein Dienstgerät gestellt, wird dieses in der Regel von der Schule, dem Schulträger oder einem Systemhaus verwaltet, über das das iPad gekauft wurde. Egal welcher Ansatz gewählt wird, Sie werden früher oder später auf den Begriff *MDM* stoßen.

3.2.1 iPads über MDM verwalten

MDM steht für *Mobile Device Management* und beschreibt das zentrale Verwalten von Mobilgeräten (in unserem Fall des iPads) über das WLAN. Normalerweise werden die Geräte von einem zentralen System verwaltet und eingerichtet. Ziel ist es, alle Schul-iPads so vorzukonfigurieren, dass man sie direkt und ohne Probleme im Unterricht verwenden kann.

Zum Beispiel können über das MDM Apps auf die iPads gespielt, WLAN-Verbindungen hergestellt oder die iPads mit Einschränkungen versehen werden.

Das Mobile Device Management ist in der Schule besonders wichtig, um für den reibungslosen Ablauf des Unterrichts zu sorgen. Wenn es richtig gehandhabt wird, kann es Ihnen viel Zeit und Mühe ersparen. Die Einstellungen der iPads sind dabei von Schule zu Schule unterschiedlich.

Üblich ist etwa eine Sperrung des *App Store*. In diesem Fall kann nur die iPad-Administration Ihrer Schule Apps auf die iPads spielen. Eine Installation »privater« Apps ist nicht möglich (siehe Abbildung 3.2).

Das hat den großen Vorteil, dass das Schul-iPad auch nur für schulische Zwecke benutzt werden kann. Spiele und andere ablenkende Apps finden keinen Weg auf das Tablet. Durch das zentrale Installieren der Apps kann sich die Lehrkraft darauf verlassen, dass benötigte Apps auch wirklich auf allen Schüler*innen-Geräten vorhanden sind, und ihren Unterricht dementsprechend planen.

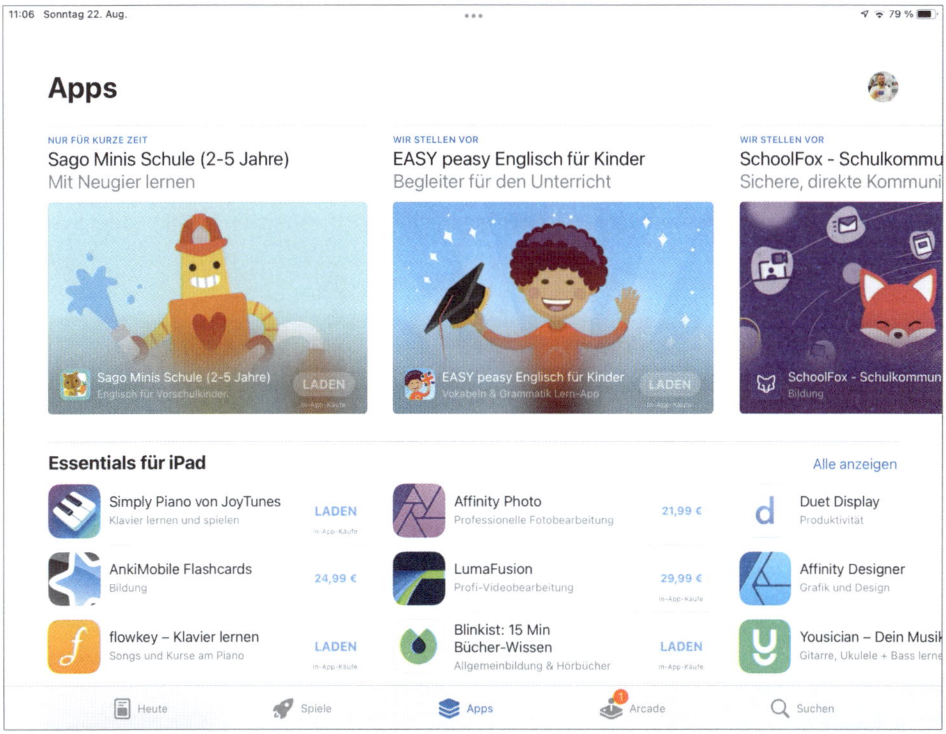

Abbildung 3.2 Mit einem verwalteten iPad lassen sich im App Store oft keine Apps herunterladen – oder das App-Store-Icon taucht erst gar nicht auf.

Jamf School

Eine beliebte Plattform für das Gerätemanagement in Schulen ist *Jamf School* (siehe Abbildung 3.3). Auf dieser Plattform lassen sich Profile für die iPads anlegen, Apps installieren oder auch Sperrungen auf iPads vornehmen. Jamf School hat sich dabei als benutzerfreundlich und übersichtlich bewährt.

Abbildung 3.3 Jamf School ist der Gerätemanager, mit dem die meisten Schulen oder Systemhäuser ihre iPads verwalten.

3.2.2 Klassen mit »Classroom« verwalten

In der zentralen Verwaltung können Klassen angelegt werden, auf die Sie als Lehrer*in in der App *Classroom* von Apple zugreifen können. Wenn Sie ein verwaltetes iPad in der Klasse benutzen, auf dem Classroom installiert ist, kann das Ihnen den Alltag sehr erleichtern.

Abbildung 3.4 Das Icon der App »Classroom« zeigt einen Lehrenden vor weißem Hintergrund.

Wenn Sie von Ihrem Home-Bildschirm aus die App CLASSROOM öffnen (siehe Abbildung 3.5), sehen Sie alle Gruppen, die von der Verwaltung angelegt wurden. Hat jeder Schüler bzw. jede Schülerin ein eigenes iPad erhalten, sehen Sie hier die Klassen. Gibt es hingegen schülerunabhängige iPad-Koffer, werden Ihnen diese hier angezeigt.

Abbildung 3.5 Nach dem Öffnen der App können Sie die Klasse auswählen, mit der Sie arbeiten möchten.

Tippen Sie auf eine Klasse, werden Ihnen die einzelnen Geräte der Schüler*innen angezeigt. Diese können nach Namen oder Nummern benannt sein. Darunter sehen Sie, welche Apps aktuell auf den Geräten geöffnet sind. Ist eine Schülerin nicht in Bluetooth-Reichweite Ihres iPads, wird ihr Gerät als OFFLINE markiert.

iPads fernsteuern

Ganz oben können Sie Aktionen für alle Geräte der Gruppe ausführen (siehe Abbildung 3.6). Tippen Sie auf das Icon mit den vier Quadraten, werden Ihnen zum Beispiel die Bildschirme aller Schüler*innen angezeigt.

Möchten Sie alle Geräte gleichzeitig sperren, tippen Sie auf das Menü mit den drei Punkten oben rechts und wählen den Punkt SPERREN aus (siehe Abbildung 3.7).

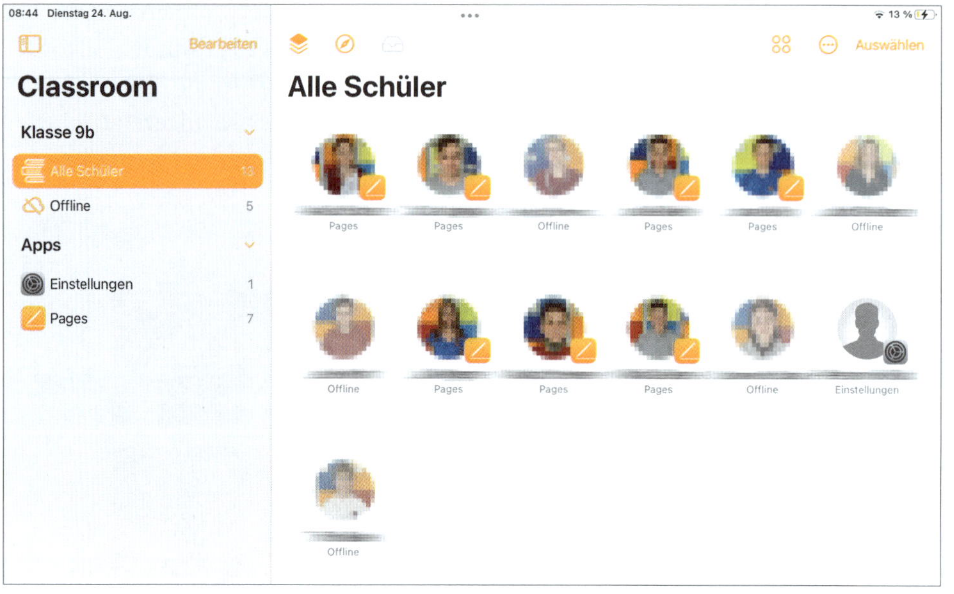

Abbildung 3.6 »Classroom« gibt Ihnen einen Überblick über Ihre Schüler*innen und ihre gerade verwendeten Apps.

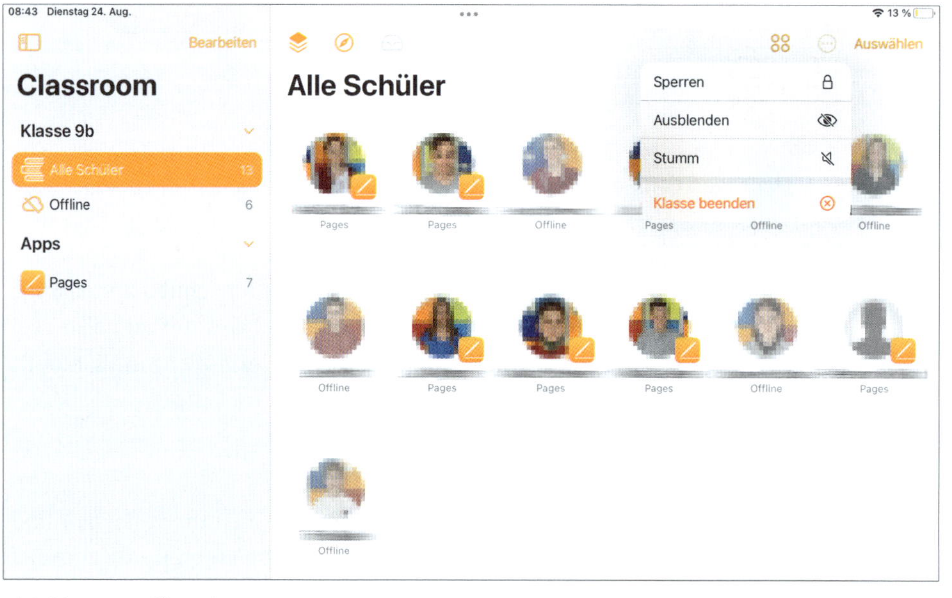

Abbildung 3.7 Über das Menü mit den drei Punkten können Sie alle iPads Ihrer Schüler*innen auf einmal sperren, ausblenden oder stumm schalten.

Die Schüler*innen erhalten nun die Benachrichtigung, dass ihr Gerät von der Lehrkraft gesperrt wurde. Über den gleichen Weg können Sie die Geräte auch wieder entsperren und Ihre Klasse nach Ihren Instruktionen weiterarbeiten lassen.

Die Aufmerksamkeit Ihrer Schüler*innen zurückgewinnen

Sollten die Tablets Ihre Schüler*innen einmal so in Beschlag nehmen, dass sie alles um sich herum vergessen, reicht es meist, die Geräte kurzfristig zu sperren. Dies ist wohl der schnellste Weg, um die Aufmerksamkeit der Klasse wieder auf die Lehrerin oder den Lehrer zu lenken.

Mithilfe des Buttons oben links leiten Sie alle Schüler*innen in eine App. Durch die Aktivierung des Schalters AUF APP BESCHRÄNKEN (siehe Abbildung 3.8) sorgen Sie dafür, dass die Schüler*innen nur in der ausgewählten App arbeiten können.

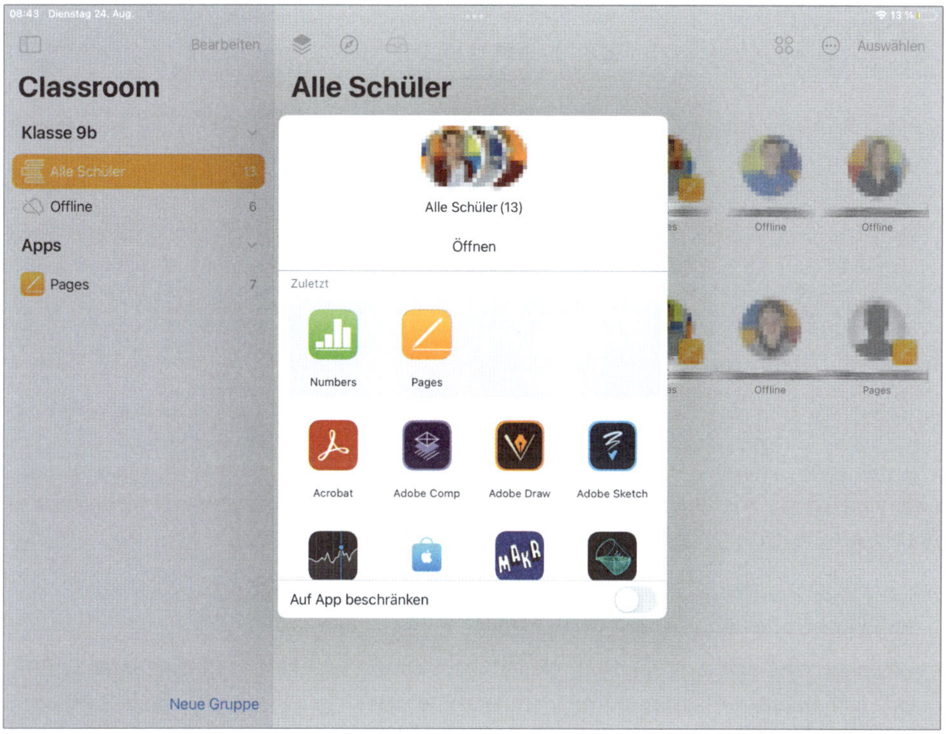

Abbildung 3.8 Als Lehrkraft können Sie für die gesamte Klasse eine bestimmte App öffnen und die Schüler*innen auf dieses Programm beschränken.

Bildschirme beobachten

Das wichtigste Feature ist jedoch, dass Classroom Sie auf die Bildschirme Ihrer Schüler*innen schauen lässt. Tippen Sie dazu auf das Icon mit den vier Quadraten. Hier können Sie beobachten, woran Ihre Schüler gerade arbeiten (siehe Abbildung 3.9). Den Schüler*innen wird durch einen roten Balken am oberen Bildschirmrand ihrer iPads angezeigt, dass Sie momentan auf ihr Gerät schauen.

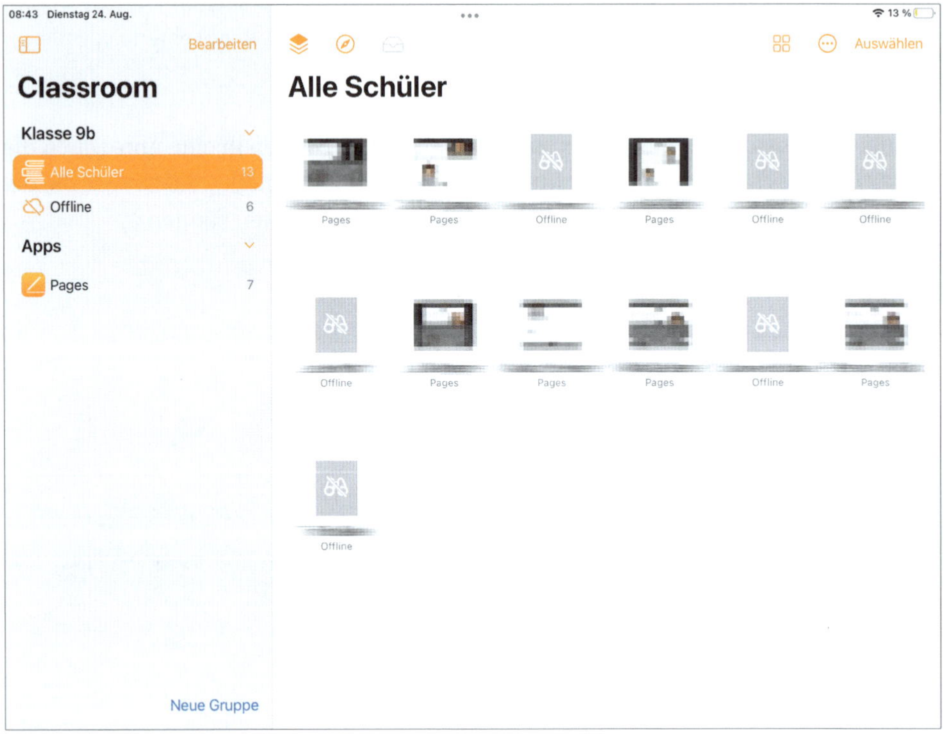

Abbildung 3.9 Sie können die Bildschirme Ihrer Schüler*innen beobachten und sehen, welche App sie gerade geöffnet haben.

> **Volle Kontrolle bei einer digitalen Arbeit**
>
> Wenn Sie eine digitale Arbeit schreiben, bietet es sich an, die Bildschirme Ihrer Schüler*innen über die Classroom-App im Blick zu behalten. So können Sie jederzeit sehen, wo sich die Schüler befinden und ob sie unerlaubte Hilfsmittel benutzen.

Wenn Sie in dieser Ansicht auf ein einzelnes Gerät tippen, greifen Sie auf dieses spezielle Gerät zu (siehe Abbildung 3.10). Sie können sich unter anderem nur dessen Bildschirminhalt anzeigen lassen oder das Gerät sperren.

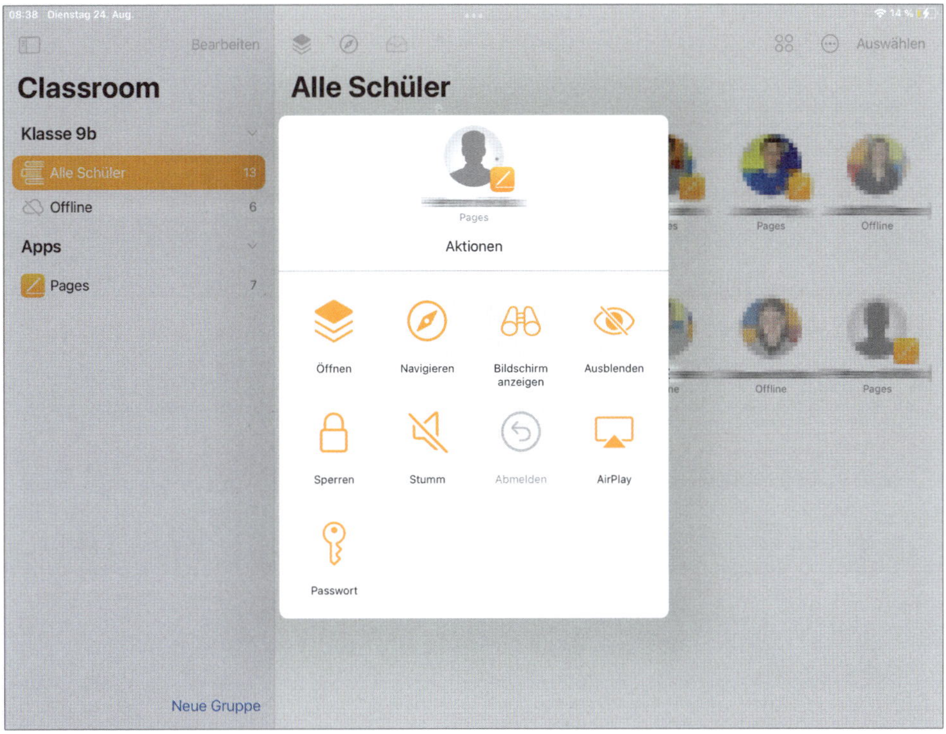

Abbildung 3.10 Aktionen, wie das Öffnen einer bestimmten App oder das Sperren des Bildschirms, können auch individuell für einzelne Schüler-iPads ausgeführt werden.

Am Ende der Stunde tippen Sie einfach oben rechts auf das Menü mit den drei Punkten (···) und wählen die Option KLASSE BEENDEN aus. Nun erhalten Sie eine übersichtliche Auswertung der Aktivitäten der Stunde (siehe Abbildung 3.11). Darin wird gezeigt, wie lange in welcher App gearbeitet wurde. So entgeht Ihnen nichts.

Ohne Bluetooth kein »Classroom«

Die Classroom-App bietet Ihnen als Lehrer*in viele Möglichkeiten der Kontrolle, was bei Schüler*innen meist auf wenig Gegenliebe trifft. So versuchen manche, der Kontrolle zu entgehen, indem sie ihr iPad neu starten oder die Bluetooth-Verbindung deaktivieren. Ist ein Gerät in Ihrer Klasse offline, obwohl es eingeschaltet ist, hilft meist schon die Reaktivierung der Bluetooth-Funktion, um das Gerät schnell wieder auftauchen zu lassen.

Abbildung 3.11 In der Klassenzusammenfassung nach Beenden der Unterrichtseinheit können Sie sehen, welche Apps Ihre Schüler*innen wie lange geöffnet hatten.

3.2.3 Aufgaben mit »Schoolwork« verteilen

Wenn Sie verwaltete Geräte nutzen, lassen sich Unterrichtsaufgaben mit der Apple-App *Schoolwork* verteilen. Dabei ist zu beachten, dass Schoolwork am besten funktioniert, wenn jeder Schüler bzw. jeder Schülerin ein eigenes, von der Schule verwaltetes iPad hat. Um die App zu öffnen, tippen Sie auf das App-Icon  auf dem Homescreen.

Abbildung 3.12 Das Icon der App »Schoolwork« zeigt zwei Bücher, die gegen einen Globus gelehnt sind.

Nach Start der App befinden Sie sich im Reiter ZULETZT, wie Sie auf der linken Seite in Abbildung 3.13 sehen. Darunter befinden sich Ihre Klassen und die Mediathek. Auf der rechten Seite des Bildschirms sehen Sie die zuletzt hinzugefügten Aufgaben.

Möchten Sie eine neue Klasse anlegen, tippen Sie auf das Icon oben rechts. Eine neue Aufgabe legen Sie mit dem Icon daneben an.

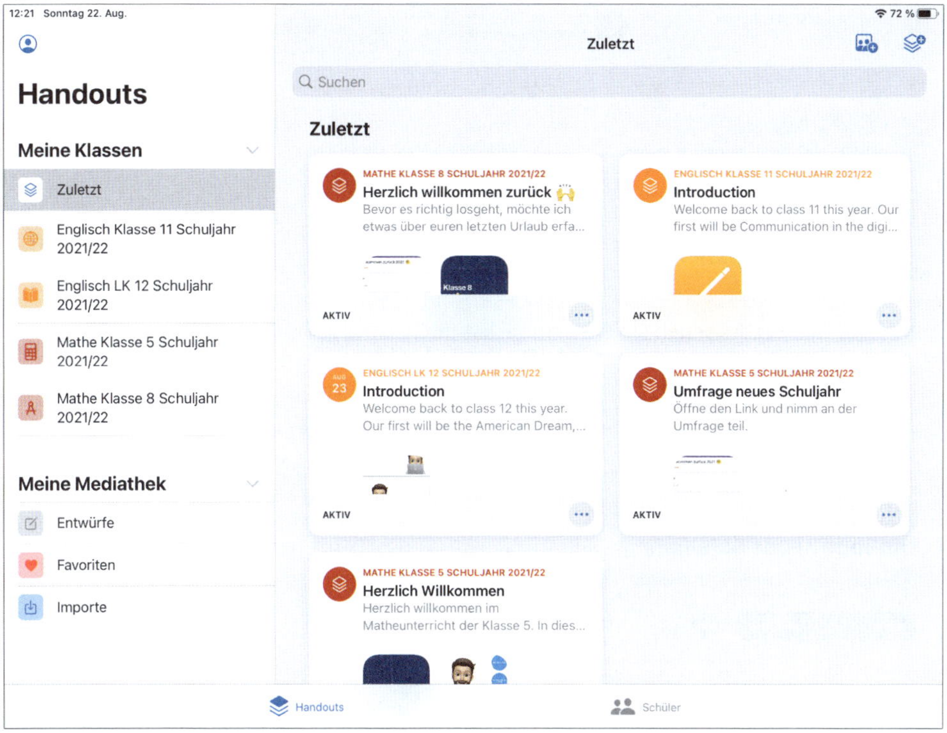

Abbildung 3.13 Die App »Schoolwork« dient zum Verteilen von Aufgaben.

Aufgaben Ihrer Klassen einsehen

Wenn Sie nun eine Klasse auf der linken Seite auswählen, können Sie wie in Abbildung 3.14 alle Aufgaben sehen, die noch offen sind. Schalten Sie vom Reiter FÄLLIG auf den Reiter ERLEDIGT um, können Sie sich auch die bereits erledigten Aufgaben anzeigen lassen.

Wenn Sie auf eine Aufgabe tippen, können Sie den Fortschritt und die Einreichungen der einzelnen Schüler*innen beobachten. Hier erhalten Sie jederzeit eine gute Übersicht über die Einzelleistungen.

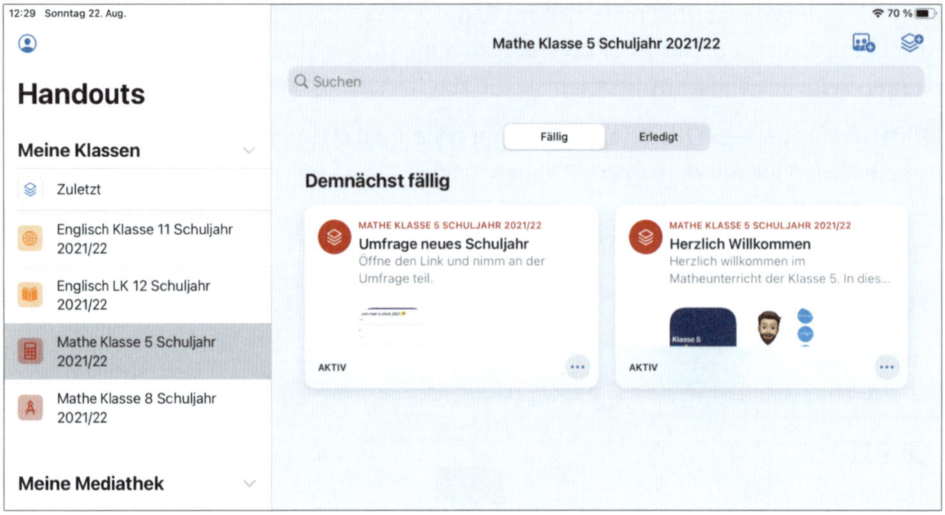

Abbildung 3.14 Rechts sehen Sie die demnächst fälligen Aufgaben der Klasse, die auf der linken Seite ausgewählt ist.

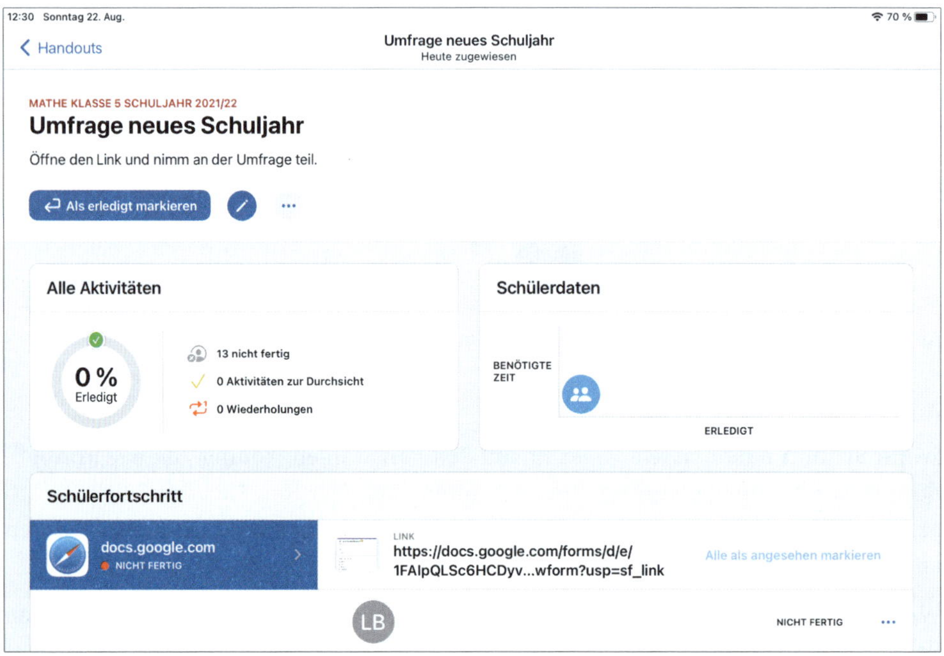

Abbildung 3.15 Für jede einzelne Aufgabe bietet »Schoolwork« Ihnen eine gute Übersicht über die Zielerreichung.

Eine neue Klasse anlegen

Wenn Sie eine Klasse anlegen möchten, gehen Sie zur Startseite der App und tippen auf das Icon am rechten oberen Bildschirmrand. Nun sehen Sie das Fenster aus Abbildung 3.16, in dem Sie der Klasse einen Namen geben und Ihre Schüler*innen hinzufügen. Schüler-Konten müssen im Vorfeld von der iPad-Administration Ihrer Schule angelegt werden.

In vielen Schulen wird hier aus Datenschutzgründen mit Nummern statt mit Klarnamen gearbeitet. Sie können auch weitere Lehrkräfte zu Ihrer Klasse hinzufügen, falls Sie diese Position mit jemandem teilen. Tippen Sie abschließend auf FERTIG.

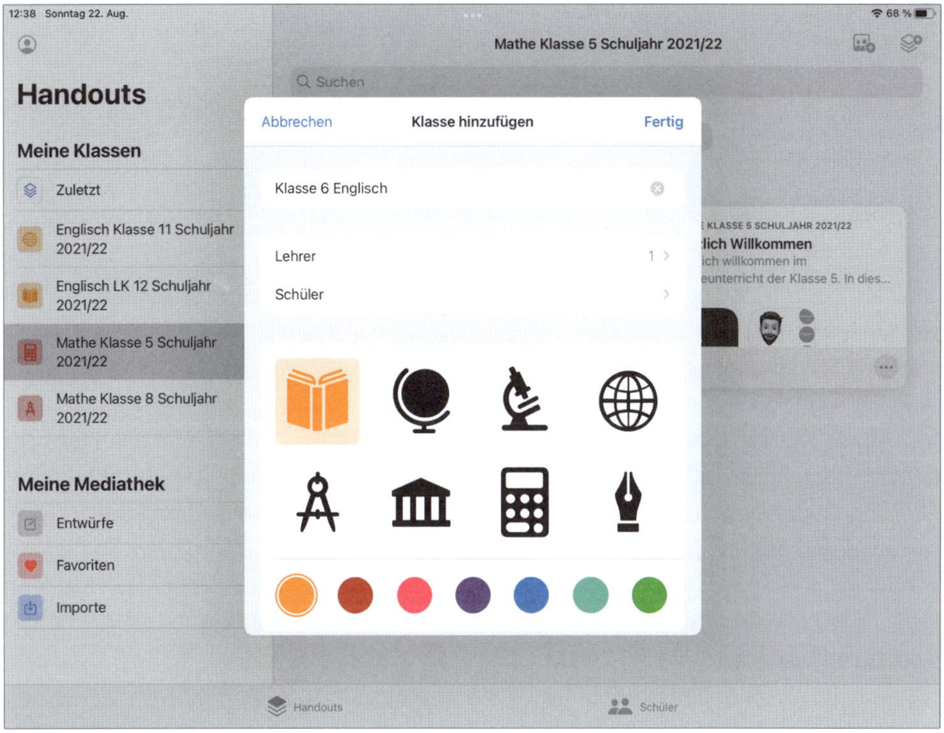

Abbildung 3.16 Im Fenster »Klasse hinzufügen« haben Sie auch die Möglichkeit, ein zum Unterrichtsfach passendes Symbol für die Klasse auszuwählen.

> **Die Struktur von Klassen und Aufgaben in »Schoolwork« planen**
>
> Bevor Sie anfangen, Klassen anzulegen, sollten Sie sich kurz Gedanken über den Aufbau machen. Legen Sie etwa eine Klasse für das ganze Schuljahr an, könnten sich am Ende sehr viele Aufgaben in der Klasse ansammeln und es könnte unübersichtlich werden. Sie können auch Klassen anhand von Themen anlegen.

Eine Aufgabe erstellen

Haben Sie Ihre gewünschte Klasse angelegt, können Sie nun Aufgaben zu dieser hinzufügen. Tippen Sie dafür auf das Feld NEUES HANDOUT ERSTELLEN oder auf den Button oben rechts (siehe Abbildung 3.17).

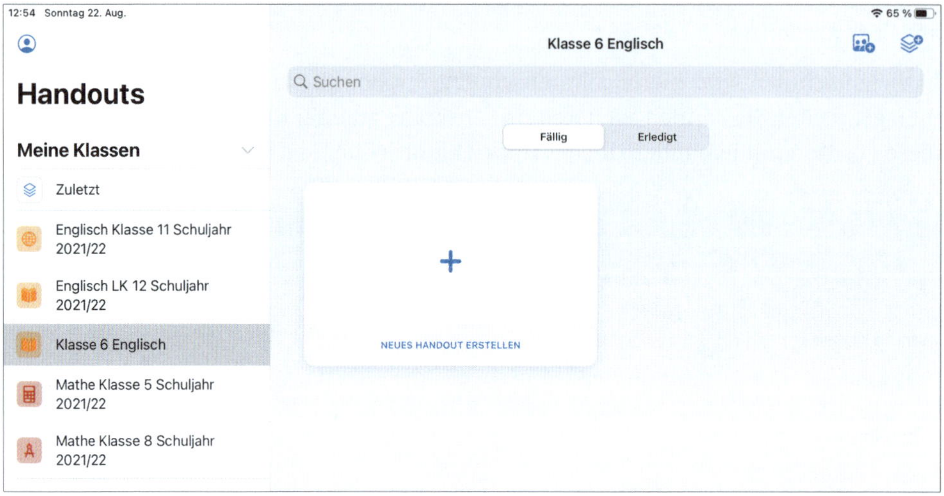

Abbildung 3.17 Sind noch keine Aufgaben angelegt, schlägt Ihnen die App »Schoolwork« vor, ein neues Handout zu erstellen.

Im Fenster NEUES HANDOUT (siehe Abbildung 3.18) können Sie alle Einstellungen der neuen Aufgabe festlegen. Sie können ihr einen Namen geben, eine Anleitung hinzufügen, Bilder oder Dokumente anhängen, einen Abgabetermin festlegen und die Aufgabe mit Apps verknüpfen, in denen die Schüler*innen arbeiten sollen.

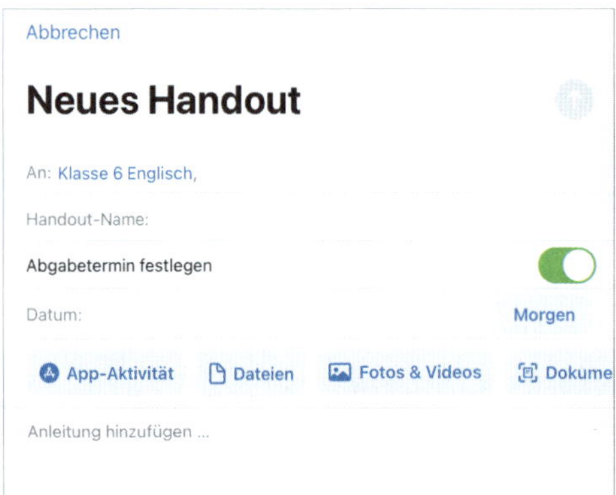

Abbildung 3.18 Eine Aufgabe in der App »Schoolwork« anzulegen, geht sehr schnell und bietet den Schüler*innen später eine gute Übersicht.

Wenn Sie FOTOS & VIDEOS hinzufügen möchten, funktioniert dies über die gleichnamige Schaltfläche (siehe Abbildung 3.19). DATEIEN können Sie entweder aus dem Speicher Ihres iPads heraussuchen, oder Sie scannen mit der Schaltfläche DOKUMENTE SCANNEN althergebrachte Papierseiten direkt ein. Sind Sie mit der Aufgabe zufrieden, können Sie sie über den Pfeil oben rechts im Fenster veröffentlichen.

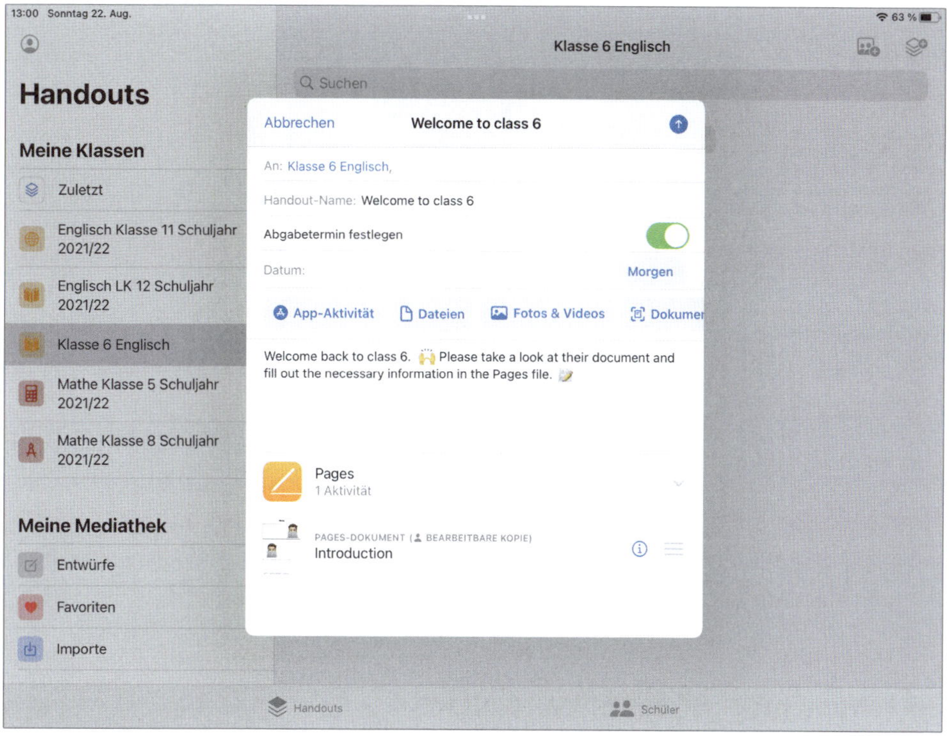

Abbildung 3.19 Die fertige Aufgabe kann nun veröffentlicht werden.

Tippen Sie jetzt auf die drei Punkte unterhalb Ihrer neu erstellten Aufgabe, erhalten Sie weitere Optionen (siehe Abbildung 3.20), und können die Aufgabe kopieren, sperren oder löschen.

Kopieren statt neu erstellen

Oft ist es sinnvoll, Aufgaben in Schoolwork zu kopieren. Anstatt immer wieder Aufgaben von Grund auf einzurichten, können Sie das bereits erstellte Grundgerüst erneut verwenden. Auch wenn Sie Aufgaben aus anderen Schuljahren erneut stellen möchten, bietet es sich an, sie zu kopieren. Das spart Ihnen wertvolle Zeit.

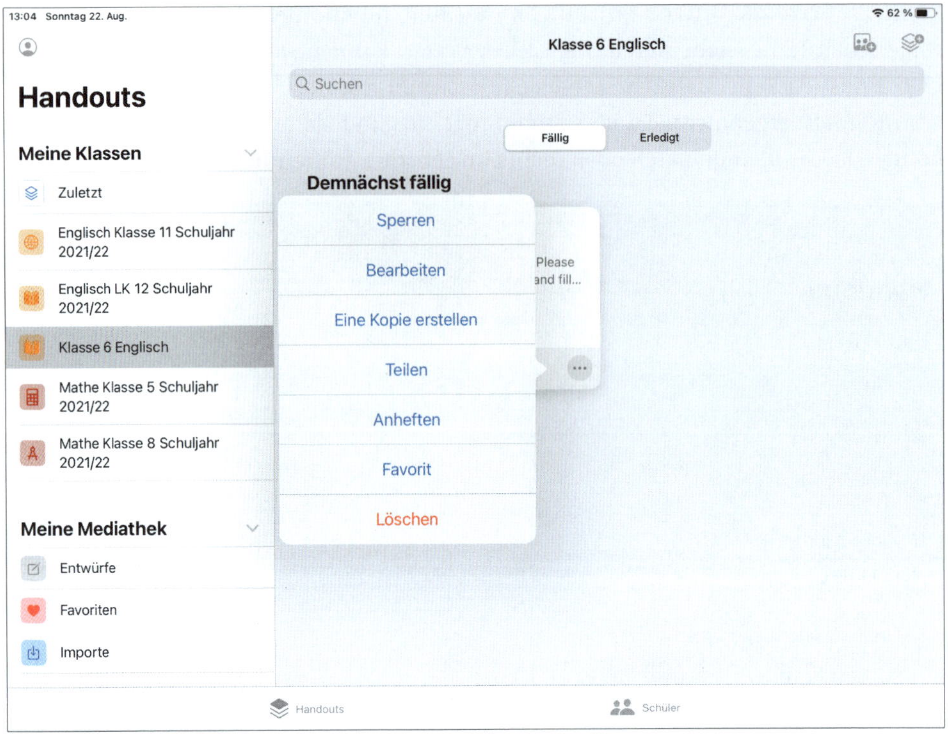

Abbildung 3.20 Das Menü hinter den drei Punkten bietet Ihnen Organisationsmöglichkeiten für Ihre Aufgaben.

3.3 Wenn möglich, zentral verwalten

Die Verwaltung der iPads spielt in der Schule eine wichtige Rolle. In den letzten Jahren hat sich mit zunehmender Digitalisierung der Schulen eine zentrale Verwaltung als geeignetes Mittel durchgesetzt. Gerade im Hinblick auf den Datenschutz bietet sie Vorteile.

Wenn die Möglichkeit besteht, sollte Ihre Schule die iPads zentral verwalten, um die bestmögliche Unterrichtsumgebung zu schaffen. In manchen Fällen bleibt die private Verwaltung aber die einzige Option, wenn z. B. keine Schulgeräte vorhanden sind und Sie trotzdem im Unterricht mit dem iPad arbeiten möchten.

Kapitel 4
Apple-ID und iCloud – Das Schul-iPad in Betrieb nehmen

Möchten Sie Dateien sichern oder unabhängig von Ihrem Gerät auf diese zugreifen, ist das Speichern in einer Cloud der beste Weg. Auf Dateien, die auf einem Online-Speicher abgelegt wurden, haben Sie mithilfe Ihres Kontos auf jedem internetfähigen Gerät Zugriff.

Wie Sie bei der Datensicherung, dem Synchronisieren mit der Cloud, vorgehen müssen, hängt stark vom Aufbau Ihrer IT-Infrastruktur ab. Dieser wird in Kapitel 3 genauer beschrieben.

4.1 Was ist eine Apple-ID?

Eine Apple-ID ist eine persönliche Benutzererkennung für alle Dienste von Apple. Ohne diese können Sie viele der von Apple angebotenen Möglichkeiten nicht nutzen. Mithilfe der Apple-ID laden Sie etwa Apps auf Ihre Geräte, abonnieren Dienste wie Apple Music oder kaufen im iTunes Store ein. Darüber hinaus haben Sie über Ihre Apple-ID Zugriff auf Apples Cloud-Speicher, die sogenannte iCloud. Dies ist für uns Lehrer*innen wahrscheinlich die wichtigste Funktion.

Wenn Ihr Gerät mit einer Apple-ID verknüpft und die entsprechende Option aktiviert ist, werden erstellte Dateien direkt in der iCloud gespeichert. Der Vorteil ist, dass Ihr Dokument so von Anfang an gesichert ist. Falls Ihr Gerät beschädigt wird oder verloren geht, können Sie Ihr Dokument immer noch über die Cloud abrufen.

Sie können sich mit derselben Apple-ID auf mehreren Geräten anmelden. Diese synchronisieren sich dann über das Internet miteinander. Haben Sie ein MacBook und erstellen Sie dort ein Arbeitsblatt für den Unterricht, können Sie es auch auf Ihrem iPad aufrufen. Im Schulalltag unterscheiden wir zwischen zwei Arten von Apple-IDs: der privaten und der verwalteten.

4.1.1 Die private Apple-ID

Die private Apple-ID ist eine von Ihnen erstellte Apple-ID, die Sie auf Ihren Geräten nutzen. Sie können eine private Apple-ID auch ohne Gerät erstellen. Dafür besuchen Sie die Webseite *https://appleid.apple.com* und tippen auf den Punkt DEINE APPLE-ID ERSTELLEN oben rechts (siehe Abbildung 4.1).

Abbildung 4.1 Eine Apple-ID lässt sich von jedem Gerät aus einfach über den Webbrowser erstellen.

Nun müssen Sie dem Formular aus Abbildung 4.2 folgen und Ihre Daten eingeben. Im Handumdrehen erhalten Sie dann eine Apple-ID. Beim Erstellen der Apple-ID müssen Sie aus Sicherheitsgründen auch eine Telefonnummer hinterlegen.

Diese können Sie als »vertrauenswürdige Telefonnummer« für die Zwei-Faktor-Authentifizierung verwenden. Mit dieser Methode erhalten Sie jedes Mal, wenn Sie sich mit Ihrer Apple-ID anmelden, eine Textnachricht oder einen Anruf mit einem Sicherheitscode, den Sie dann im Anmeldeprozess eingeben müssen. Diese Absicherung verhindert, dass Ihre Apple-ID von Unbefugten benutzt werden kann.

Eine weitere Möglichkeit, eine Apple-ID zu erstellen, bietet sich Ihnen bei der Aktivierung eines neuen Apple-Geräts. Hier müssen Sie unbedingt beachten, dass dies nur vorgesehen ist, wenn das Gerät nicht schulisch verwaltet wird – ansonsten könnte der Anmeldeprozess anders ablaufen.

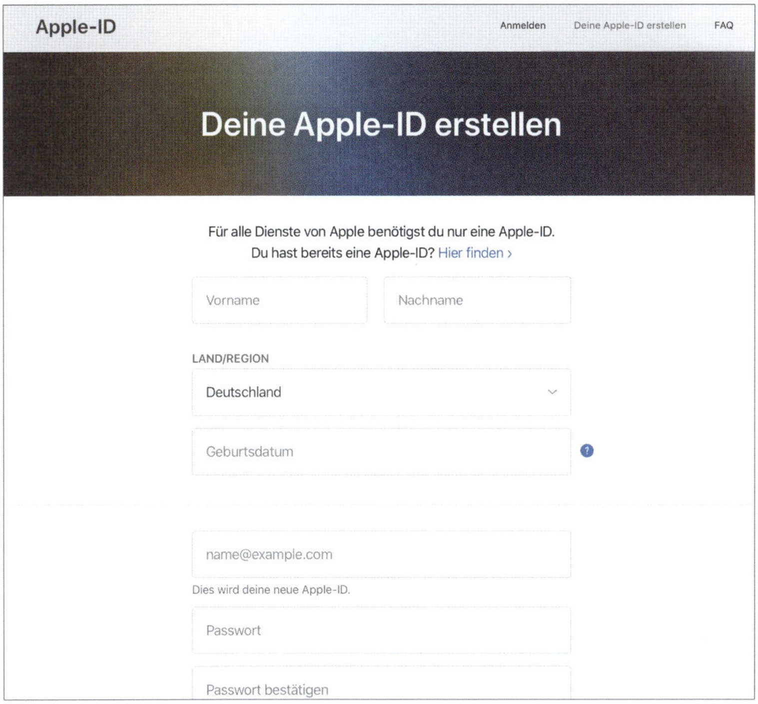

Abbildung 4.2 Apple möchte zur Registrierung Ihren Namen, Ihr Geburtsdatum und weitere Daten.

Wenn Sie sich also ein privates iPad kaufen und es über die Taste rechts auf der oberen Seite einschalten, werden Sie durch den Installationsprozess geführt. In selbsterklärenden Menüs stellen Sie die Sprache ein, aktivieren die Ortungsdienste (was ich für sinnvoll halte) und richten Touch ID bzw. Face ID ein. *Touch ID* ermöglicht es Ihnen, das iPad zu entsperren, indem Sie Ihren Finger auf den Home-Button legen. *Face ID* hingegen ist auf den neueren Pro-Modellen verfügbar und ermöglicht das Entsperren durch einen Scan Ihres Gesichts.

Nachdem Sie dies alles eingestellt haben, werden Sie gebeten, sich mit Ihrer Apple-ID anzumelden (siehe Abbildung 4.3). Falls Sie noch keine besitzen sollten, wählen Sie die Option PASSWORT VERGESSEN ODER NOCH KEINE APPLE-ID? unterhalb des Anmeldefeldes aus, um eine eigene Apple-ID zu erstellen.

Nach dem Erstell- und Anmeldeprozess sind Sie nun auf dem Home-Bildschirm Ihres iPads angelangt und können beginnen, mit ihm zu arbeiten.

Wie Sie die Benutzeroberfläche des Tablets richtig bedienen, erfahren Sie in Kapitel 5, »Die iPad-Oberfläche kennenlernen und richtig nutzen«.

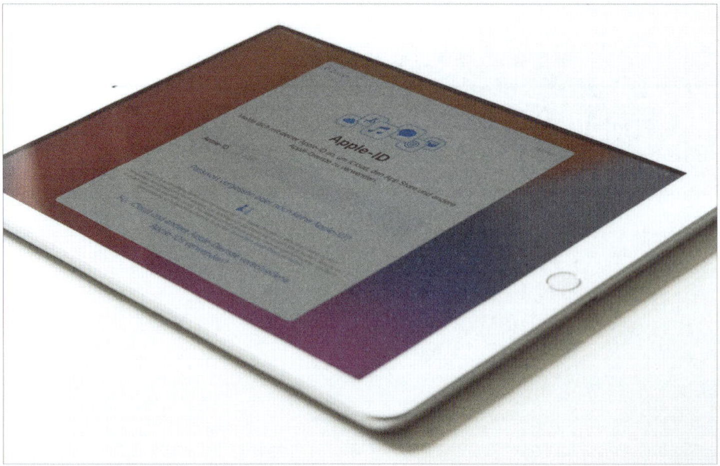

Abbildung 4.3 Während der Geräteeinrichtung gibt Ihnen Ihr iPad die Möglichkeit, eine neue Apple-ID zu erstellen.

Abbildung 4.4 Auf dem Home-Bildschirm Ihres iPads angekommen, installiert dieses automatisch die noch ausgegrauten Apps, zu erkennen an »Warten ...« und »Laden ...«.

Über Ihre private Apple-ID können Sie frei nach Belieben verfügen. Sie können sich z. B. ohne Einschränkungen Apps aus dem *App Store* auf Ihr Gerät laden oder eine *Familienfreigabe* mit Ihrer Familie einrichten. Mithilfe dieser Freigabe können Sie etwa die Geräte Ihrer Kinder einschränken oder Käufe über eine gemeinsame Zahlungsmethode abrechnen lassen.

Kostenfreier iCloud-Speicherplatz

Mit Ihrer privaten Apple-ID erhalten Sie 5 GB kostenfreien Speicherplatz in der iCloud. Diesen können Sie gegen eine Gebühr erhöhen. Mit 5 GB stoßen die meisten Nutzer*innen schnell an ihre Grenzen, besonders wenn Fotos oder Videos in der Cloud gespeichert werden sollen.

Falls Sie Ihre Apple-ID verwalten möchten, können Sie dies entweder über einen beliebigen Webbrowser tun oder Sie greifen über die EINSTELLUNGEN auf Ihrem Gerät darauf zu.

Im Webbrowser können Sie sich auf der Seite *https://appleid.apple.com* mit Ihrer Apple-ID anmelden. Hier haben Sie Zugriff auf die Einstellungen Ihrer Apple-ID. Dazu zählen unter anderem Ihr Passwort oder Ihre Zahlungsmethoden. Sie können hier auch die Geräte sehen, die mit Ihrer Apple-ID verbunden sind.

Wenn Sie die Einstellungen Ihrer Apple-ID auf Ihrem Gerät einsehen möchten, tippen Sie auf die EINSTELLUNGEN . Ganz oben finden Sie hinter der Auswahlfläche mit Ihrem Profilbild (siehe Abbildung 4.5) die Einstellungen zur APPLE-ID.

Abbildung 4.5 Der erste Punkt in der »Einstellungen«-App meines iPhones ist meine persönliche Apple-ID.

Tippen Sie auf Ihre Apple-ID, um diese direkt auf Ihrem Gerät zu verwalten. Hier haben Sie Zugriff auf eine Menge Einstellungsmöglichkeiten (siehe Abbildung 4.6).

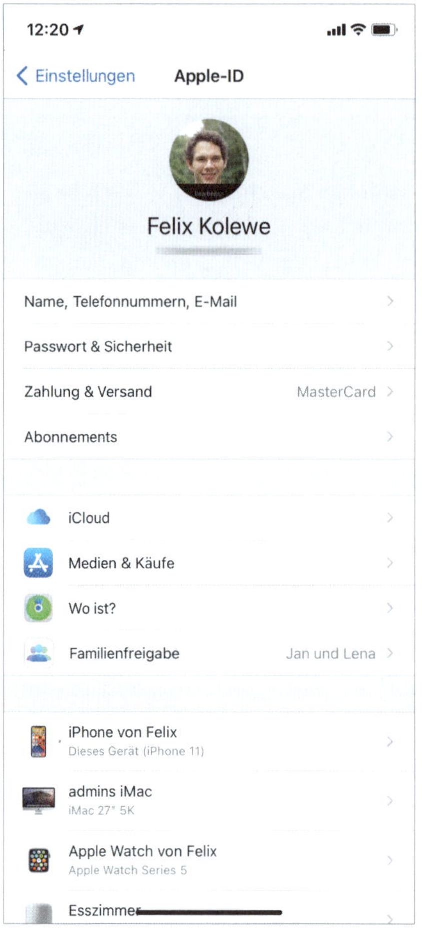

Abbildung 4.6 Im Menü Ihrer Apple-ID haben Sie viele Verwaltungsmöglichkeiten.

Beispielsweise können Sie hier ein Profilbild zu Ihrer Apple-ID hinzufügen. Unter PASSWORT & SICHERHEIT können Sie Ihr Passwort ändern, bei ZAHLUNG & VERSAND tragen Sie Ihre gewünschte Zahlungsmethode für Käufe im App Store ein. Auch Ihre ABONNEMENTS lassen sich unter einem entsprechenden Punkt verwalten. Mehr zu Abonnements erfahren Sie in Abschnitt 5.9, »Apps herunterladen«.

Wichtig sind hier die Einstellungen Ihrer ICLOUD. Hier können Sie auswählen, welche Anwendungen Dateien in Ihrem Cloud-Speicher hinterlegen dürfen (siehe Abbildung 4.7). Gerade aufgrund des begrenzten Speicherplatzes kann dies relevant werden.

Unterrichtsdokumente in der iCloud sichern

Besonders Dokumente für den Unterricht sollten Sie in der iCloud sichern. Bei diesen wäre es besonders schade, wenn sie verloren gingen. Achten Sie deshalb darauf, dass die iCloud bei den wichtigen Diensten wie PAGES, NUMBERS und KEYNOTE aktiviert ist. Ebenso ist es wichtig, dass die Option ICLOUD DRIVE eingeschaltet ist.

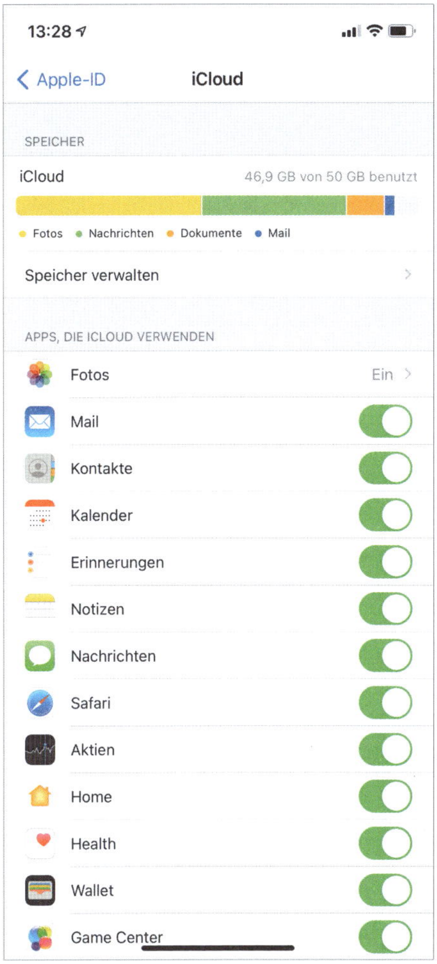

Abbildung 4.7 Ist der Schalter neben einer App in Ihren iCloud-Einstellungen grün, werden die Daten dieser Anwendung in Ihrem Cloud-Speicher gesichert.

Unter dem Punkt SPEICHER sehen Sie, wie voll Ihr iCloud-Speicherplatz ist, und können diesen verwalten. Tippen Sie dazu auf SPEICHER VERWALTEN und Sie können wie in

Abbildung 4.8 sehen, wie viel Speicherplatz die einzelnen Dienste einnehmen. Tippen Sie auf einen Dienst, um bestimmte Dateien von diesem zu löschen. So können Sie wieder mehr freien iCloud-Speicherplatz erhalten.

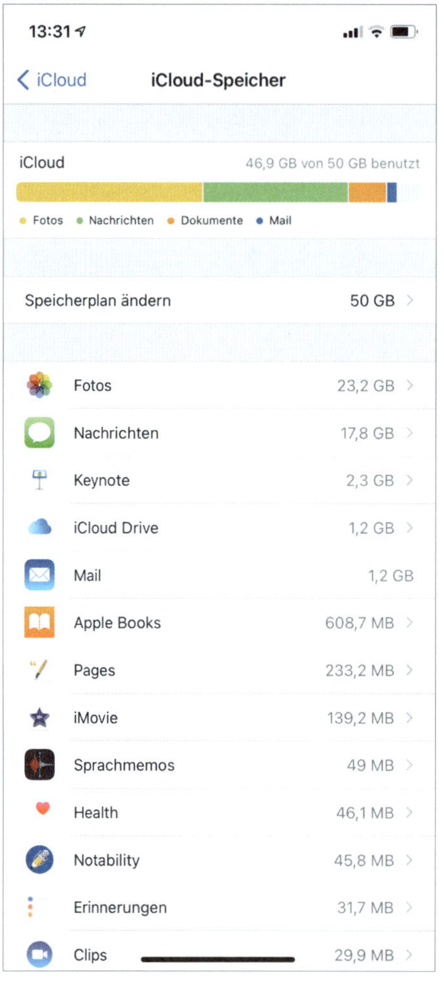

Abbildung 4.8 Unter »Speicher verwalten« sehen Sie, wie viel Gigabyte Speicherplatz die einzelnen Dienste in Ihrer iCloud einnehmen.

4.1.2 Die verwaltete Apple-ID

Im Schulbereich ist es üblich, dass die iPad-Verwaltung der Schule Apple-IDs für die Nutzer*innen erstellt. Eine solche *verwaltete Apple-ID* wird über den *Apple School Manager* im Vorfeld eingerichtet. Über die Webseite *https://school.apple.com* kann man sich für den Apple School Manager anmelden (wie Sie in Abbildung 4.9 sehen).

Abbildung 4.9 Die Webseite https://school.apple.com bietet Schulen besondere Möglichkeiten bei der Einrichtung ihrer Apple-Geräte.

Das Erstellen der Apple-IDs ist meist die Aufgabe der IT-Verwaltung der Schule. Diese Verwaltung besteht an vielen Schulen noch immer aus einer engagierten Lehrkraft. Mit dem Apple School Manager können unterschiedliche Arten von Apple-IDs erstellt werden. So lassen sich extra IDs für Schülerinnen und Schüler oder für Lehrkräfte anlegen (siehe Abbildung 4.10).

Eine Schülerin hat etwa nur die Möglichkeit, sich ein vier- oder sechsstelliges Zahlenpasswort einzurichten. Der Lehrer kann hingegen sein eigenes Passwort setzen und muss seine Telefonnummer für eine Zwei-Faktor-Authentifizierung hinterlegen.

Um die Übersicht zu behalten, sollten die Adressen der verwalteten Apple-IDs am besten immer demselben Muster folgen. Bei uns wurden alle IDs mit Mailadressen der Schule erstellt und enden daher auf »@villawewersbusch.de«.

Die Struktur der verwalteten Apple-ID unterscheidet sich von Schule zu Schule. Entweder wird der Name der Schülerinnen und Schüler benutzt oder ihnen wird ein Alias oder eine Zahl zugewiesen.

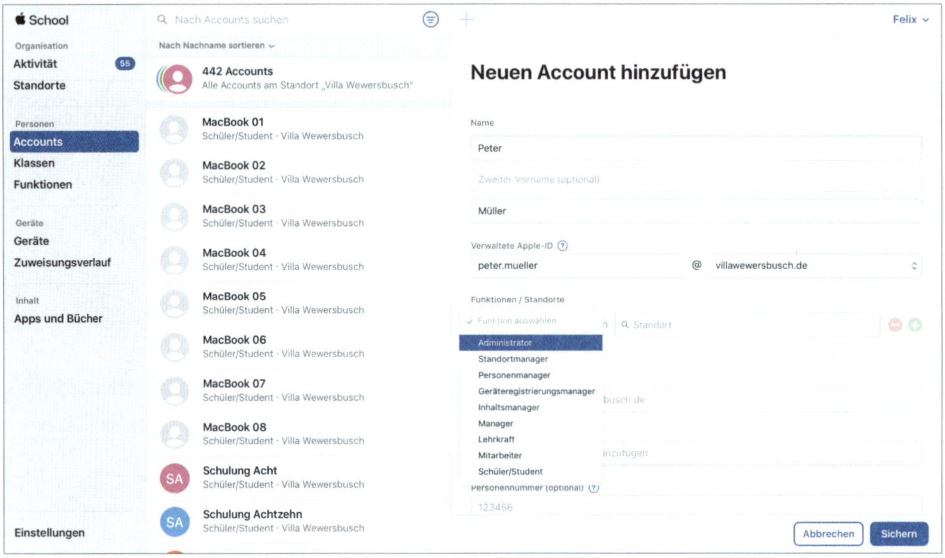

Abbildung 4.10 Im »Apple School Manager« werden alle Accounts aufgeführt, die für Lernende und Lehrende erstellt wurden.

Ein großer Vorteil der verwalteten Apple-IDs ist, dass die iPad-Administration Ihrer Schule die Passwörter leicht zurücksetzen kann (siehe Abbildung 4.11). Die Passwörter werden von Schüler*innen nämlich häufig vergessen.

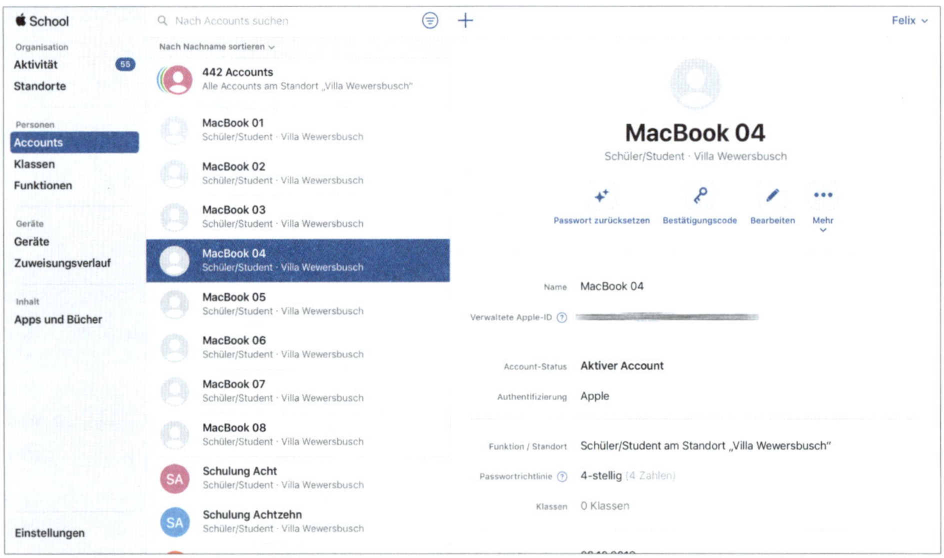

Abbildung 4.11 Mithilfe der Schaltfläche »Passwort zurücksetzen« lässt sich im »Apple School Manager« das vergessene Passwort einer Apple-ID wiederherstellen.

Verwaltete Apple-IDs verfügen über einen iCloud-Speicherplatz von 200 GB. In diesem lässt sich schon einiges mehr verstauen als in den 5 GB eines privaten Kontos. Für den Unterricht ist dies sehr praktisch, wenn die Schüler etwa Erklärvideos oder andere große Dateien produzieren und in der iCloud speichern sollen.

Die Einstellungsmöglichkeiten sind bei verwalteten Apple-IDs allerdings beschränkt (siehe Abbildung 4.12). So können Sie keine Familienfreigabe einrichten und auch keine eigenen Zahlungsmethoden hinterlegen. Möchten Sie eine App aus dem App Store nutzen, können Sie diese nicht selbst herunterladen. Nur die Personen, die den Apple School Manager verwalten, können Ihnen Apps zur Verfügung stellen.

Abbildung 4.12 Die Einstellungsmöglichkeiten einer verwalteten Apple-ID sind im Vergleich zu den Möglichkeiten mit einer privaten Apple-ID deutlich beschränkt.

Auch bei verwalteten Apple-IDs ist es wichtig, in die iCloud zu schauen und dort die Sicherung der wichtigsten Dienste zu aktivieren. Mit den 200 GB Speicherplatz können Sie dort eine Menge Daten ablegen.

Wie Sie in Abbildung 4.13 sehen können, nehmen in meiner iCloud die Dokumente den meisten Platz ein, da ich viele Blätter einscanne. Wie das funktioniert, lesen Sie in Abschnitt 7.5, »Unterrichtsmaterialien digitalisieren«.

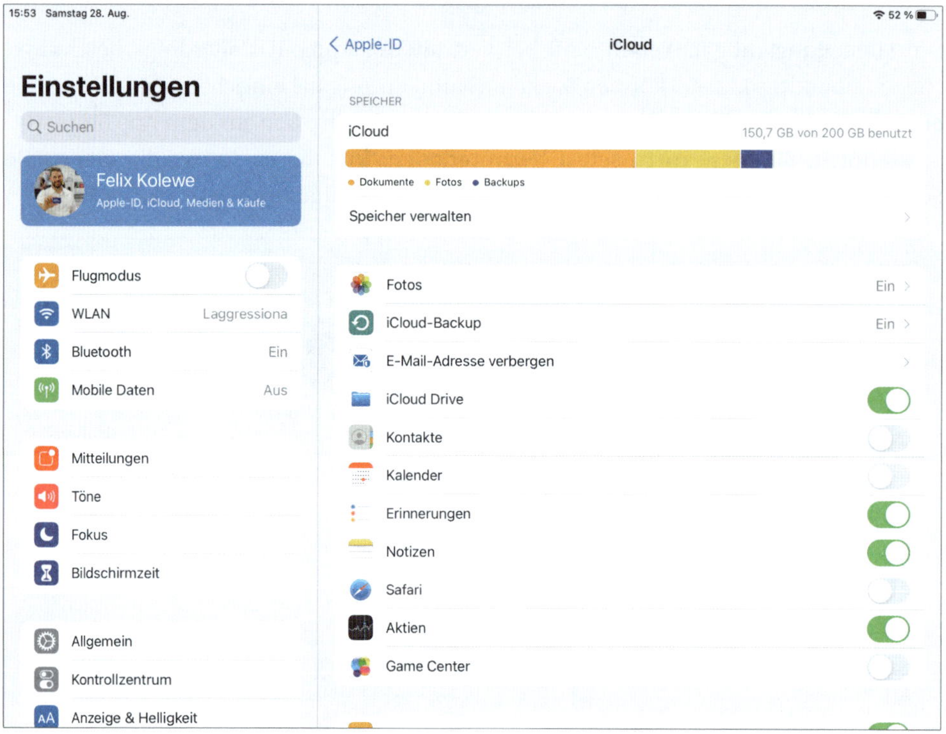

Abbildung 4.13 Die iCloud-Einstellungen können auch bei verwalteten Apple-IDs personalisiert werden.

4.2 Über den Webbrowser auf die iCloud zugreifen

Sowohl bei verwalteten als auch bei privaten Apple-IDs können Sie über einen Webbrowser auf Ihre iCloud-Dateien zugreifen. So können Sie beispielsweise Arbeitsblätter auch an Ihrem Windows-Rechner zu Hause erstellen und sie über den Webbrowser in der iCloud abspeichern.

Ebenso können Sie die zuvor auf dem iPad erstellten Dateien auf Ihren PC herunterladen. Besuchen Sie dafür die Webseite *www.icloud.com*, und melden Sie sich dort mit Ihrer Apple-ID an. Sie gelangen daraufhin zu dem Startbildschirm, den Sie in Abbildung 4.14 sehen.

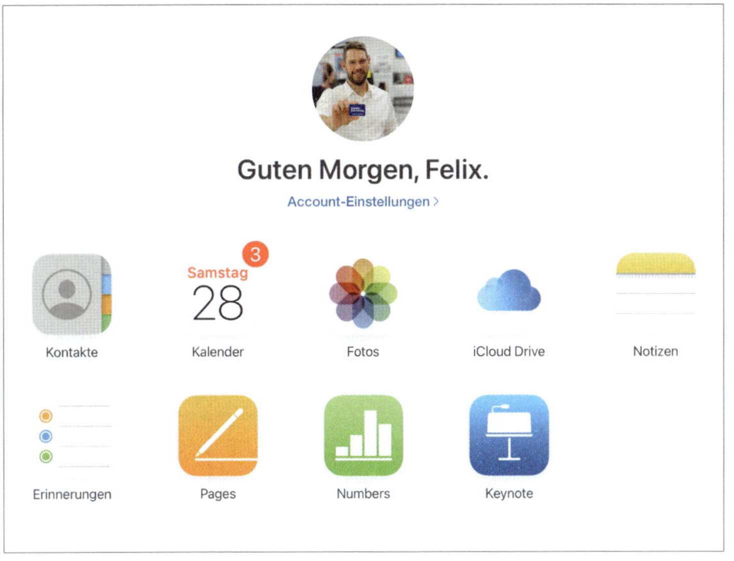

Abbildung 4.14 Nach dem Einloggen im Webbrowser bietet Ihnen die iCloud eine Übersicht der verfügbaren Anwendungen.

Hier haben Sie sogar die Möglichkeit, mit den Apple-Programmen *Pages*, *Numbers* und *Keynote* zu arbeiten – und das auf jedem Computer unabhängig vom installierten Betriebssystem.

Auch können Sie sich Ihre Fotos anschauen oder durch Tippen auf ICLOUD DRIVE Ihre online gespeicherten Dateien einsehen. Diese sind in der Ordnerstruktur sortiert, die Sie auf Ihrem iPad festgelegt haben (siehe Abbildung 4.15). Mehr dazu erfahren Sie in Abschnitt 7.4, »Eine Ordner- und Dateistruktur anlegen«.

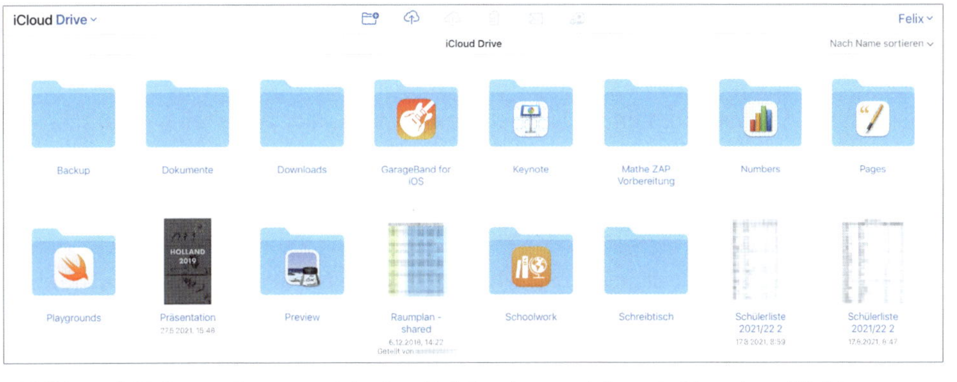

Abbildung 4.15 Ihre online gespeicherten Dateien lassen sich auch über einen Webbrowser verwalten.

4.2.1 Dateien hochladen

Über das Wolkensymbol laden Sie Dateien von Ihrem Rechner in die iCloud hoch. Klicken Sie dazu auf das Icon, und wählen Sie im angezeigten Fenster die gewünschten Dateien aus (siehe Abbildung 4.16).

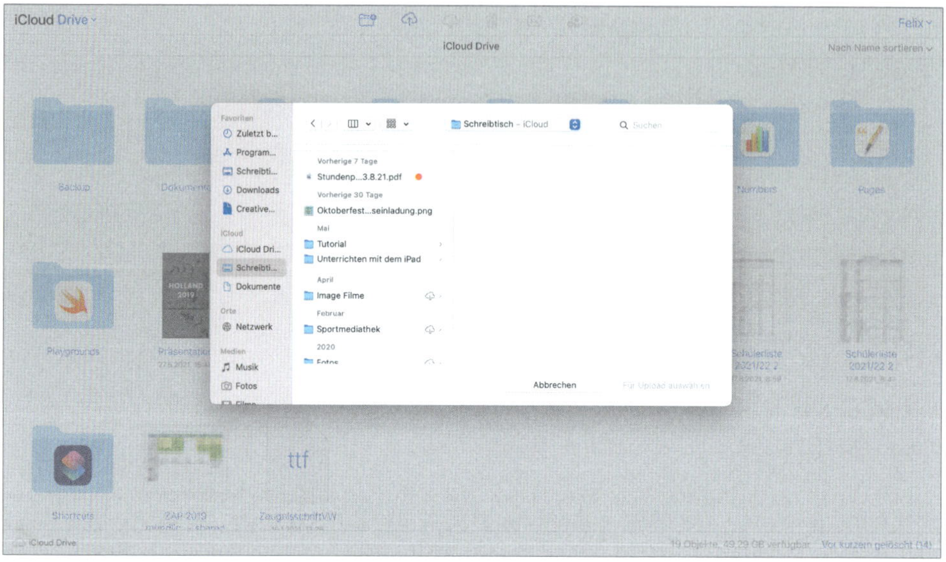

Abbildung 4.16 Mit einem Browser können Sie auch Dateien in die iCloud hochladen, die von Rechnern mit anderen Betriebssystemen stammen.

Diese Hochladen-Funktion bietet Ihnen die Möglichkeit, systemübergreifend zu arbeiten. So können Sie schnell und einfach Dateien von Ihrem Windows-Computer auf das iPad übertragen.

4.2.2 Dateien retten

Über den Webbrowser können Sie Dateien retten, die Sie aus Versehen gelöscht haben. Dafür öffnen Sie unter *www.icloud.com* den Dienst ICLOUD DRIVE und wählen rechts unten die Option VOR KURZEM GELÖSCHT. Dann erhalten Sie wie in Abbildung 4.7 eine Übersicht über die kürzlich gelöschten Dateien.

Tippen Sie einfach auf die Datei, die Sie wiederherstellen möchten, und wählen Sie oben WIEDERHERSTELLEN aus. Die Datei liegt nun wieder in Ihrer iCloud. Sind Sie hingegen ganz sicher, dass Sie eine Datei nicht mehr benötigen, dann klicken Sie auf LÖSCHEN, um die Datei endgültig zu entfernen.

Abbildung 4.17 Vor Kurzem gelöschte Dateien lassen sich über »iCloud Drive« im Webbrowser zurückholen.

4.3 Das bietet Ihnen die Apple-ID

Die Apple-ID und der damit verbundene iCloud-Speicherplatz bieten sich an, um Unterrichtsinhalte einfach abzuspeichern. Wenn Ihre Schule Ihnen verwaltete Apple-IDs zur Verfügung stellt, haben Sie besonders viel kostenfreien Speicherplatz und können Dateien leicht über den Webbrowser mit anderen Geräten teilen.

Bietet Ihre Schule keine individualisierten Apple-IDs, benötigen Sie eine private Apple-ID, um iCloud-Speicherplatz zu erhalten. Alternativ können Sie auch einen anderen Cloud-Speicherdienst nutzen, um wichtige Dateien vom iPad zu sichern. Manche Schulen entscheiden sich auch bewusst für einen anderen Cloud Speicherdienst wie z. B. iServ (*https://iserv.de/*).

Haben Sie sowohl eine von Ihrer Schule verwaltete als auch eine private Apple-ID, können Sie den Zugriff auf die iCloud über den Browser auch anders einsetzen. Melden Sie sich z. B. auf Ihrem Schul-iPad über den Webbrowser auf *www.icloud.com* mit Ihrer privaten Apple-ID an. Nun können Sie wichtige Unterrichtsdateien von Ihrem Schul-iPad in Ihre private iCloud hochladen. Achten Sie aber darauf, dass Sie nur eigene Dateien hochladen: Diese befinden sich dann ja in Ihrer privaten iCloud.

Manche Schulen verwenden ihre Schul-iPads auch ganz ohne Apple-ID. Dies ist möglich, sorgt aber für Probleme beim Speichern von Dateien. Alle auf dem iPad erstellten Dateien können dann nur dort lokal auf dem Gerät gespeichert werden. Für den Austausch mit Schülerinnen und Schülern oder anderen Geräten böte sich ein anderer Cloud-Dienst an. Allerdings könnten Sie diesen nur im Browser verwenden, denn auch das Herunterladen von Apps setzt die Anmeldung mit einer Apple-ID voraus.

Kapitel 5
Die iPad-Oberfläche kennenlernen und richtig nutzen

Apples Entwickler versuchen, iPadOS, das Betriebssystem des iPads, möglichst intuitiv und benutzerfreundlich zu gestalten. Die angepasste Version des Betriebssystems iOS bietet besondere Funktionen für den großen Bildschirm und die besonderen Einsatzzwecke des iPads.

In diesem Kapitel erkläre ich Ihnen, wie Sie die Oberfläche Ihres iPads bedienen und entsprechend Ihrer Wünsche anpassen können. Im Gegensatz zum Computer bedienen Sie das iPad nicht mit der Maus, sondern mit dem Finger. Darauf muss man sich anfangs einstellen.

5.1 Das iPad sperren und entsperren

Möchten Sie das iPad entsperren, tippen Sie einfach auf den Home-Button am unteren Bildschirmrand (siehe Abbildung 5.1). Neuere hochpreisige iPad-Modelle, Pro und Air, besitzen diesen Button nicht mehr. Hier streichen Sie mit dem Finger von unten ins Display hinein, um das iPad zu entsperren.

Abbildung 5.1 Die »klassischen« iPad-Modelle lassen sich über den Home-Button am unteren Rand entsperren.

Haben Sie bei der Einrichtung des iPads einen Code erstellt? Entweder geben Sie diesen zum Entsperren ein oder aber Sie benutzen *Touch ID*, einen Fingerscan, den Sie beim Einrichten des iPads erstellt haben. Möchten Sie Touch ID erstmalig einrichten oder einen neuen Fingerabdruck hinzufügen, besuchen Sie EINSTELLUNGEN • TOUCH ID & CODE HINZUFÜGEN.

Das iPad Pro hat ähnlich wie die neuen iPhones eine Funktion namens *Face ID*, bei der das iPad Ihr Gesicht erkennt. Wenn Sie das Gerät sperren möchten, betätigen Sie die Sperrtaste oben rechts am iPad. Die Lautstärke können Sie über die beiden Tasten an der Seite des Geräts regeln.

5.2 Der Home-Bildschirm

Sobald Sie Ihr iPad entsperrt haben, befinden Sie sich auf Ihrem Home-Bildschirm, dem zentralen Punkt bei der Bedienung des Tablets. Hier finden Sie Ihre Apps zuerst noch unsortiert vor.

Auf der linken Seite meines Home-Bildschirms sehen Sie den Bereich »Heute«, den man in den Einstellungen dauerhaft sichtbar machen kann. Dies zeige ich Ihnen in Abschnitt 5.3.1.

Abbildung 5.2 Der Home-Bildschirm des iPads. Auf der linken Seite sehen Sie die »Heute«-Anzeige.

5.2.1 Apps öffnen und schließen

Möchten Sie eine App öffnen, tippen Sie einfach auf das entsprechende Icon. Nachdem die App gestartet ist, können Sie sie durch Antippen des Home-Buttons bzw. durch Hochstreichen vom unteren Bildschirmrand wieder verlassen. Die App bleibt aber im Hintergrund geöffnet.

Möchten Sie zwischen Apps hin- und herspringen, tippen Sie doppelt auf den Home-Button. Auf iPad-Modellen ohne diesen Button bewegen Sie Ihren Finger von unten ins Display hinein und halten ihn kurz an einer Stelle. Jetzt sehen Sie Ihre offenen, zuletzt verwendeten Apps in einem Menü. Durch Antippen einer App wechseln Sie in diese.

Abbildung 5.3 Durch doppeltes Tippen sehen Sie alle geöffneten Apps.

Möchten Sie eine App ganz schließen, halten Sie den Finger auf dem Fenster der App und ziehen es nach oben. Durch diese Wischgeste wird die App geschlossen (siehe Abbildung 5.4).

Abbildung 5.4 Die nach oben gezogene App wird geschlossen.

5.2.2 Den Home-Bildschirm bearbeiten

Sie haben schon an meinem Home-Bildschirm in Abbildung 5.2 gesehen, dass ich meine Apps in Ordner einsortiert habe, um eine bessere Übersicht zu gewinnen.

> **Ordner nach Anwendungsgebiet anlegen**
>
> Anstatt Apps nach Farben oder Formen zu ordnen, bietet es sich an, Ordner anhand des Fachs zu benennen, in dem Sie die Apps benötigen. Nutzen Sie eine Auswahl an Apps z. B. ausschließlich im Mathematikunterricht, nennen Sie den Ordner »Mathematik«.

Um Apps zu verschieben oder Ordner anzulegen, halten Sie den Finger einfach länger auf eine freie Stelle auf Ihrem Home-Bildschirm gedrückt. Sie werden sehen, dass die Apps anfangen zu wackeln. Verschieben Sie nun einfach die Apps mit dem Finger, und ordnen Sie sie neu an. So können Sie etwa wichtige Apps nach oben und unwichtige Apps weiter nach unten verschieben.

Schieben Sie nun eine App mit dem Finger auf eine andere App wie in Abbildung 5.5, werden beide in einem Ordner zusammengefasst. Tippen Sie nun auf den Ordnernamen, können Sie eine neue Bezeichnung für den Ordner eingeben (siehe Abbildung 5.6).

Abbildung 5.5 Wenn die Apps wackeln, befinden Sie sich im Bearbeitungsmodus. Wenn Sie nun eine App auf eine andere ziehen, erstellen Sie einen Ordner.

Abbildung 5.6 Apps können in Ordnern zusammengefasst werden. Die Ordner benennen Sie nach Belieben um.

Wenn Sie den Home-Bildschirm nach Ihren Wünschen bearbeitet haben, tippen Sie oben rechts auf FERTIG, um den Bearbeitungsmodus zu verlassen.

5.2.3 Apps löschen und auslagern

Möchten Sie eine App löschen, halten Sie den Finger so lange auf diese App gedrückt, bis ein Menü erscheint. Wählen Sie den Punkt APP LÖSCHEN. Die App wird nun von Ihrem iPad entfernt.

Bei manchen Apps befindet sich links neben dem Namen eine Wolke (zu sehen bei den Apps *Explain* und *Showbie* in Abbildung 5.7). Das bedeutet, die Apps wurden länger nicht benutzt und ausgelagert, um Speicherplatz zu sparen. Eine solche App ist nicht lokal auf Ihrem Gerät gespeichert, sondern muss vor der Nutzung aus dem Internet heruntergeladen werden. Dies geschieht automatisch, sobald Sie auf die App tippen.

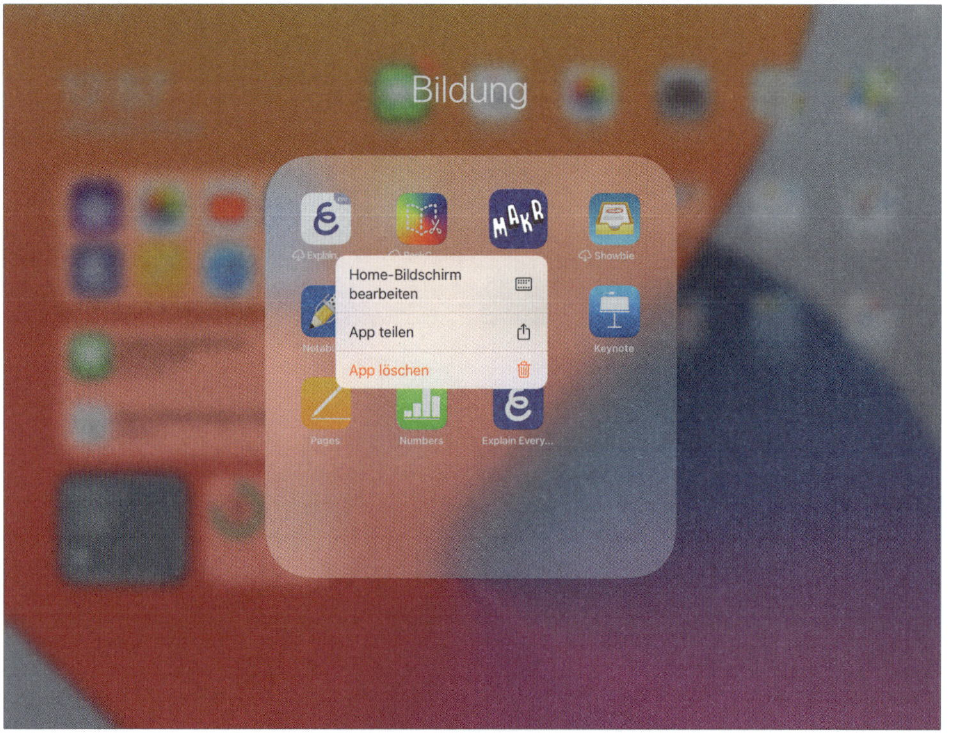

Abbildung 5.7 Die Option »App löschen« entfernt die App von Ihrem Gerät.

Wird eine App momentan heruntergeladen, erkennen Sie dies an einem kleinen, sich füllenden Kreis über dem Icon (siehe Abbildung 5.8).

Abbildung 5.8 Eine App wird auf Ihr iPad geladen.

5.2.4 Seiten des Home-Bildschirms

Passen Ihre Apps nicht mehr auf eine Seite des Home-Bildschirms, erstellt Ihr iPad automatisch eine neue Home-Bildschirm-Seite. Die Punkte unten am Bildschirm zeigen an, wie viele Seiten Ihr Home-Bildschirm hat und auf welcher Seite Sie sich momentan befinden.

Abbildung 5.9 Dieser Home-Bildschirm hat zwei Seiten. Durch Wischen nach rechts gelangen Sie zur ersten Seite.

5.2.5 Apps suchen

Möchten Sie eine App nicht lange suchen, ziehen Sie mit dem Finger kurz auf dem Bildschirm nach unten. Jetzt öffnet sich ein Suchfeld, in dem Sie einfach den Namen der App eingeben können.

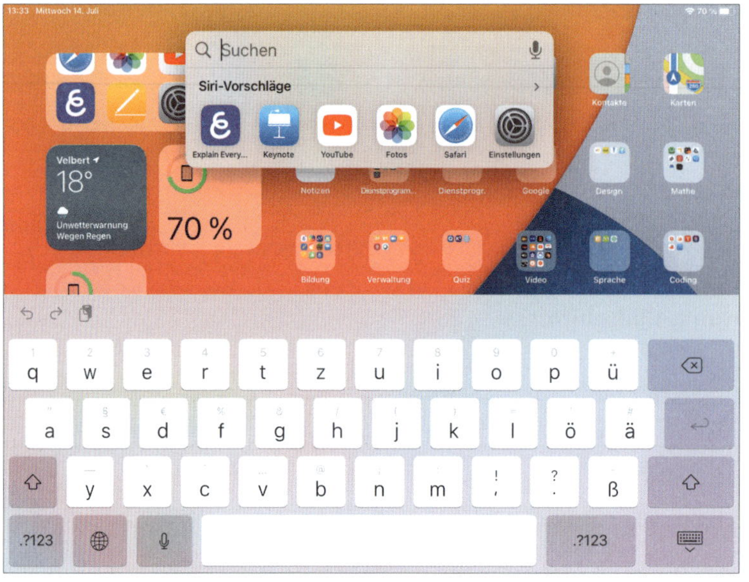

Abbildung 5.10 Ziehen Sie Ihren Finger nach unten, öffnet sich auf dem Home-Bildschirm ein Suchfeld. Mit diesem können Sie Apps schnell finden.

Tippen Sie den Namen der App ein, bekommen Sie nicht nur die App vorgeschlagen, sondern zusätzlich Suchvorschläge aus dem Internet (siehe Abbildung 5.11).

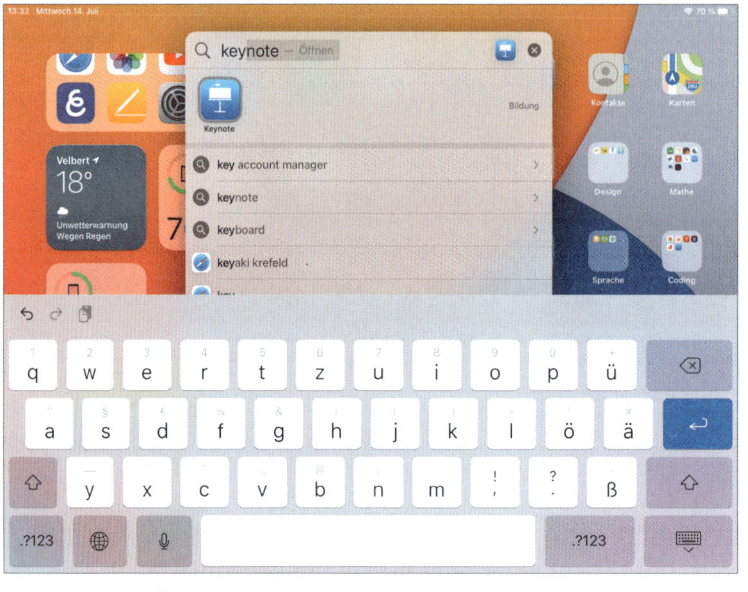

Abbildung 5.11 Über das Suchfeld lassen sich nicht nur Apps finden.

5.3 Das Dock

Die Menüleiste unten, das sogenannte *Dock*, ist besonders interessant, da Sie es auch öffnen können, wenn Sie sich gerade in einer App befinden. Außerdem spielt es eine wichtige Rolle bei Verwendung des *Split View*, der in Abschnitt 5.7 behandelt wird. Sie sehen, dass das Dock durch einen kleinen Strich getrennt ist. Rechts neben dem Strich befinden sich die zuletzt verwendeten Apps. Halten Sie den Finger länger auf eine freie Stelle des Home-Bildschirms und öffnen Sie den Bearbeitungsmodus, dann können Sie Apps in das Dock hinein- oder aus dem Dock hinausschieben.

Auf der rechten Seite zeigt das Dock Apps, die Sie häufig nutzen. Durch Tippen auf das kleine – am App-Icon können Sie diese entfernen.

Wichtige Apps immer ins Dock legen

Legen Sie Ihre wichtigsten Apps, die Sie am häufigsten nutzen, im Dock ab. Dort haben Sie den schnellsten Zugriff auf sie, auch wenn Sie gerade eine andere Seite des Home-Bildschirms geöffnet haben.

Abbildung 5.12 Genau wie im Raster oberhalb des Docks lassen sich Apps auch innerhalb des Docks verschieben.

5.3.1 Die Heute-Ansicht

Die Heute-Ansicht können Sie jederzeit vom linken Bildschirmrand hervorziehen. Sie lässt sich aber auch dauerhaft auf den Home-Bildschirm legen. Dazu öffnen Sie die App EINSTELLUNGEN .

Abbildung 5.13 Die App »Einstellungen« sollte gut erreichbar auf dem Home-Bildschirm platziert werden.

Dort aktivieren Sie in der Kategorie HOME-BILDSCHIRM & DOCK den Punkt ANSICHT „HEUTE“ IM HOME-BILDSCHIRM BEHALTEN (siehe Abbildung 5.14).

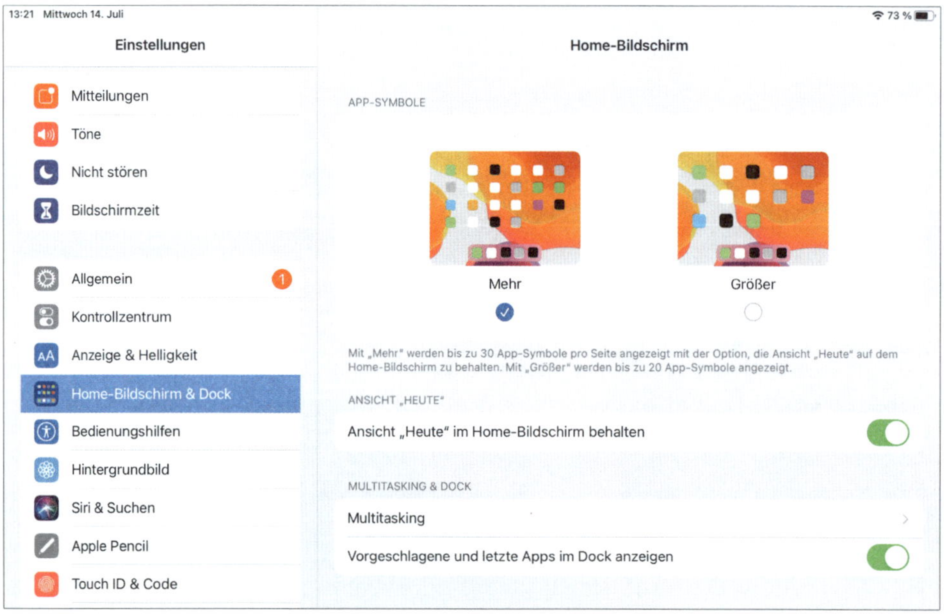

Abbildung 5.14 Unter »Einstellungen« können Sie die Heute-Ansicht dauerhaft auf Ihren Home-Bildschirm holen.

Die Heute-Ansicht ist sehr praktisch, da Sie sie nach Ihren Wünschen individualisieren können. Dafür müssen Sie das iPad wieder durch langes Tippen auf den Home-Bildschirm in den Bearbeitungsmodus versetzen.

Über das Plus oben links können Sie nun neue Widgets zur Heute-Ansicht hinzufügen (siehe Abbildung 5.15) oder vorhandene Widgets über das – löschen. Möchten Sie neue Widgets hinzufügen, ziehen Sie sie einfach in die Heute-Ansicht hinein.

Abbildung 5.15 Viele Ihrer installierten Apps bieten zusätzliche Widgets, die Sie hinzufügen können.

Bei manchen Widgets können Sie auch die Größe anpassen (siehe Abbildung 5.16).

Unter iPadOS 15 können Sie Widgets auch direkt auf Ihren Home-Bildschirm legen, also quasi zwischen Ihre Apps (siehe Abbildung 5.17). Dafür tippen Sie wieder länger auf den Home-Bildschirm und öffnen den Bearbeitungsmodus. Über das Plussymbol oben links (zu sehen in Abbildung 5.12) öffnet sich das neue Widgets-Menü.

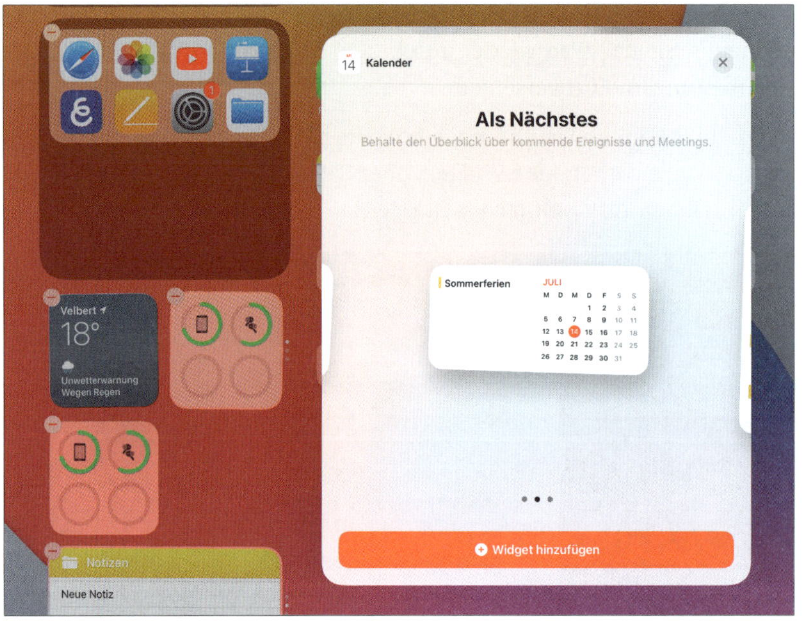

Abbildung 5.16 Bei manchen Widgets wechseln Sie wie hier per Wisch zur Seite zwischen unterschiedlichen Größen.

Abbildung 5.17 Das Widgets-Menü hat sich in iPadOS 15 leicht verändert.

Hier können Sie sich das entsprechende Widget aussuchen und es anschließend einfach auf den Home-Bildschirm ziehen (siehe Abbildung 5.18).

Abbildung 5.18 Widgets können auf den Home-Bildschirm gezogen werden.

5.3.2 Apps in der App-Mediathek finden

Ab iPadOS 15 finden Sie ganz rechts im Dock oder indem Sie mit dem Finger nach links wischen, die neue App-Mediathek (siehe Abbildung 5.19). In dieser können Sie alle Ihre Apps finden.

Hier werden die Apps nach von Apple vorgefertigten Kategorien sortiert. Diese heißen etwa »Soziale Netze« oder »Produktivität & Finanzen« (siehe Abbildung 5.20).

Abbildung 5.19 Die App-Mediathek finden Sie im Dock unten rechts.

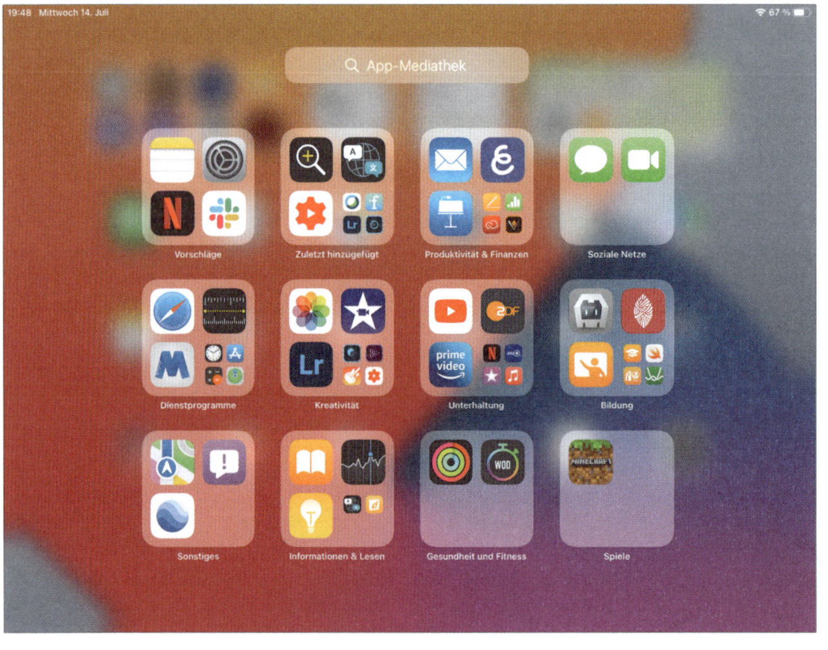

Abbildung 5.20 Die Sortierung in der App-Mediathek übernimmt das iPad automatisch für Sie.

Über das Suchfeld oberhalb der App-Kategorien können Sie auch hier eine bestimmte App finden. Beginnen Sie mit dem Suchen, werden Ihnen alle Apps in alphabetischer Reihenfolge angezeigt wie in Abbildung 5.21.

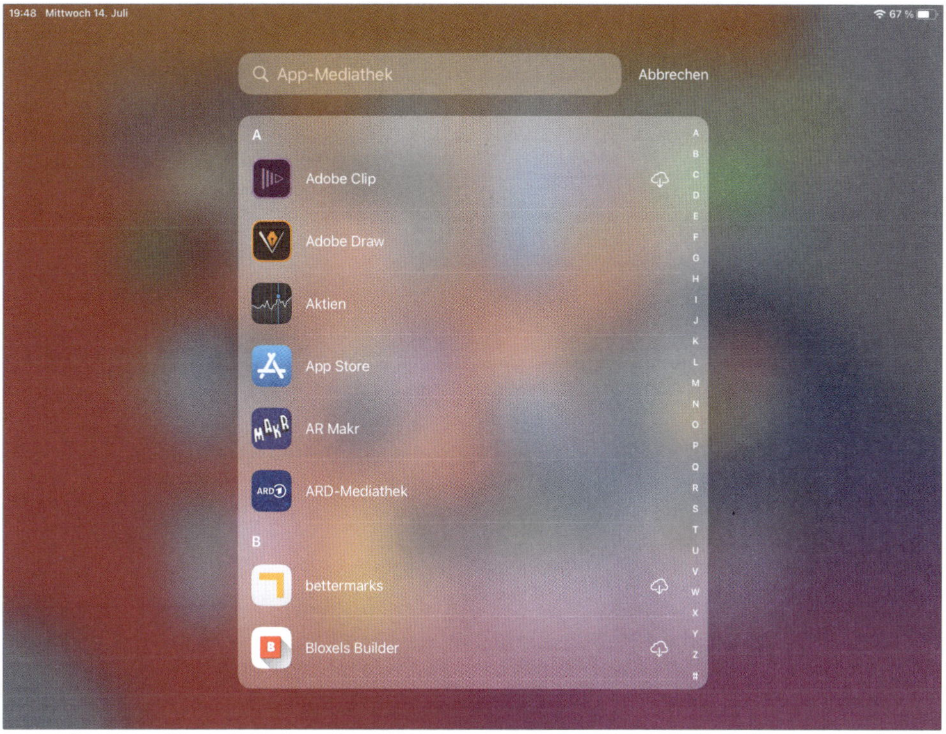

Abbildung 5.21 Über das Suchfeld können Sie schnell eine bestimmte App aufspüren.

5.4 Das Kontrollzentrum

Über das Kontrollzentrum des iPads greifen Sie schnell auf bestimmte Schnelleinstellungen Ihres iPads zu (siehe Abbildung 5.22). Sie öffnen das Kontrollzentrum, indem Sie mit dem Finger vom rechten oberen Bildschirmrand nach unten streichen.

Im Kontrollzentrum haben Sie unter anderem Zugriff auf die Helligkeit, die Lautstärke, die Kamera und vieles mehr. Halten Sie Ihren Finger auf einem der Menüpunkte gedrückt, erhalten Sie genauere Einstellungsmöglichkeiten zum selben Gebiet (siehe Abbildung 5.23).

Abbildung 5.22 Das Kontrollzentrum des iPads bietet Ihnen schnellen Zugriff auf bestimmte Einstellungsmöglichkeiten.

Abbildung 5.23 Halten Sie Ihren Finger eine Weile auf den Netzwerkeinstellungen oben links, bietet das Untermenü genauere Einstellungsmöglichkeiten zu »AirDrop« und dem »Persönlichen Hotspot«.

5.4.1 Das Kontrollzentrum bearbeiten

Möchten Sie andere Einstellungsmöglichkeiten schnell im Kontrollzentrum erreichen, können Sie dieses bearbeiten. Dafür öffnen Sie EINSTELLUNGEN • KONTROLLZENTRUM.

Hier können Sie die Steuerelemente anpassen, sie zum Kontrollzentrum hinzufügen oder aus diesem entfernen. Tippen Sie auf Minus, um Elemente zu entfernen, und auf das Plussymbol, um Elemente hinzuzufügen.

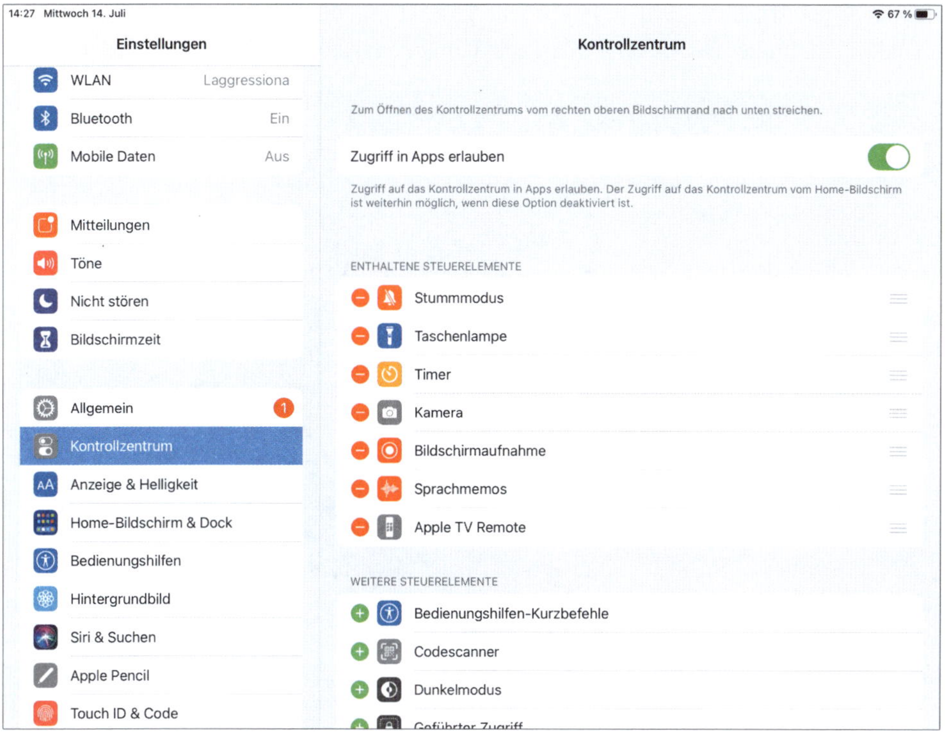

Abbildung 5.24 In der App »Einstellungen« können Sie das Kontrollzentrum nach Belieben anpassen.

> **Bildschirmaufnahme**
>
> Tippen Sie unter EINSTELLUNGEN • KONTROLLZENTRUM auf das Plus neben BILDSCHIRMAUFNAHME, wird dieses Steuerelement zu Ihrem Kontrollzentrum hinzugefügt. Mit diesem können Sie leicht eine Videoaufnahme von Ihrem Bildschirm machen und so schnell kleine Erklärvideos aufnehmen.

5.5 Dateien senden mit AirDrop

Öffnen Sie das Kontrollzentrum und halten Sie den Finger auf den Kasten mit den Netzwerkeinstellungen oben links, erscheint die Funktion AIRDROP. Diese ist für den Unterricht besonders wichtig, denn mit ihr können Sie schnell Dateien und Bilder in Ihrer näheren Umgebung versenden.

Für die Verwendung müssen WLAN und Bluetooth auf dem iPad aktiviert sein. Beides können Sie einfach über das Kontrollzentrum einschalten. Tippen Sie anschließend noch mal auf AIRDROP, und aktivieren Sie FÜR JEDEN (siehe Abbildung 5.25), damit Sie an jeden Empfänger Daten versenden und von jedem Daten empfangen können.

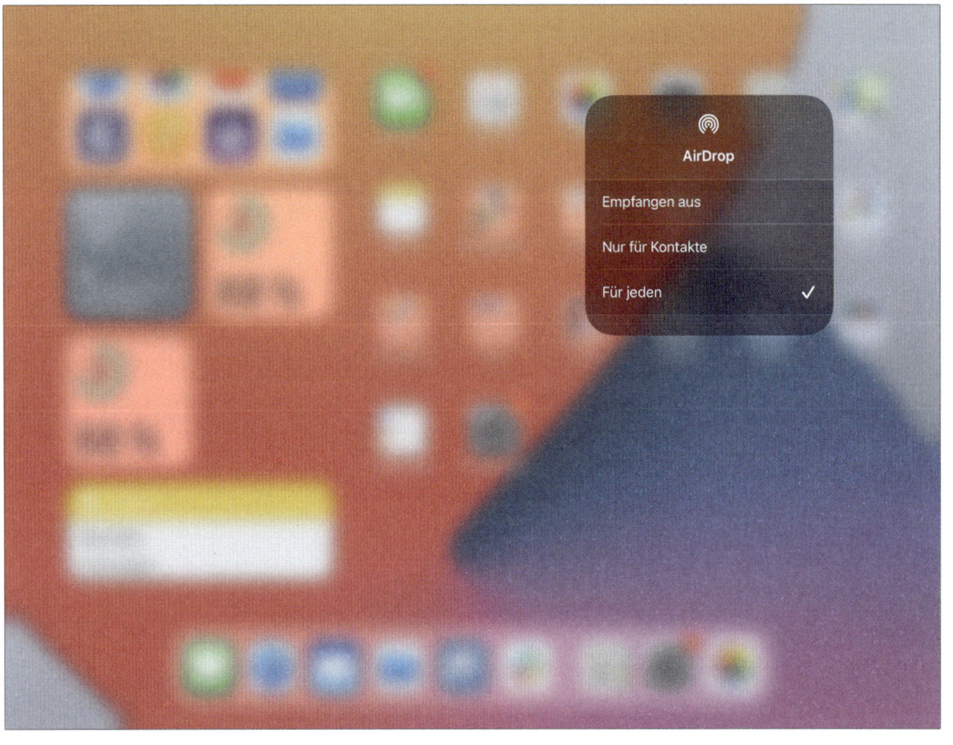

Abbildung 5.25 Ist im AirDrop-Untermenü »Nur für Kontakte« ausgewählt, können Sie nur mit Personen Dateien austauschen, die in Ihren Kontakten eingetragen sind. Für den Unterricht ist das unpraktisch.

Haben Sie eine Datei geöffnet vor sich, die Sie versenden möchten, wählen Sie das Bereitstellen-Symbol aus. Anschließend werden Ihnen mehrere Wege vorgeschlagen, wie Sie die Datei versenden können.

Tippen Sie auf AIRDROP, und Ihnen werden alle Geräte mit aktiviertem AirDrop in der Umgebung angezeigt (siehe Abbildung 5.26). Wählen Sie nun das Gerät aus, an das die Datei gesendet werden soll.

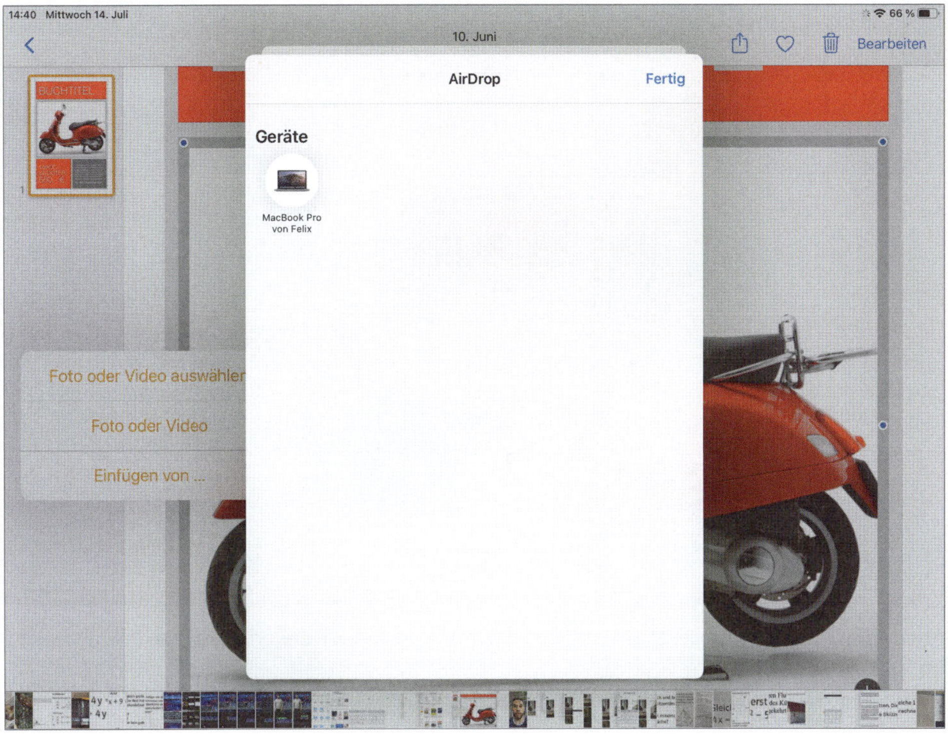

Abbildung 5.26 Dateien per AirDrop zu versenden, ist schnell und effizient.

Der große Vorteil von AirDrop ist, dass auch größere Dateien sehr schnell versendet werden können. Anders als etwa bei einer E-Mail werden die Daten nicht über das Internet versendet, sondern direkt per WLAN zum Zielgerät geschickt. Das bedeutet, dass dafür keine Internet-Bandbreite in Anspruch genommen werden muss.

Versucht ein anderes Gerät Ihnen eine Datei zu senden, erhalten Sie dazu eine Meldung wie in Abbildung 5.27. In dieser können Sie auswählen, ob Sie die Datei empfangen oder die Sendung ablehnen möchten.

Stellen Sie AirDrop-Regeln auf

AirDrop hat viele Vorteile, dennoch kann die Funktion in der Schule missbraucht werden. Legen Sie mit Ihren Schüler*innen klare AirDrop-Regeln fest, wann die Funktion benutzt werden darf und wann nicht.

Abbildung 5.27 Wird Ihnen eine Datei per AirDrop zugesendet, sehen Sie diese Meldung auf Ihrem iPad.

5.6 Bildschirmsynchronisation über AirPlay

Die Bildschirmsynchronisation ist die nächste wichtige Option, die Ihnen das Kontrollzentrum bietet. Sie können Ihr Gerät über die Bildschirmsynchronisation auf einem anderen Bildschirm spiegeln. Im Klassenraum kann dies etwa ein Beamer mit verbundenem Apple TV sein.

Die Bildschirmsynchronisation basiert auf Apples AirPlay-System. Sie können den Bildschirminhalt Ihres iPads also nur auf einem Display anzeigen lassen, das AirPlay-fähig ist. Neben dem Apple TV haben auch neuere Beamer oder Fernseher häufig eine AirPlay-Funktion integriert.

Um Ihr Gerät zu spiegeln, wählen Sie im Kontrollzentrum BILDSCHIRMSYNCHRONISIERUNG aus. Daraufhin werden Ihnen alle AirPlay-Geräte in Ihrer Umgebung angezeigt (siehe Abbildung 5.28). Tippen Sie auf das Gerät, mit dem Sie sich verbinden möchten, und Ihr Bildschirm wird auf dieses gespiegelt.

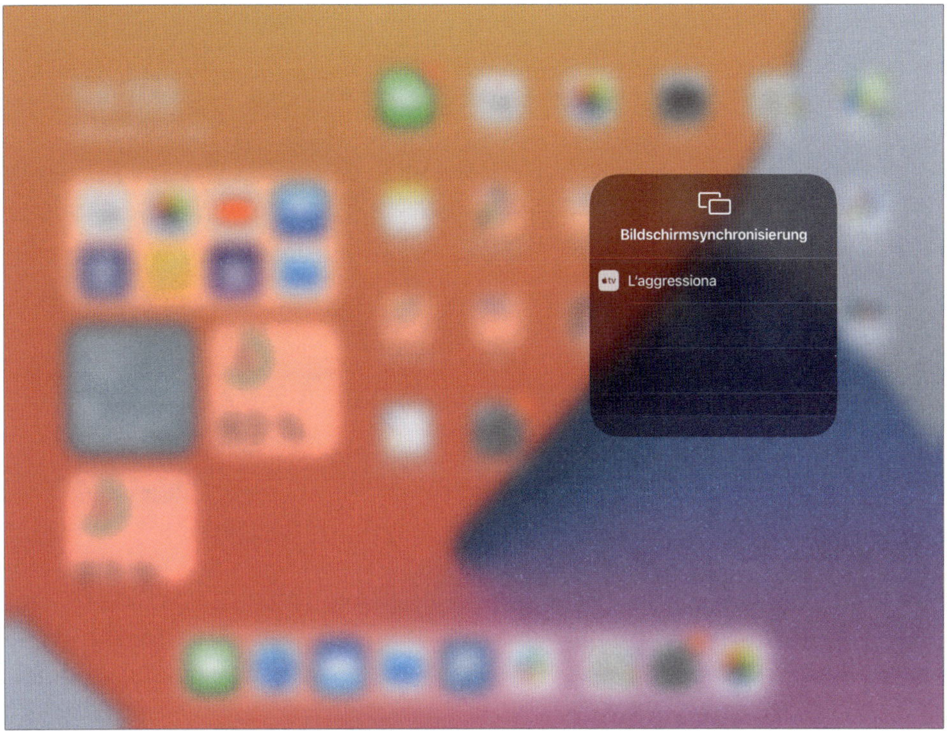

Abbildung 5.28 Im Menü »Bildschirmsynchronisierung« werden Ihnen alle Geräte mit AirPlay-Funktion angezeigt, die sich in der Nähe befinden – hier etwa ein Apple TV.

Lehrerplatz ändern

In Phasen von Frontalunterricht müssen Sie nicht mehr vorne an der Tafel oder dem Whiteboard stehen. Wenn Sie Ihr iPad via Bildschirmsynchronisierung spiegeln, können Sie Ihren Unterricht mit Apps wie *Explain Everything* auch aus dem hinteren Teil des Klassenraums halten. So haben Sie Ihre Schülerinnen und Schüler immer gut im Blick.

Falls ein Schüler sich mit dem Gerät verbinden soll oder Sie Ihr iPad nicht mehr spiegeln möchten, müssen Sie die Synchronisation beenden. Dafür öffnen Sie das Kontrollzentrum, wählen die Bildschirmsynchronisation aus (hier steht jetzt der Name des verbundenen Gerätes) und tippen auf SYNCHRONISIERUNG STOPPEN wie in Abbildung 5.29.

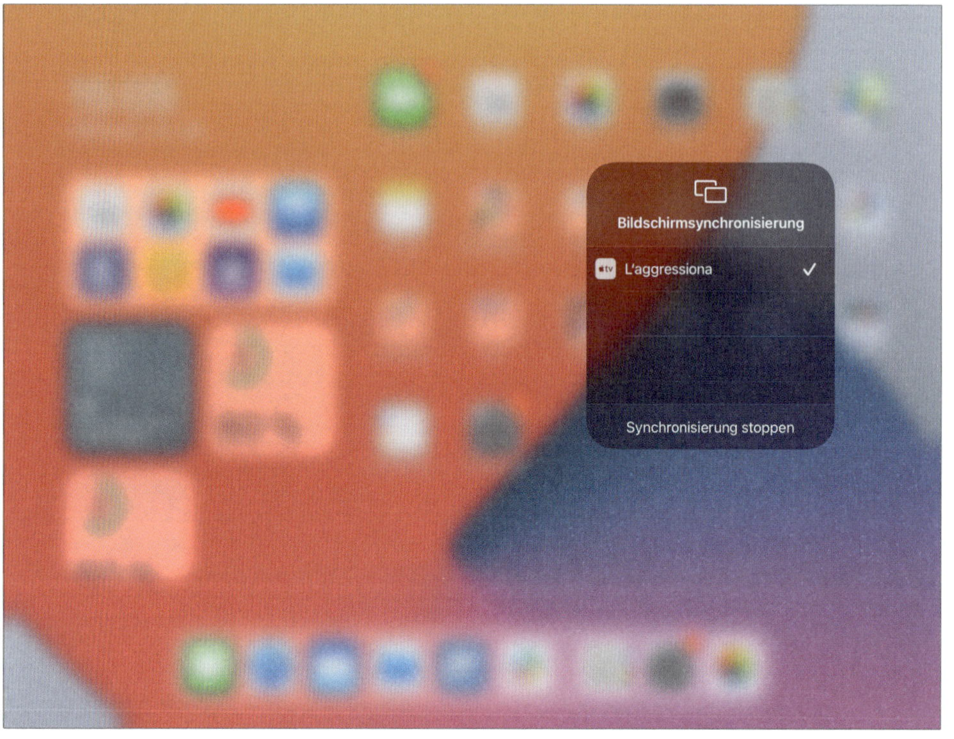

Abbildung 5.29 Eine Bildschirmsynchronisierung kann auch schnell wieder gestoppt werden.

5.7 Der Split View

Um effizient mit dem iPad arbeiten zu können, ist die Split-View-Funktion unerlässlich. Mit ihr öffnen Sie zwei Apps gleichzeitig nebeneinander auf Ihrem Display und können parallel mit beiden arbeiten. So können Sie etwa einfach Informationen aus dem Internet herausschreiben oder sich Stichpunkte zu einem Video machen.

Wenn Sie eine App geöffnet haben (in unserem Beispiel den Webbrowser *Safari*), streichen Sie mit dem Finger vom unteren Rand des Bildschirms ein Stück nach oben. Nun erscheint das Dock am unteren Displayrand wie in Abbildung 5.30.

Halten Sie jetzt die App, die Sie parallel zur aktuellen App öffnen möchten, mit dem Finger gedrückt, und ziehen Sie sie aus dem Dock heraus. In diesem Beispiel habe ich die App NOTIZEN dafür benutzt (siehe Abbildung 5.31).

Abbildung 5.30 Wenn Sie mit dem Finger vom unteren Displayrand nach oben streichen, erscheint das Dock. So können Sie es auch verwenden, während eine App geöffnet ist.

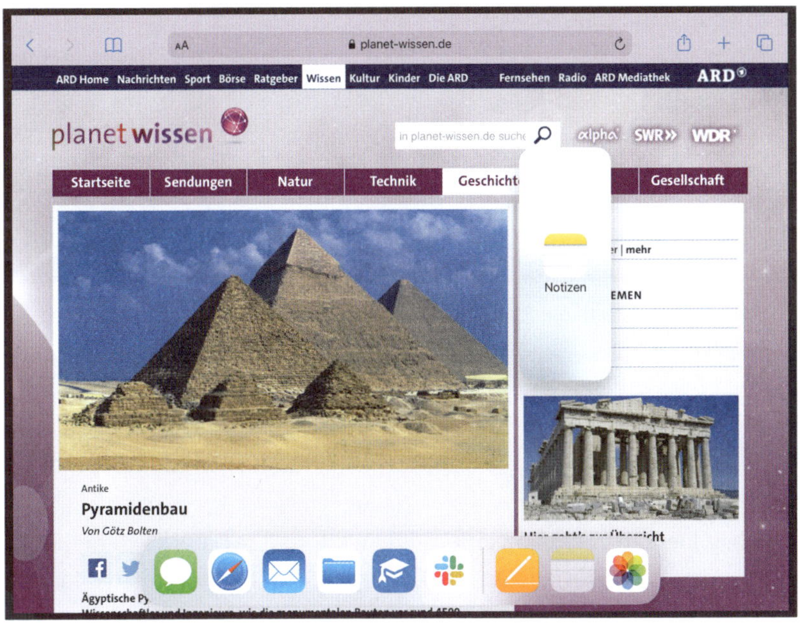

Abbildung 5.31 Apps können aus dem Dock gezogen werden, um sie im Split View zu öffnen.

Die gewünschte App fehlt im Dock?

Sollten Sie die gewünschte App nicht im Dock finden, kehren Sie kurz zum Home-Bildschirm zurück und öffnen dort die App. Nun sollte die App bei den zuletzt geöffneten Apps auf der rechten Seite des Docks auftauchen.

Ziehen Sie die App auf eine Seite des Bildschirms, schlägt das iPad Ihnen vor, diese im Split View zu öffnen (siehe Abbildung 5.32). Nun können Sie die App loslassen.

Abbildung 5.32 Lassen Sie die App in dieser Ansicht los, werden beide Apps im Split View nebeneinander angezeigt.

Sie befinden sich nun im Split View und können in zwei Apps parallel arbeiten (siehe Abbildung 5.33). Nun könnten Sie leicht Informationen aus dem Web heraussuchen oder kopieren.

Es ist sogar möglich, Bilder oder Text von einer Seite in die andere Datei zu ziehen – wie Sie es vom Computer kennen. Drücken Sie z. B. länger mit dem Finger auf ein Bild, und ziehen Sie es anschließend etwa in Ihre Notiz (siehe Abbildung 5.34).

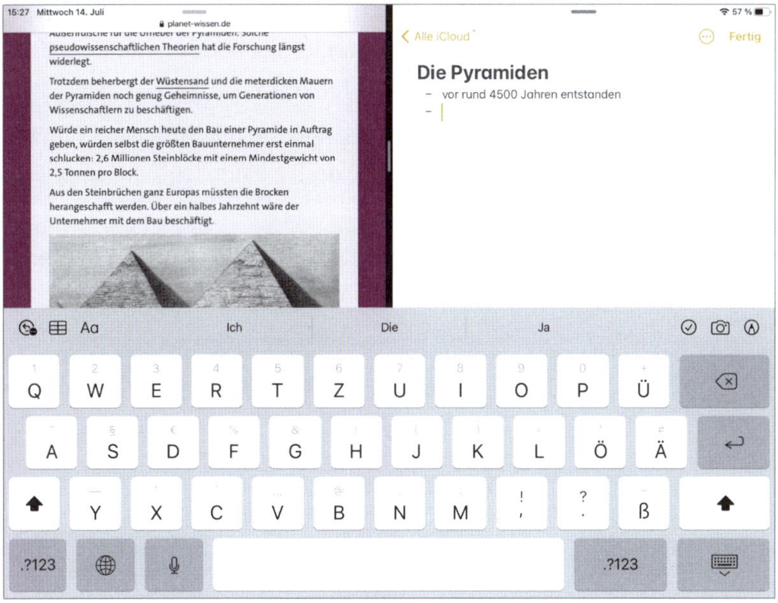

Abbildung 5.33 Im Split-View-Modus sind parallel zwei Apps auf beiden Seiten des Bildschirms geöffnet.

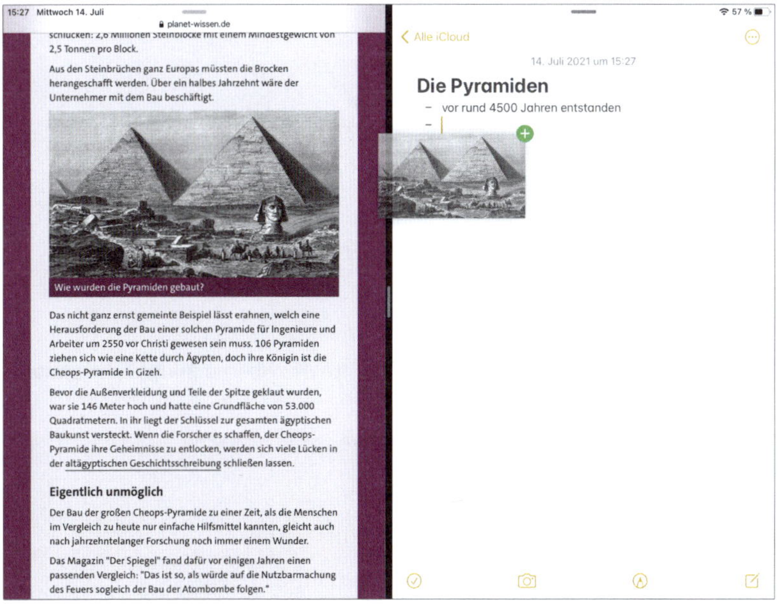

Abbildung 5.34 Bilder oder Texte von einer Webseite können leicht in die andere geöffnete App kopiert werden.

Ein schwarzer Balken trennt die beiden aktiven Apps in der Bildschirmmitte voneinander. Wenn Sie diesen Balken an der mittleren grauen Markierung berühren und zu einer Seite bewegen, vergrößern bzw. verkleinern Sie die beiden Apps.

Wenn Sie den Split View wieder verlassen möchten, ziehen Sie diesen Balken einfach komplett zu einer Seite des Displays. Dadurch verschwindet die betroffene App vom Bildschirm.

Ab iPadOS 15 wird die Split-View-Funktion noch einfacher. In der Mitte des oberen Randes gibt es dafür einen Button mit drei Punkten (siehe Abbildung 5.35).

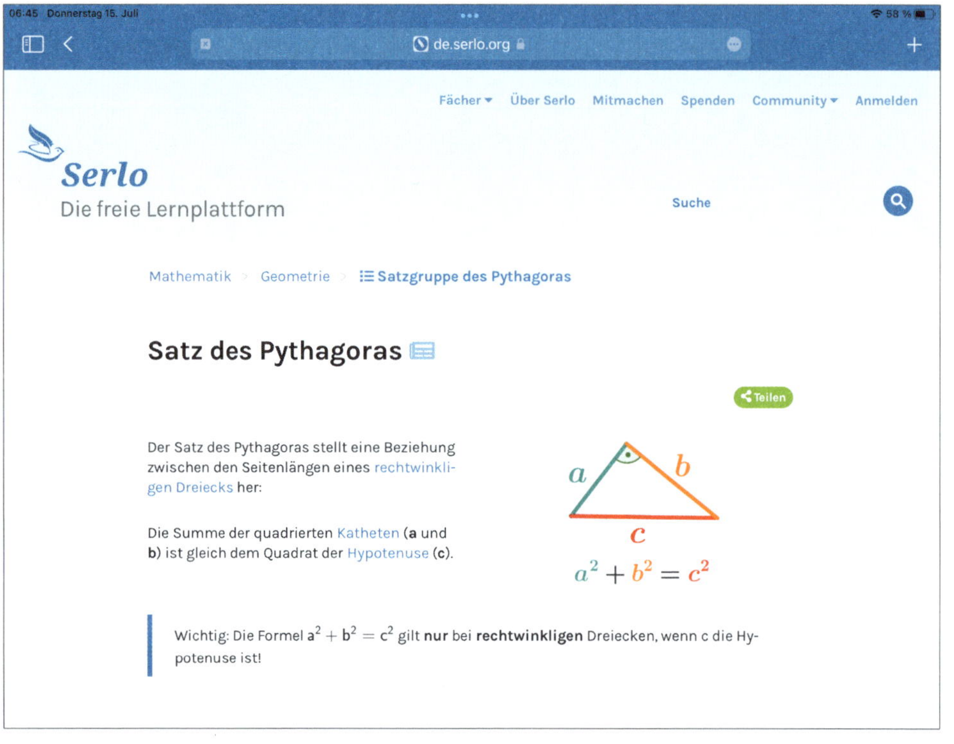

Abbildung 5.35 In den Apps sehen Sie drei Punkte in der Mitte des oberen Bildschirmrands.

Tippen Sie auf diese drei Punkte, eröffnen sich Ihnen weitere Optionen:

- Über den mittleren Punkt öffnen Sie den Split View.
- Mit dem linken Punkt kehren Sie in den Vollbildmodus zurück.
- Der rechte Punkt legt die aktuelle App als Fenster über eine andere.

Tippen Sie nun auf den Menüpunkt in der Mitte. Ihr aktuelles Fenster verschiebt sich damit auf die rechte Seite und Sie sehen den Home-Bildschirm.

Hier können Sie eine zweite App auswählen, die Sie im Split View öffnen möchten. Tippen Sie auf die gewünschte App, und Sie gelangen direkt in den Split-View-Modus.

Auch bei zwei geöffneten Apps sehen Sie jeweils am oberen Rand die drei Punkte wie in Abbildung 5.36. Über den linken Punkt können Sie den Split View beenden.

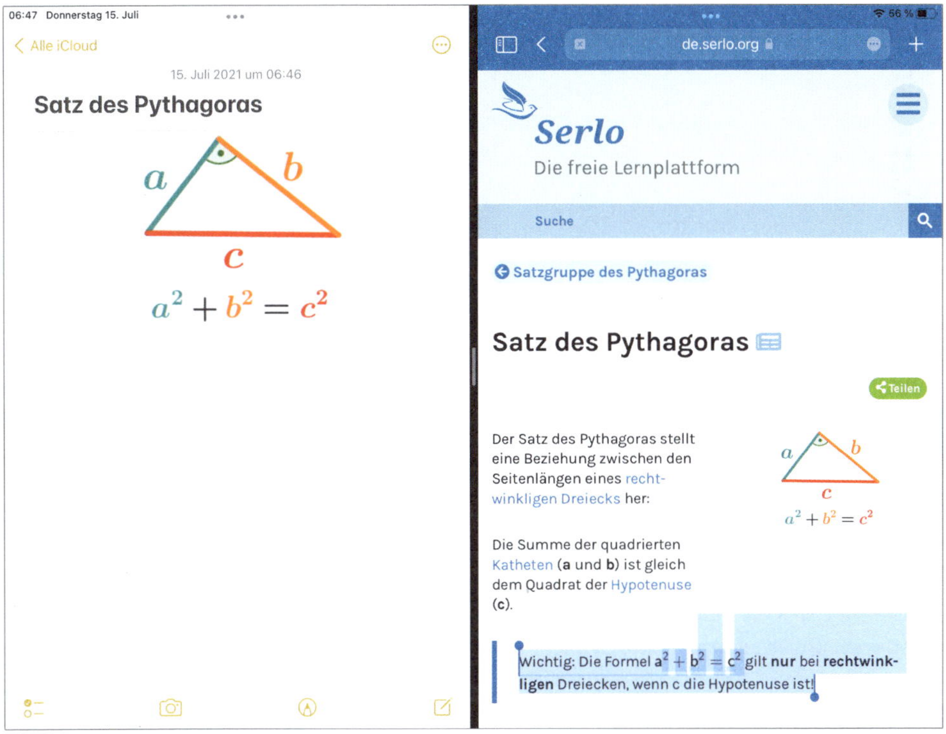

Abbildung 5.36 Die drei Punkte am oberen Rand geben Ihnen jeweils die Möglichkeit, den Split View zu verlassen.

5.8 Mitteilungen auf dem iPad

Mitteilungen sind eine wichtige Möglichkeit, um informiert zu bleiben oder auf Neuigkeiten zu reagieren. Mitteilungen sind Banner, Töne und Kennzeichen, die bei Neuigkeiten auf dem iPad erscheinen. Mitunter kann es aber auch störend sein, wenn Sie von jeder App Mitteilungen erhalten. Deshalb sollten Sie dieses Verhalten anpassen und nach Ihren Wünschen konfigurieren.

Nach dem erstmaligen Öffnen einer App werden Sie gefragt, ob Sie von dieser Anwendung Mitteilungen erhalten möchten. Um Mitteilungen zu konfigurieren, öffnen Sie die EINSTELLUNGEN und wählen MITTEILUNGEN aus (siehe Abbildung 5.37). Hier können Sie die Einstellungen für alle installierten Apps verwalten.

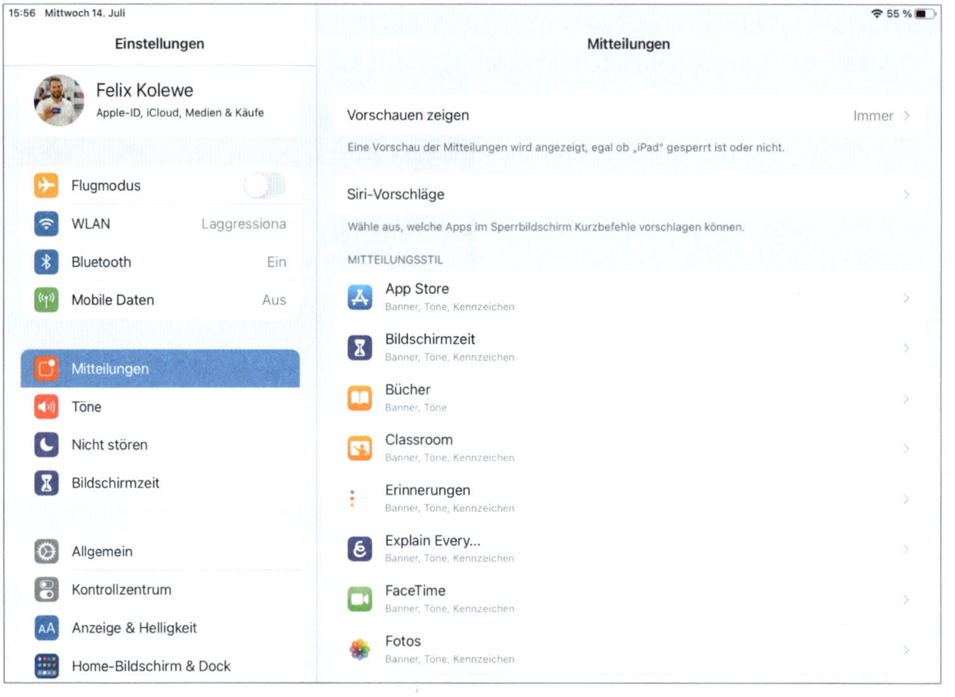

Abbildung 5.37 In den Einstellungen für die »Mitteilungen« zeigt Ihnen eine Liste, welche App Ihnen welche Mitteilungen senden darf.

Tippen Sie auf eine App, um die unterschiedlichen Mitteilungen für diese App aus- oder einzustellen (siehe Abbildung 5.38).

Falls Sie nicht von Mitteilungen gestört werden möchten (z. B. wenn Sie im Unterricht Ihr iPad per Bildschirmsynchronisation spiegeln), aktivieren Sie die »Nicht stören«-Funktion. Dies können Sie unter EINSTELLUNGEN • NICHT STÖREN oder über das Kontrollzentrum machen (siehe Abbildung 5.39). Jetzt sind alle Mitteilungen stummgeschaltet und Sie können ungestört unterrichten.

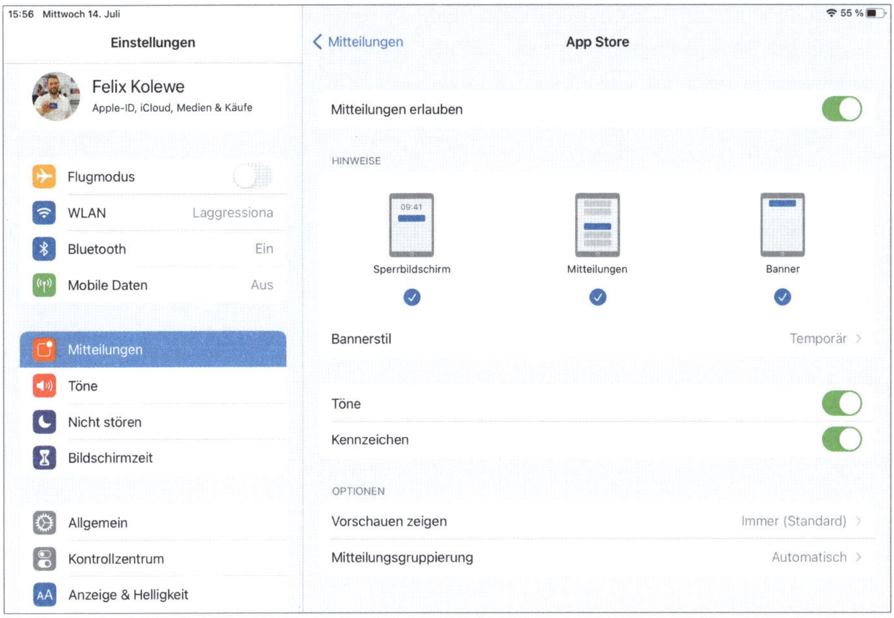

Abbildung 5.38 Für jede App können Sie einzeln einstellen, welche Mitteilungsarten sie Ihnen senden darf.

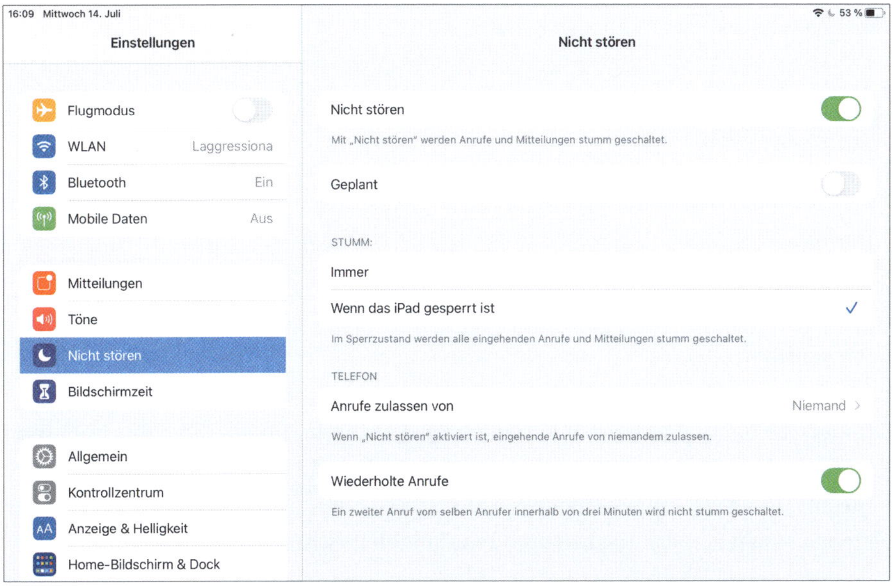

Abbildung 5.39 Die »Nicht stören«-Funktion schaltet alle Mitteilungen stumm. Sie können aber etwa auswählen, dass wiederholte Anrufe trotzdem zu hören sind.

In iPadOS 15 können Sie auch Mitteilungszusammenfassungen aktivieren. Dann sammelt Ihr iPad die Mitteilungen während der Zeit, in der Sie nicht gestört werden wollen, und präsentiert Ihnen am Abend oder am Ende des Schultages eine Übersicht.

5.8.1 Der Fokus-Modus

Ab iPadOS 15 bietet Ihnen das iPad den sogenannten Fokus-Modus. Dieser hilft Ihnen, sich nicht durch Apps oder Mitteilungen ablenken zu lassen. Wenn Sie diesen Modus aktivieren, werden Ihnen während der Arbeit beispielsweise keine Social-Media-Apps mehr angezeigt, um auf diese Weise Ihre Konzentration zu fördern.

Sie können unterschiedliche Modi erstellen, in denen verschiedene Apps zugelassen sind. Gehen Sie zum Einstellen des Fokus-Modus auf EINSTELLUNGEN • FOKUS wie in Abbildung 5.40.

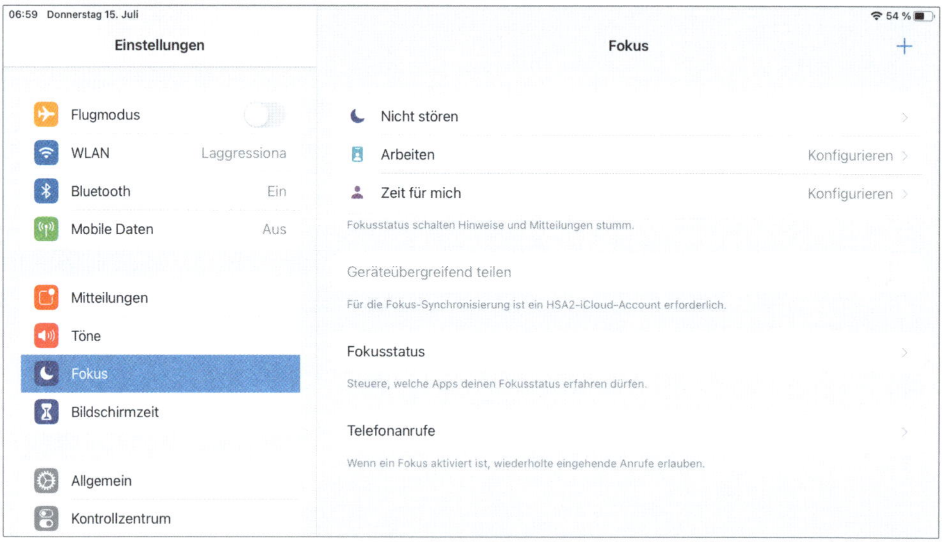

Abbildung 5.40 In den Einstellungen des Fokus-Modus können Sie festlegen, welche Mitteilungen Sie zulassen möchten.

Hier können Sie Fokus-Modi erstellen oder konfigurieren. Tippen Sie dafür auf einen bestehenden Fokus-Modus wie ARBEITEN, oder erstellen Sie über das Plus einen neuen. Wenn Sie auf ARBEITEN tippen, fügen Sie zuerst Personen aus Ihren Kontakten hinzu, von denen Sie auf jeden Fall Nachrichten empfangen möchten (siehe Abbildung 5.41).

Im Anschluss wählen Sie die Apps aus, die Sie im Fokus-Modus benutzen möchten (siehe Abbildung 5.42). Alle anderen Apps werden bei Nutzung des Modus ausgeblendet.

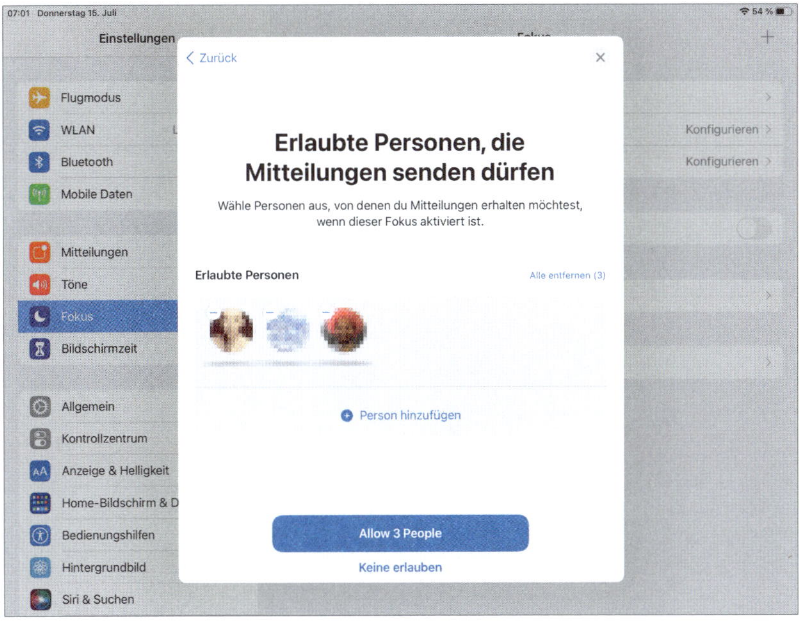

Abbildung 5.41 Sie können im Fokus-Modus Nachrichten von bestimmten Personen empfangen, die Sie selbst festlegen können.

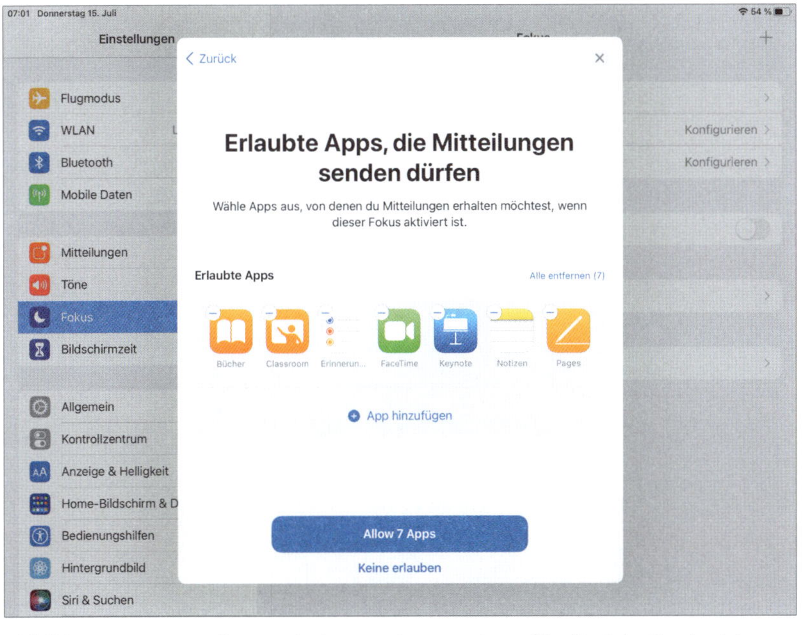

Abbildung 5.42 Im Fokus »Arbeit« werden nur Apps für die Arbeit erlaubt.

Danach werden Sie gefragt, ob Sie dringliche Mitteilungen erlauben möchten (siehe Abbildung 5.43). Andere Personen können Ihnen dann trotzdem Nachrichten schicken, wenn sie diese als dringlich kennzeichnen.

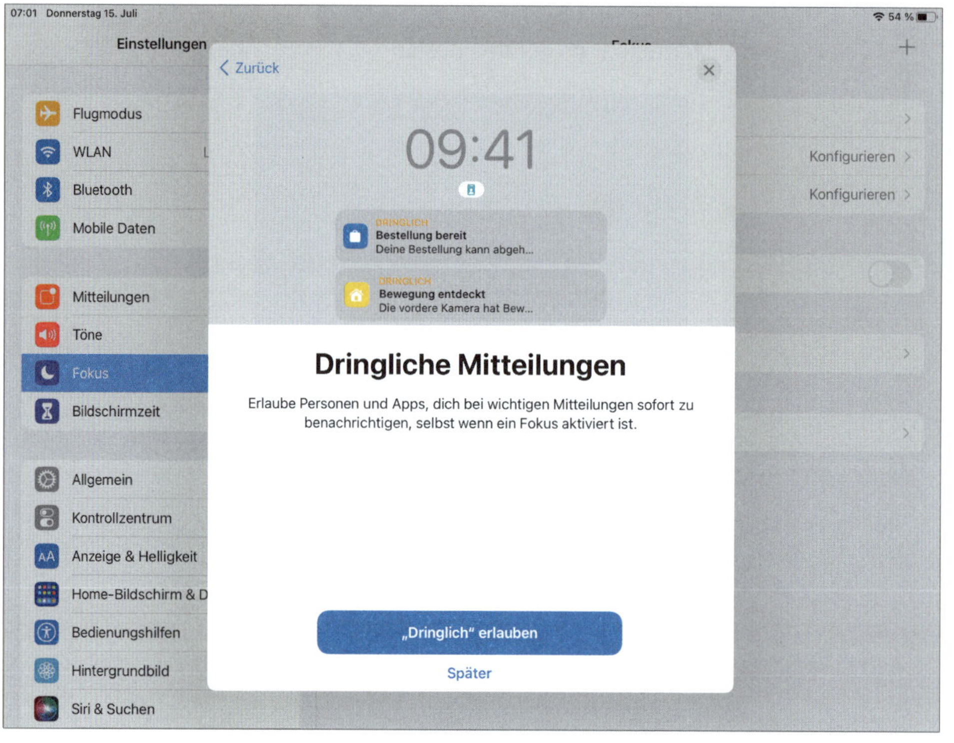

Abbildung 5.43 Dringliche Mitteilungen können immer noch empfangen werden, wenn Sie dies aktivieren.

Jetzt ist Ihr Fokus aktiviert, und Sie können noch weitere Einstellungen vornehmen – wie die INTELLIGENTE AKTIVIERUNG, bei der der Fokus immer zu einem bestimmten Zeitpunkt automatisch aktiviert wird (siehe Abbildung 5.44).

Trennen Sie Arbeits- und Privatleben

Wenn Sie Ihr iPad sowohl für die Arbeit als auch im Privatleben nutzen, ist der Fokus-Modus eine gute Möglichkeit, Arbeitsmitteilungen nach der Schule zu deaktivieren. Erstellen Sie einen Modus namens *Privat* und einen namens *Schule* oder *Arbeit*, und aktivieren Sie nur die entsprechenden Apps und Benachrichtigungen. So erhalten Sie keine Nachrichten aus der Schule, wenn Sie es nicht möchten.

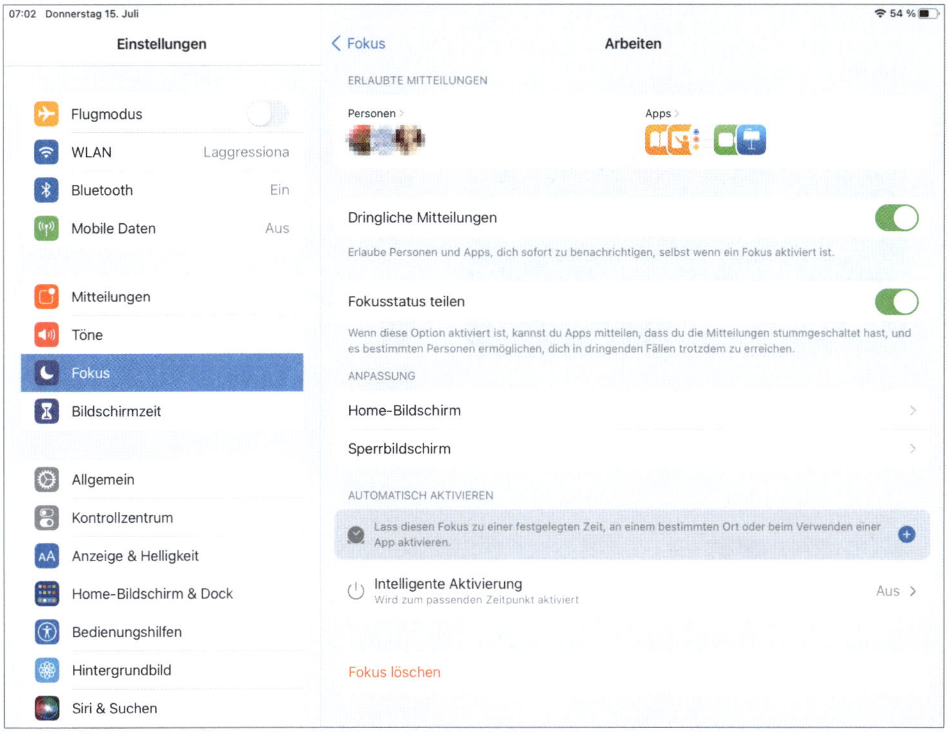

Abbildung 5.44 Der erstellte Fokus-Modus lässt sich im Anschluss weiter personalisieren.

5.9 Apps herunterladen

Wenn es die Verwaltung Ihres iPads zulässt (mehr dazu lesen Sie in Kapitel 3, »Verwaltung des iPads in der Schule«), können Sie über den *App Store* Apps auf Ihr iPad herunterladen.

Tippen Sie dafür auf den App Store auf Ihrem Home-Bildschirm. Sie befinden sich nun auf der App-Store-Startseite (siehe Abbildung 5.45). Dort werden Ihnen immer neue Apps und Spiele vorgestellt.

Oben rechts sehen Sie Ihr Profilbild. Tippen Sie auf dieses, sehen Sie, mit welchem Account Sie im App Store angemeldet sind (siehe Abbildung 5.46). Normalerweise sind Sie mit der Apple-ID angemeldet, mit der Sie auch in der iCloud auf Ihrem iPad angemeldet sind. Es ist aber auch möglich, dass man unterschiedliche Apple-IDs für iCloud und App Store nutzt. Tippen Sie auf das Bild, um zu überprüfen, mit welcher Apple-ID Sie angemeldet sind.

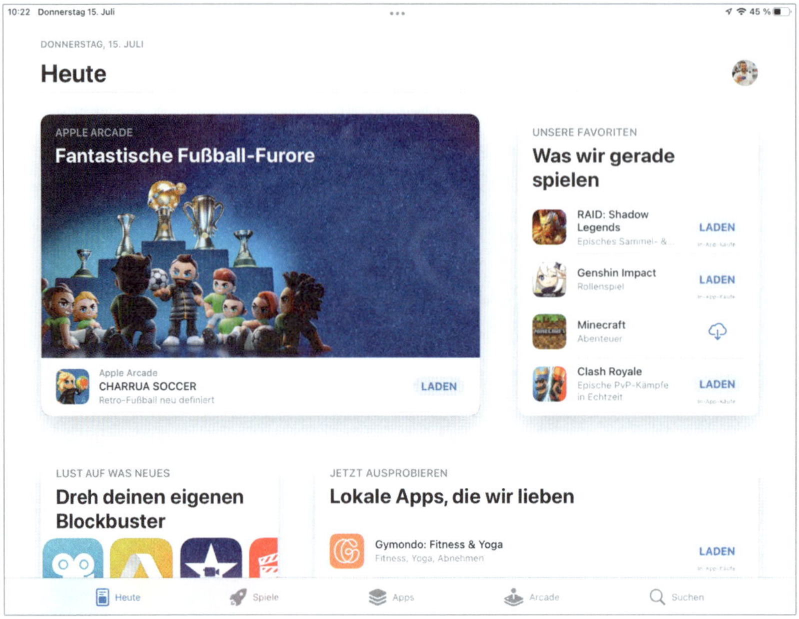

Abbildung 5.45 Der Startbildschirm des App Store präsentiert Ihnen eine Auswahl herunterladbarer Apps.

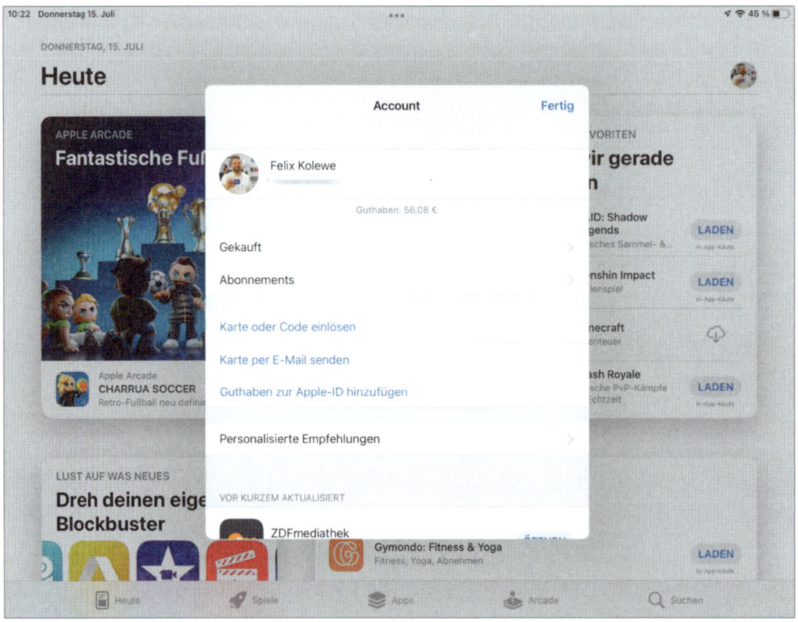

Abbildung 5.46 Die angemeldete Apple-ID im App Store

Hier können Sie sehen, welches Guthaben Sie in Ihrer Apple-ID hinterlegt haben. Dazu können Sie Guthaben hinzufügen, Ihre gekauften Apps sehen und Ihre Abonnements verwalten.

Generell wird beim Kauf von Apps zwischen drei Kategorien unterschieden: eine App kann kostenlos sein, Sie zahlen einmalig für die App, oder die App sieht sogenannte »In-App Käufe« vor. Dies sind meist Abos, bei denen Sie erst eine Testversion nutzen und durch das kostenpflichtige Abonnieren weitere Features freischalten können. Es ist nützlich, immer mal wieder einen Blick auf die Abonnements seiner Apple-ID zu werfen, damit man keine laufende Zahlung aus dem Blick verliert. Tippen Sie auf FERTIG, um dieses Menü zu schließen.

Im Menü am unteren Bildschirmrand können Sie zwischen den unterschiedlichen Kategorien im App Store hin- und herwechseln. Tippen Sie z. B. auf APPS, und scrollen Sie ganz nach unten. Hier bietet Apple eine eigene Kategorie namens BILDUNG an, in der Apps für den Bildungsbereich vorgestellt werden (siehe Abbildung 5.47).

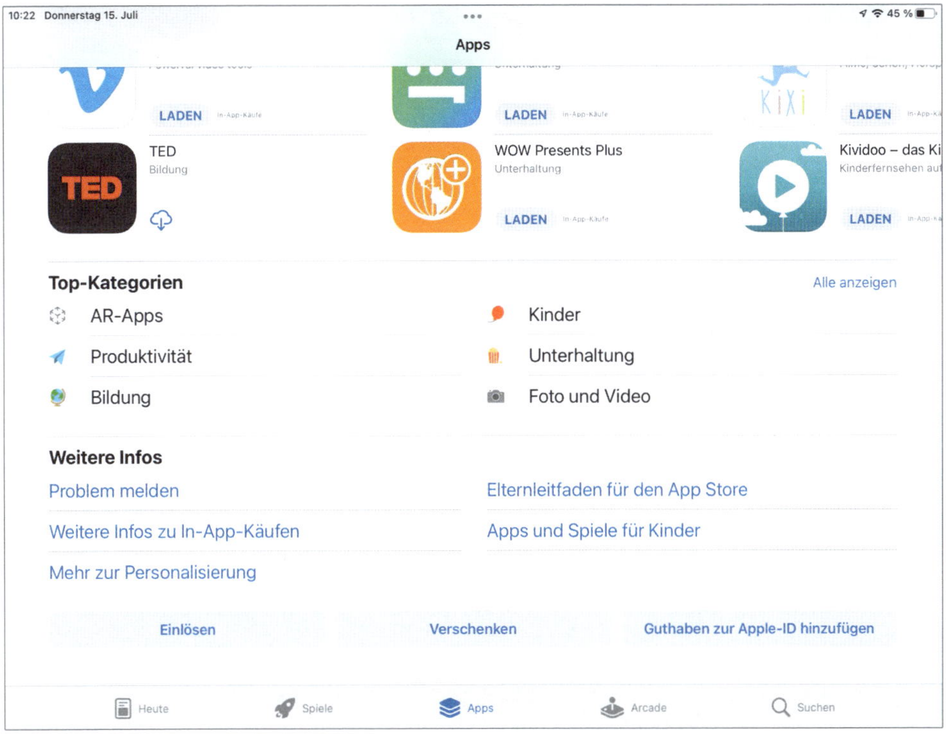

Abbildung 5.47 In den Top-Kategorien finden Sie Apps, die Sie interessieren könnten.

Möchten Sie nach einer bestimmten App suchen, tippen Sie auf den Menüpunkt SUCHEN (siehe Abbildung 5.48). Dort können Sie den Namen einer App in das Suchfeld eingeben, und Ihnen werden dazu passende Vorschläge angezeigt.

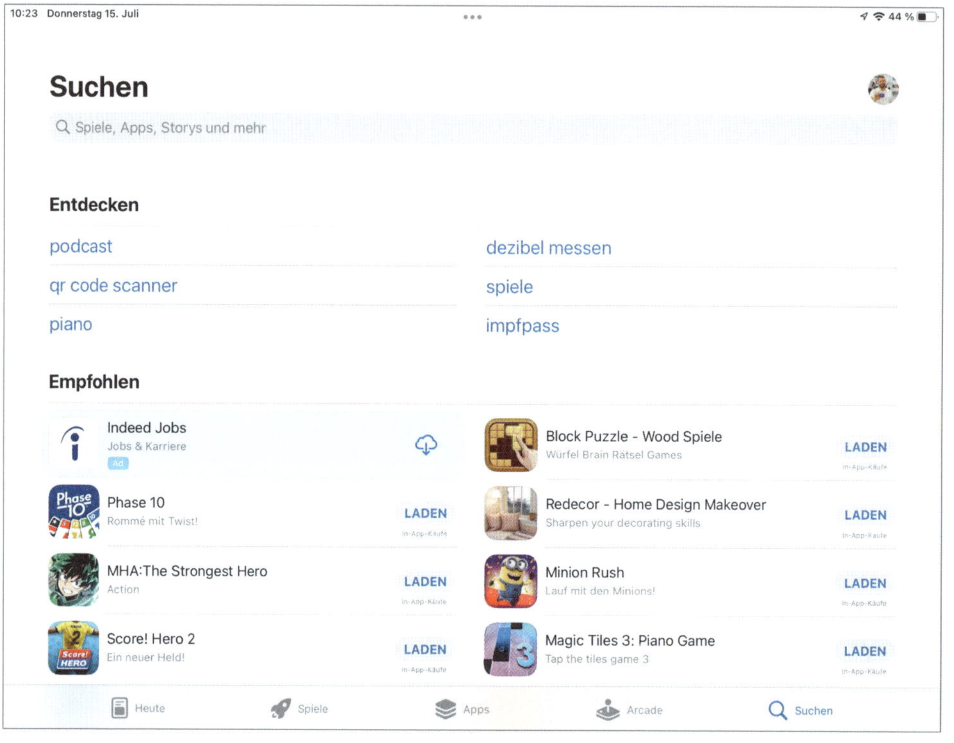

Abbildung 5.48 Über den Namen oder die Funktion einer App lässt sich diese über »Suchen« ermitteln.

5.10 Quick Notes

Mit Quick Notes können Sie sich mithilfe der App Notizen schnell und unkompliziert etwas notieren. Dazu ziehen Sie einfach mit dem Finger oder Stift von der rechten unteren Ecke nach oben. Dann öffnet sich ein Notizfeld, in das Sie schreiben können (siehe Abbildung 5.49).

Wenn Sie Notizen zu einer Webseite machen wollen, wird Ihnen oben in der Notiz automatisch die Option angezeigt, den Link der Webseite hinzuzufügen. Dieser wird dann zusammen mit der Notiz abgespeichert, damit Sie später wieder auf diese Webseite zurückkehren können.

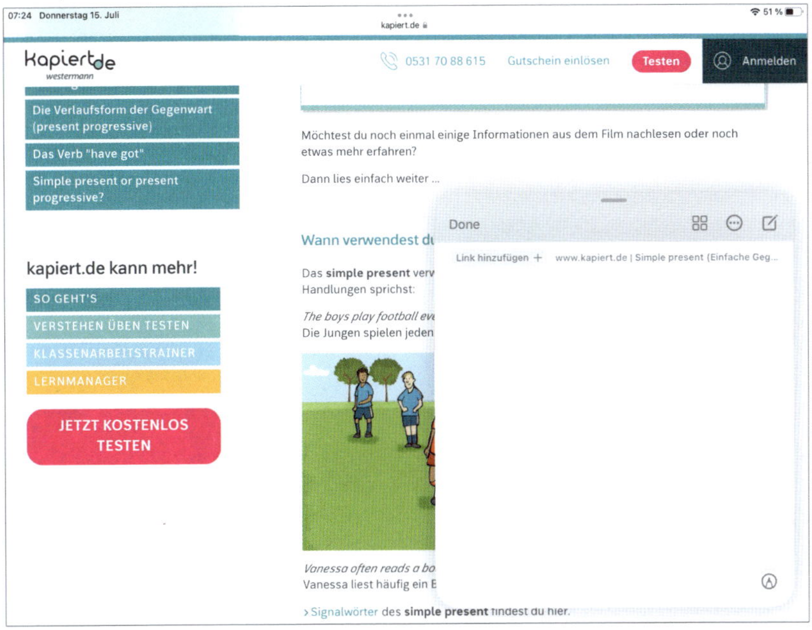

Abbildung 5.49 »Quick Notes« sind eine einfache Möglichkeit, schnell etwas zu notieren.

Das Notizfeld können Sie mit dem Finger beliebig verschieben. Tippen Sie auf das Stift-Symbol in der Notiz, können Sie mit Ihrem Apple Pencil direkt im Feld schreiben. Wenn Sie fertig sind, tippen Sie einfach auf den Button oben links in der Notiz, und Ihre Aufzeichnungen werden in der App Notizen gespeichert.

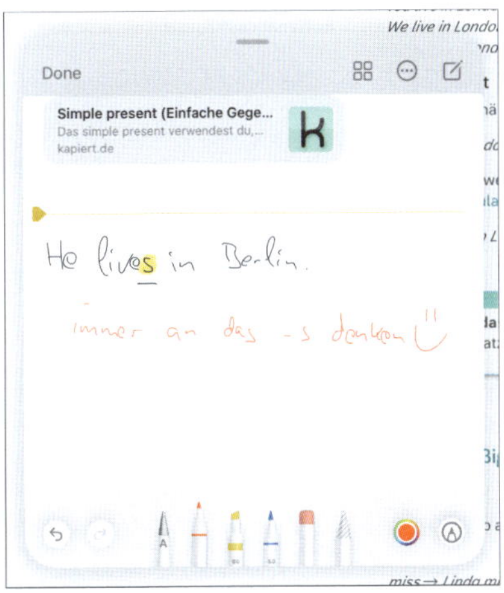

Abbildung 5.50 Mit dem Apple Pencil lassen sich einfach Anmerkungen in eine »Quick Note« schreiben.

Kapitel 6
Einstellungen und Hilfsmittel für den Schulalltag

Das iPad bietet einige nützliche Funktionen und Hilfsmittel, die den Schulalltag erleichtern und das Arbeiten mit dem digitalen Medium unterstützen.

In diesem Kapitel zeige ich Ihnen, wie Sie das Zubehör des iPads verwenden und mit welchen Apps Sie Ihren Unterricht und Schulalltag organisieren können.

6.1 Der Apple Pencil

Ein unerlässlicher Begleiter im digitalen Lehreralltag ist ein Stift, mit dem Sie das iPad bedienen und handschriftliche Notizen sowie Zeichnungen anfertigen können. Der originale Stift für das iPad ist dabei der *Apple Pencil* (siehe Abbildung 6.1). Mit ihm können Sie auf dem iPad ab der 6. Generation schreiben.

Mittlerweile gibt es einen Apple Pencil 2, der aber überwiegend für die iPad-Pro-Modelle gedacht ist, die im schulischen Umfeld seltener benutzt werden. Dennoch sollten Sie sich vorab informieren, mit welchem Stift Ihr iPad kompatibel ist. Es gibt neben dem Apple Pencil noch andere sinnvolle Alternativen, z. B. den *Logitech Crayon*.

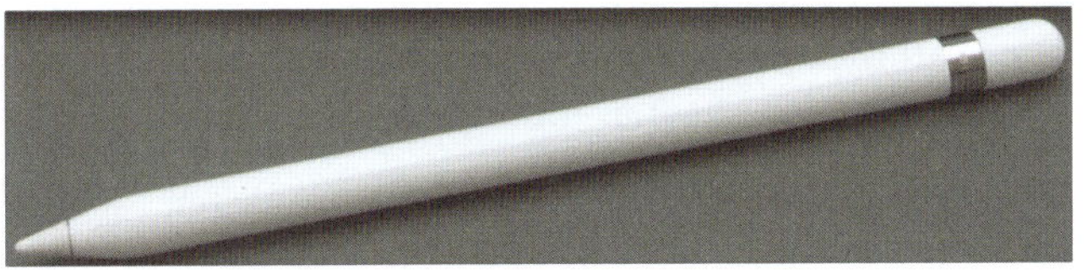

Abbildung 6.1 Ein »Apple Pencil« der 1. Generation

6.1.1 Den Apple Pencil mit dem iPad verbinden

Das Koppeln des Apple Pencils mit dem iPad erfordert keinen Aufwand. Sie nehmen einfach die Kappe hinten am Stift ab und stecken den Stift in den Ladeanschluss Ihres iPads. Auf dem Display erscheint daraufhin ein Fenster, in dem Sie den Stift durch Betätigung der Schaltfläche KOPPELN verbinden können (siehe Abbildung 6.2). Sobald der Stift gekoppelt ist, können Sie auch schon loslegen und mit dem Stift in den Apps des iPads schreiben.

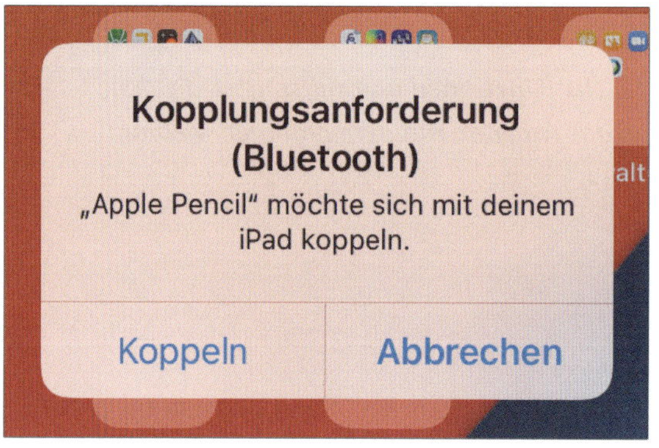

Abbildung 6.2 Die Kopplungsanfrage des iPads erscheint, wenn Sie den Stift in den Ladeanschluss stecken.

6.1.2 Den Apple Pencil laden

Auf dieselbe Weise laden Sie auch den Apple Pencil: Stecken Sie ihn also in den Ladeanschluss, oder laden Sie ihn mit dem mitgelieferten Adapter über eine Steckdose mit Netzteil.

6.2 Externe Tastaturen anschließen

Mittlerweile kann das iPad im Zusammenspiel mit einer Tastatur und dem Dateien-System, das Sie in Kapitel 7, »Das Dateimanagement auf dem iPad«, kennenlernen, einen vollwertigen Computer ersetzen. Natürlich lässt sich auf dem iPad auch ohne externe Tastatur schreiben, aber wenn Sie viel mit Text arbeiten, lohnt sich eine externe Tastatur.

Die Auswahl an Tastaturen ist über die Jahre sehr groß geworden. Die meisten Tastaturen lassen sich dabei per Bluetooth mit den iPads verbinden. Dafür müssen Sie nur unter EINSTELLUNGEN • BLUETOOTH kontrollieren, ob der Regler auch tatsächlich wie in Abbildung 6.3 aktiviert ist, und anschließend die Bluetooth-Tastatur anschalten. Dann erscheint Ihre Tastatur unten unter ANDERE GERÄTE. Mit einem Tipp auf die Tastatur können Sie diese dann verbinden.

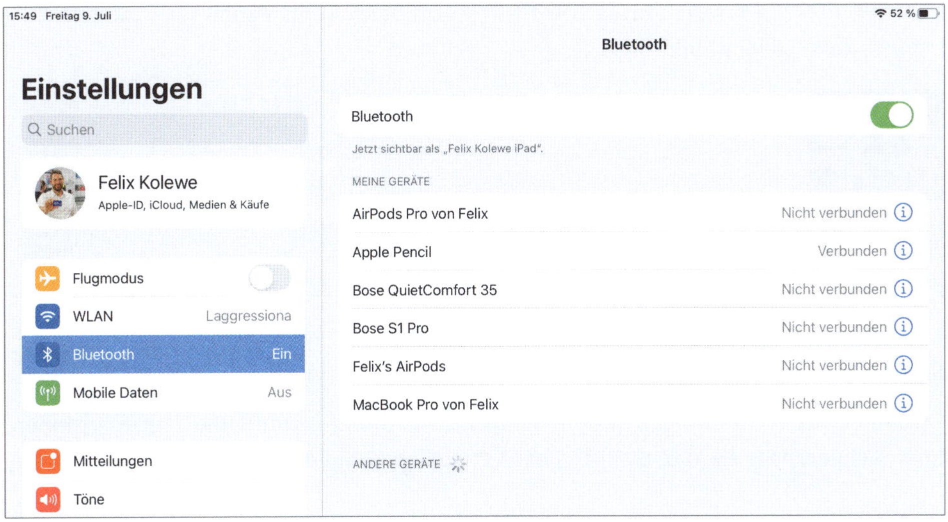

Abbildung 6.3 Tastaturen und andere Bluetooth-Geräte erscheinen unter dem Punkt »Andere Geräte«.

Manche Tastaturen müssen bei neueren iPads, wie dem iPad der 8. Generation oder bei Pro-Modellen, nicht über Bluetooth verbunden werden. In diesem Fall wird das iPad über den sogenannten *Smart Connector* (drei Punkte am Rand des iPads) mit der Tastatur verbunden. Die Tastatur wird einfach auf den Smart Connector gestellt.

Kopfhörer

Es ist sinnvoll, Ihre Schüler*innen im Unterricht Kopfhörer benutzen zu lassen. Gerade wenn sie individuell Videos anschauen oder bearbeiten, sind für ein konzentriertes Arbeiten in der iPad-Klasse Kopfhörer im Grunde unerlässlich. Die meisten Kopfhörer verfügen auch über interne Mikrofone, die die Qualität von Audioaufnahmen verbessern, und sie lassen sich in aller Regel entweder über Bluetooth oder über ein Kabel sehr schnell mit dem iPad verbinden.

6.3 Interne Tastaturen hinzufügen

Das iPad verfügt über Tastaturen in fast jeder Sprache. Dies ist beim Schreiben von Texten wichtig, da z. B. ein englischer Text mit deutscher Tastatur häufig durch die Autokorrektur als falsch angezeigt wird. Gerade im Fremdsprachenunterricht ist das Hinzufügen von Tastaturen mit dem Layout der betreffenden Sprache sehr sinnvoll.

Der Weg zu weiteren Tastaturen führt wie schon beim Apple Pencil über die App EINSTELLUNGEN (siehe Abbildung 6.4).

Abbildung 6.4 Weitere Tastaturen werden in den Einstellungen hinzugefügt.

6.3.1 Einstellungsoptionen für interne Tastaturen

Öffnen Sie die Einstellungen, indem Sie das Icon auf dem Home-Bildschirm antippen, und navigieren Sie zu ALLGEMEIN • TASTATUR (siehe Abbildung 6.5).

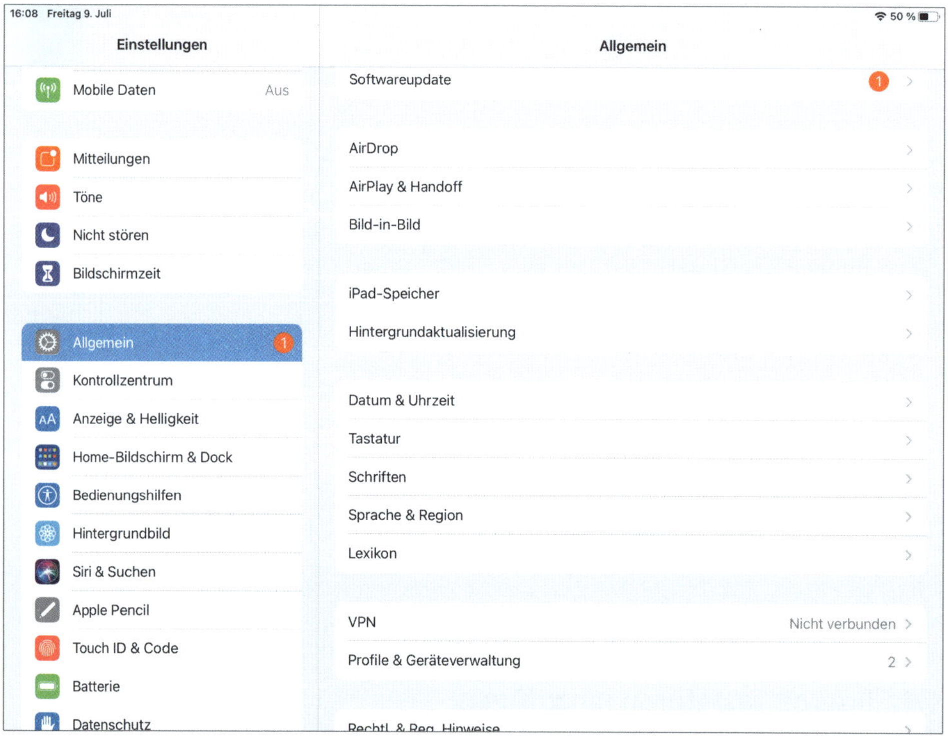

Abbildung 6.5 Im Bereich »Allgemein« der »Einstellungen«-App finden Sie auch die Einstellungen für Ihre Tastatur.

Im Dialog TASTATUREN, der sich nun öffnet, finden Sie nun diverse Einstellungsoptionen für Ihre Tastatur (siehe Abbildung 6.6). Tippen Sie auf den obersten Punkt TASTATUREN, um weitere Tastaturen hinzuzufügen.

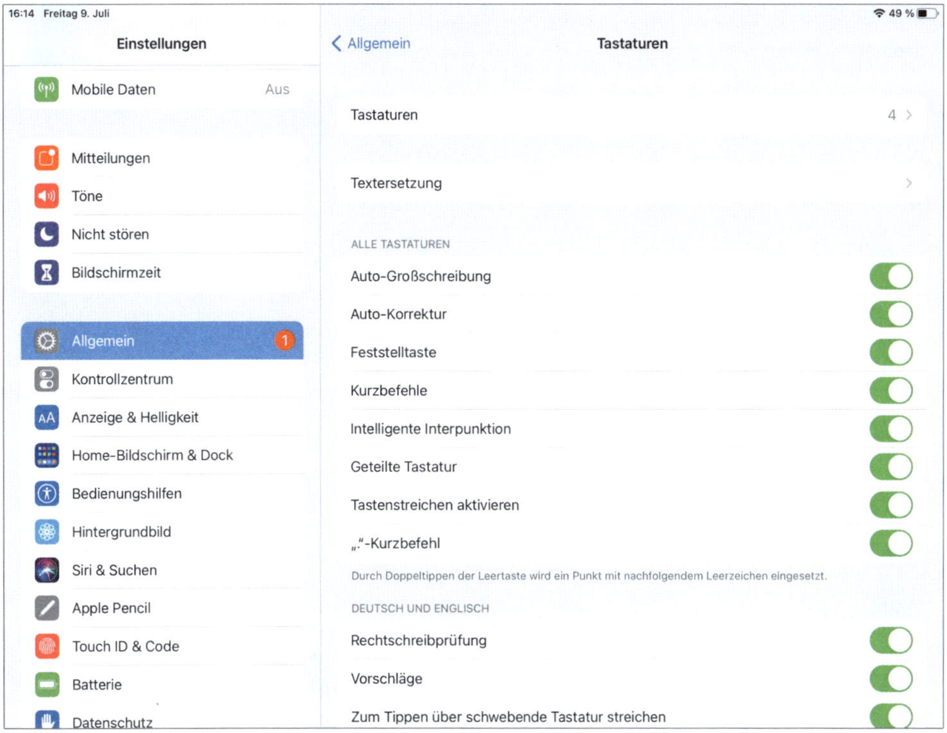

Abbildung 6.6 Einstellungsmöglichkeiten für Ihre Tastatur

Nun sehen Sie die auf Ihrem iPad vorhandenen Tastaturen. Möchten Sie eine neue Sprache hinzufügen, tippen Sie auf TASTATUR HINZUFÜGEN, und es erscheint ein Fenster mit vielen Sprachen (siehe Abbildung 6.7). Wählen Sie die gewünschte Sprache einfach durch Antippen aus, und schon wird die entsprechende Tastatur auf dem iPad hinzugefügt.

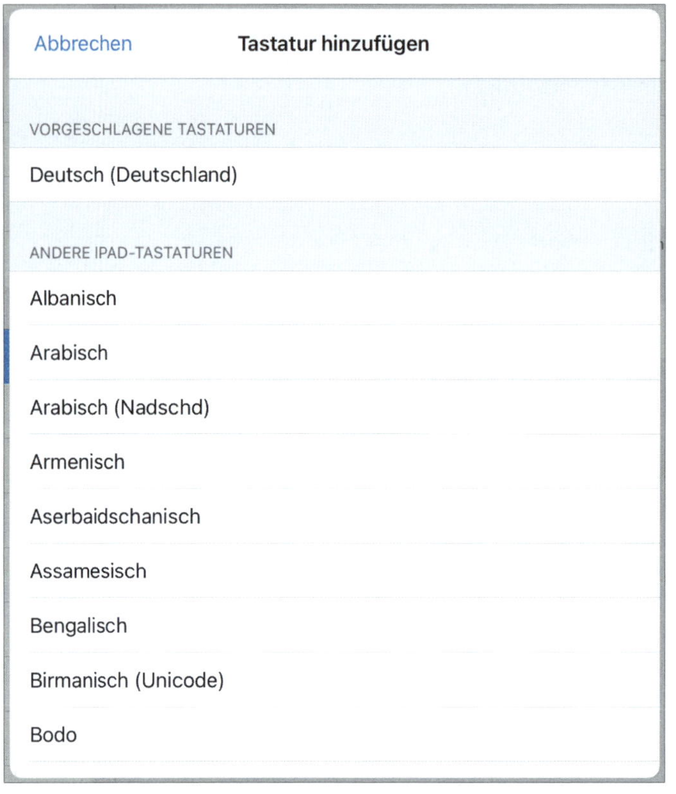

Abbildung 6.7 Das iPad bietet unglaublich viele Tastaturen an.

6.3.2 Mit einer anderen Tastatur schreiben

Möchten Sie beim Schreiben eine andere Tastatur verwenden, tippen Sie einfach auf die Weltkugel unten links auf Ihrer Tastatur (siehe Abbildung 6.8). Bei jedem Antippen ändern sich die Tasten und ihre Anordnung. Wenn Sie nur zwei Tastaturen eingestellt haben, können Sie durch einen Fingertipp auf das Symbol also zwischen den Tastaturen wechseln.

Haben Sie dagegen mehrere Tastaturen in verschiedenen Sprachen hinzugefügt und möchten Sie gezielt zu einer Tastatur wechseln, dann halten Sie die Weltkugel-Taste gedrückt, bis ein Auswahlmenü mit all Ihren Tastaturen erscheint (siehe Abbildung 6.9). Auf diese Weise können Sie schnell und gezielt zwischen den gewünschten Tastaturen wechseln und müssen nicht mehrfach auf die Weltkugel tippen.

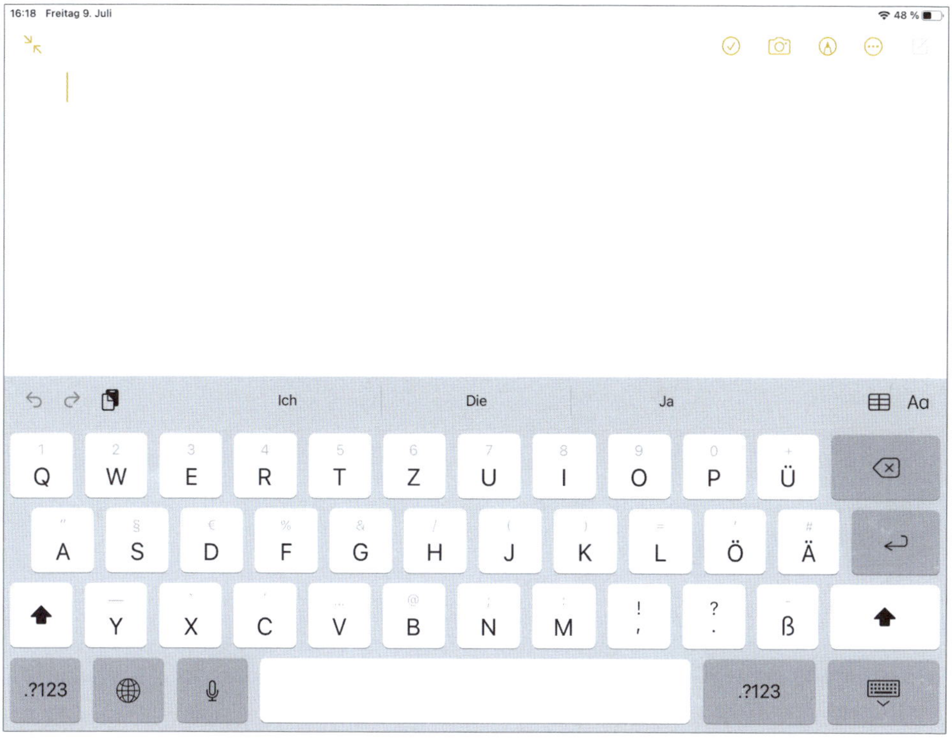

Abbildung 6.8 Tippen Sie auf die Weltkugel unten links, ändert sich die Sprache der Tastatur.

Abbildung 6.9 Das Schnellauswahlmenü für Tastaturen

6.4 Die Vorlesefunktion des iPads

Im Fremdsprachenunterricht ist auch die Vorlesefunktion des iPads gut einzusetzen. Die Schüler*innen können durch die vom iPad vorgelesenen Texte ihre Hörverstehen-Kompetenz verbessern und sich Texte auch langsam vorlesen lassen.

Um die Vorlesefunktion aufzurufen, navigieren Sie in den Einstellungen zu den BEDIENUNGSHILFEN und wählen dann GESPROCHENE INHALTE aus (siehe Abbildung 6.10).

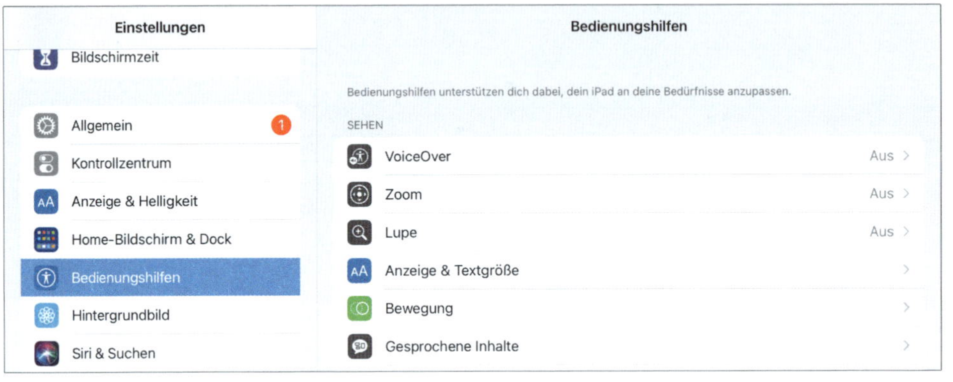

Abbildung 6.10 Unter »Gesprochene Inhalte« können Sie einstellen, dass das iPad markierten Text vorliest.

Jetzt müssen Sie im nächsten Dialog den Regler hinter AUSWAHL SPRECHEN aktivieren (siehe Abbildung 6.11), und schon wird markierter Inhalt laut gesprochen. Im Menü GESPROCHENE INHALTE können Sie und Ihre Schüler*innen zudem das SPRECHTEMPO durch den Schieberegler individuell und stufenlos von langsam bis schnell einstellen oder die STIMMEN verändern.

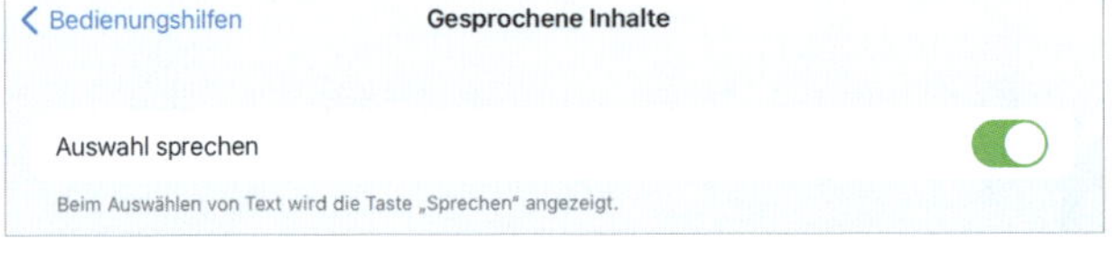

Abbildung 6.11 Um markierten Text vorlesen zu lassen, aktivieren Sie »Auswahl sprechen«.

Möchten Sie sich jetzt einen Text vorlesen lassen, z. B. auf einer in Safari geöffneten Webseite, müssen Sie ihn zuvor markieren. Dafür tippen Sie an der gewünschten Stelle etwas fester auf das Display, bis zwei blaue Linien erscheinen (siehe Abbildung 6.12). Ziehen Sie die Linien über den Text, der gesprochen werden soll. Anschließend erscheint ein schwarzes Kontextmenü mit dem Auswahlpunkt SPRECHEN. Tippen Sie darauf, und schon wird der markierte Text vorgelesen.

Abbildung 6.12 Markieren Sie einen Text, erscheint die Option »Sprechen« im schwarzen Menü, und Sie können sich die Textpassage vorlesen lassen.

6.5 Einen Timer stellen

Im Unterricht benutze ich den Timer, der Teil der App *Uhr* ist, regelmäßig, um mich entweder an etwas zu erinnern oder um den Schüler*innen einen Zeitrahmen vorzugeben. Sie können dazu z. B. die Zeit einer Arbeitsphase visuell durch einen Timer unterstützen, indem Sie den Timer via AirPlay an ein Whiteboard streamen.

Abbildung 6.13 Die App »Uhr« auf dem iPad verfügt unter anderem über einen nützlichen Timer.

Einen Timer setzen Sie, indem Sie auf das Uhr-Icon auf Ihrem Bildschirm tippen (siehe Abbildung 6.13). Im Menü der geöffneten App tippen Sie unten rechts auf Timer. Dann können Sie durch Ziehen an den Drehrädern in der Mitte die gewünschte Zeit einstellen (siehe Abbildung 6.14).

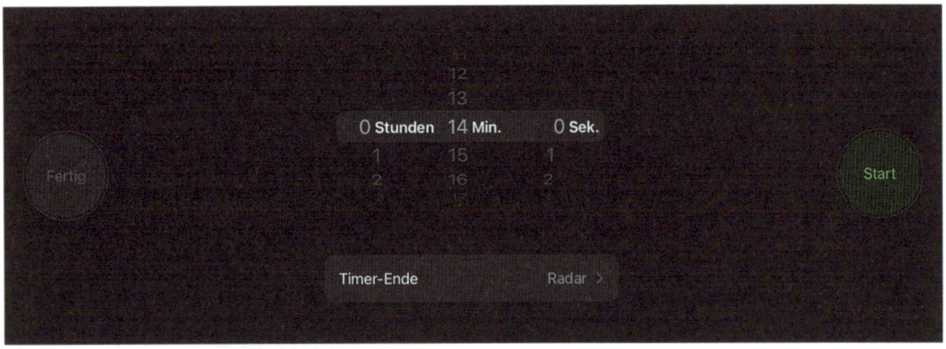

Abbildung 6.14 Mithilfe eines Timers können Sie Ihren Schüler*innen im Unterricht Zeitvorgaben setzen.

Nachdem Sie die richtige Zeit eingestellt haben, tippen Sie rechts auf den grünen Button START. Der Timer läuft nun rückwärts, und wenn die eingestellte Zeit abgelaufen ist, meldet er sich mit einem Ton. Voreingestellt ist der Ton RADAR.

Den gewünschten Ton können Sie im Vorfeld einstellen, indem Sie auf die Schaltfläche TIMER-ENDE tippen und in der umfangreichen Übersicht, die dann angezeigt wird, einen neuen Ton durch Antippen auswählen (siehe Abbildung 6.15).

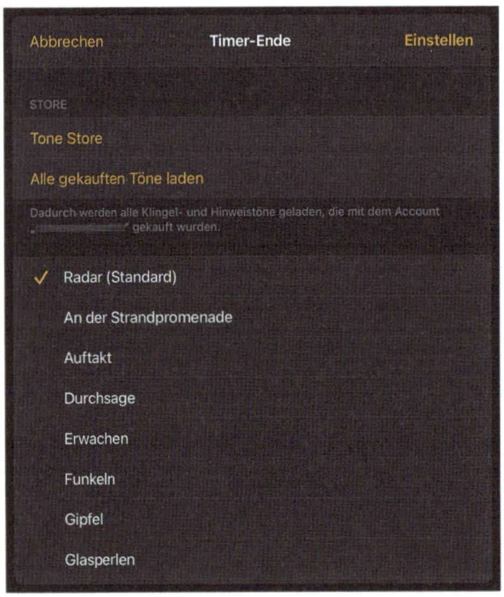

Abbildung 6.15 Im Timer der »Uhr«-App stehen viele Töne zur Auswahl.

6.5.1 Die Stoppuhr

Eine weitere nützliche Funktion der Uhr-App ist die Stoppuhr. Dafür tippen Sie im unteren Menü der geöffneten App auf STOPPUHR. Wenn Sie dann auf die Schaltfläche START tippen, läuft der Zähler und zeigt die Sekunden mit zwei Nachkommastellen an (siehe Abbildung 6.16). Zugleich wird die START-Schaltfläche zur roten STOPP-Schaltfläche, mit der Sie die Zeit nehmen können. Anschließend können Sie die Stoppuhr mit dem Button WEITER auch weiterlaufen lassen.

Eine Stoppuhr braucht man nicht nur im Sportunterricht. Die Schüler*innen können damit z. B. beim Üben einer Präsentation die Dauer ihres Vortrags messen oder ihre Geschwindigkeit bei der Bearbeitung von Aufgaben kontrollieren.

Abbildung 6.16 Die abgelaufene Zeit muss man nicht nur im Sportunterricht im Blick haben.

6.6 Erinnerungen

Der Schulalltag ist häufig sehr stressig und man muss sich viele unterschiedliche Dinge merken. Dabei hilft die *Erinnerungen*-App (siehe Abbildung 6.17). Ohne sie komme ich persönlich im Schulalltag kaum aus. Der große Vorteil gegenüber einem klassischen Notizbuch ist, dass Sie Ihre Erinnerungen auch mit Ihren Kolleg*innen teilen oder ein Foto zu den Erinnerungen hinzufügen können.

Abbildung 6.17 Die App »Erinnerungen« ist ein ungemein nützlicher Helfer bei der Organisation des Schulalltags.

Um die App ERINNERUNGEN zu benutzen, tippen Sie auf das entsprechende Icon auf dem Home-Bildschirm. Sollten Sie die App bereits verwendet und schon Erinnerungen angelegt haben, dann sehen Sie diese wie in Abbildung 6.18 auf der rechten Seite.

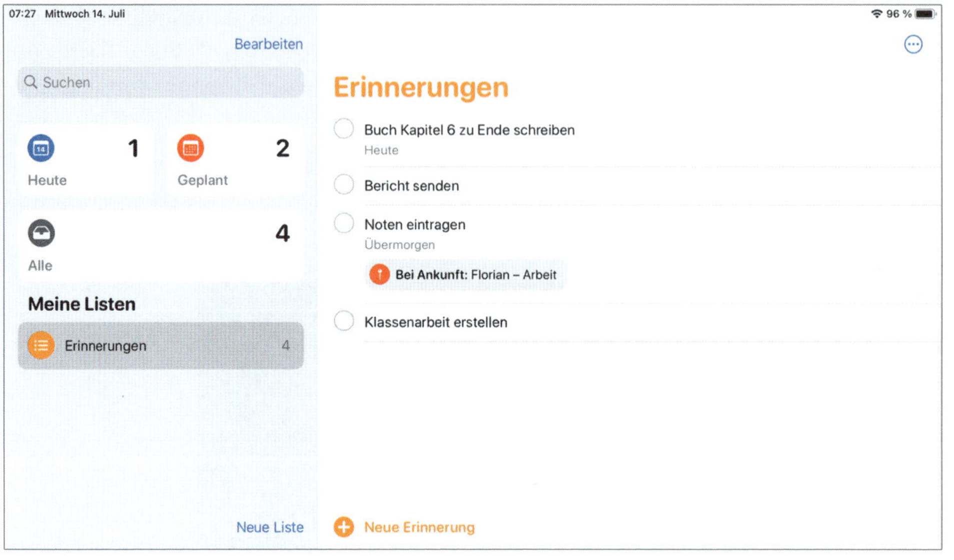

Abbildung 6.18 Die Oberfläche Ihrer Erinnerungen

Wenn Sie eine Erinnerung abhaken möchten, tippen Sie einfach auf den Kreis links neben der Erinnerung (siehe Abbildung 6.19). Sie wird dann im Anschluss ausgeblendet.

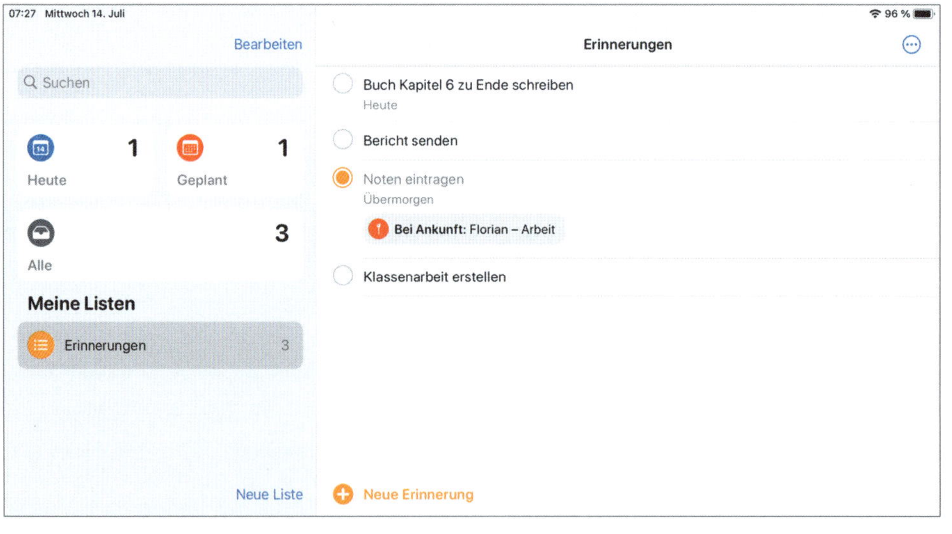

Abbildung 6.19 Abgehakte Erinnerungen werden ausgeblendet.

6.6.1 Eine neue Erinnerung erstellen

Möchten Sie eine neue Erinnerung hinzufügen, tippen Sie unten auf NEUE ERINNERUNG (siehe Abbildung 6.20) oder betätigen die Taste [↵] auf Ihrer Tastatur, falls Sie sich bereits in einer geöffneten Erinnerung befinden. Jetzt können Sie einen Text erfassen, mit dem Sie sich an etwas erinnern lassen wollen. Sie haben weitere Optionen, wenn Sie auf das umrandete I neben Ihrem eingegebenen Text tippen.

In den DETAILS können Sie nun durch Betätigen der Schieberegler festlegen, an welchem DATUM und zu welcher ZEIT Sie an etwas erinnert werden möchten (siehe Abbildung 6.21). Die Einstellungen für bestimmte Tage und Zeiten nutze ich häufig, wenn ich etwa vor Arbeitsbeginn daran denken muss, an einem bestimmten Tag etwas in die Schule mitzunehmen.

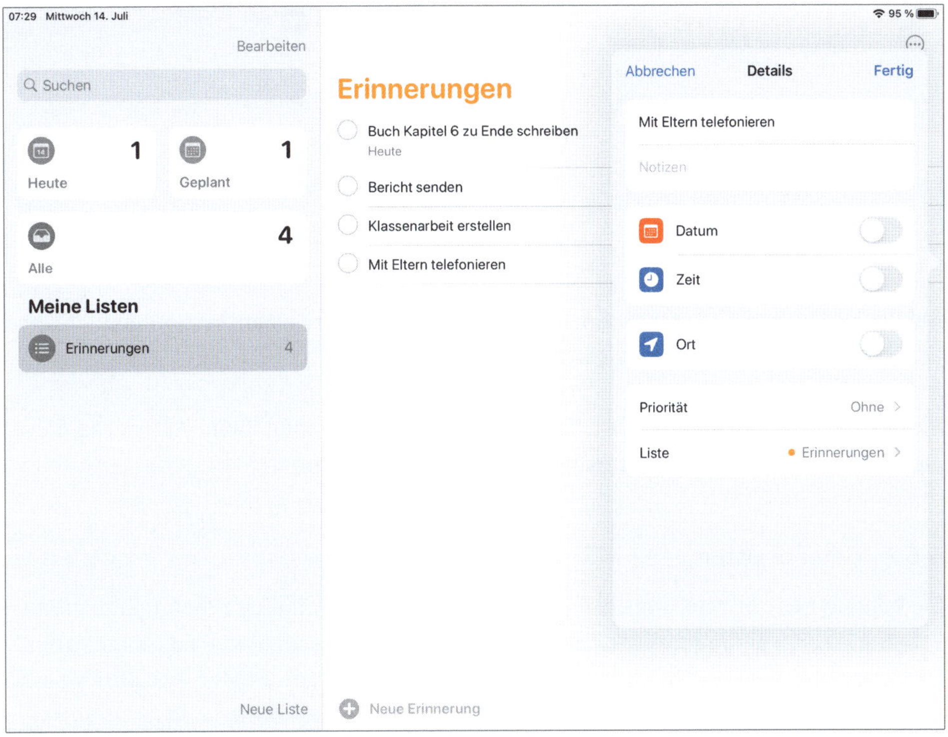

Abbildung 6.20 Sie haben weitere Optionen beim Erstellen von Erinnerungen.

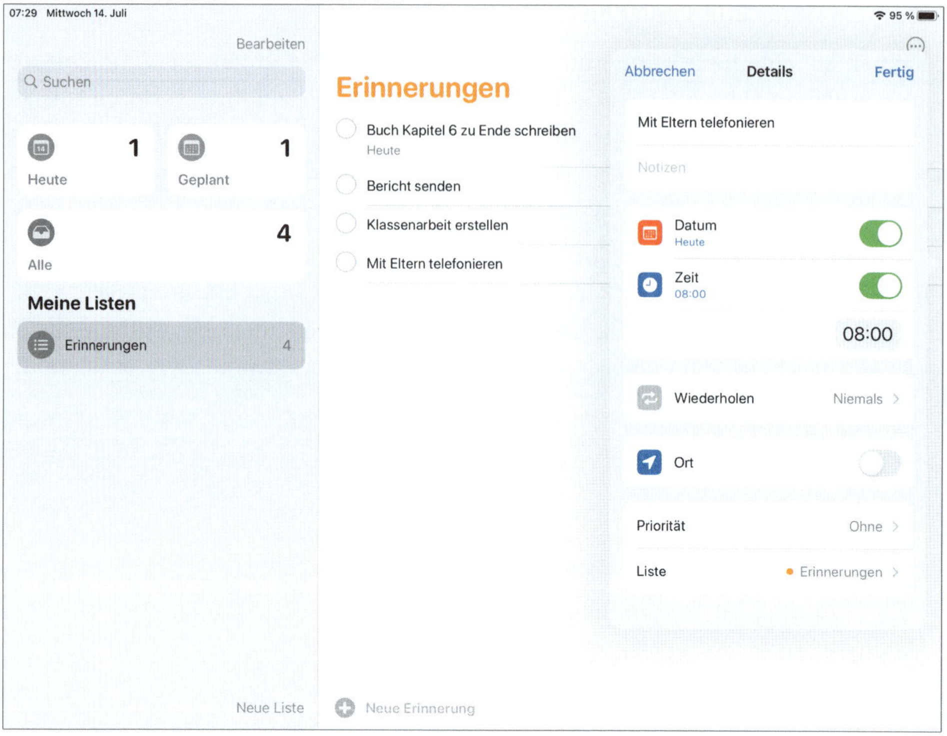

Abbildung 6.21 Fügen Sie ein Datum und eine Zeit hinzu, um zu einem bestimmten Zeitpunkt an etwas erinnert zu werden.

Sie können hier auch einen Ort für eine Erinnerung angeben. Beim Aktivieren dieser Option werden Sie an einem bestimmten Ort an etwas erinnert.

6.6.2 Geteilte Listen

Sie können neue Erinnerungslisten anlegen und mit Ihren Kolleg*innen teilen. Voraussetzung ist hierfür die Anmeldung mit einer Apple-ID auf dem iPad, da die Synchronisation der geteilten Inhalte über die iCloud erfolgt. Mehr zur Apple-ID erfahren Sie in Kapitel 4, »Apple-ID und iCloud – Das Schul-iPad in Betrieb nehmen«.

Um eine neue Erinnerungsliste zu erstellen, tippen Sie unten links auf Neue Liste. Jetzt können Sie Ihrer Liste einen Namen und ein bestimmtes Icon geben (siehe Abbildung 6.22).

Abbildung 6.22 Um Struktur in Ihre Erinnerungen zu bringen oder um Listen mit anderen zu teilen, können Sie neue Listen anlegen.

Wenn Sie eine neue Liste erstellt haben und diese mit einem Kollegen teilen möchten, tippen Sie auf die drei Punkte oben rechts. Dort erscheint unter anderem die Option LISTE TEILEN (siehe Abbildung 6.23). Tippen Sie darauf, und geben Sie im Anschluss die E-Mail-Adresse der Person ein, mit der Sie die Liste teilen möchten. Tritt die Person Ihrer Liste bei, können Sie gemeinsam Erinnerungen hinzufügen oder abhaken. In unserem Kollegium nutzen wir diese Funktion z. B. für unsere Konferenzen. So können alle Lehrer*innen hier Punkte anbringen, die in den Konferenzen besprochen werden sollen.

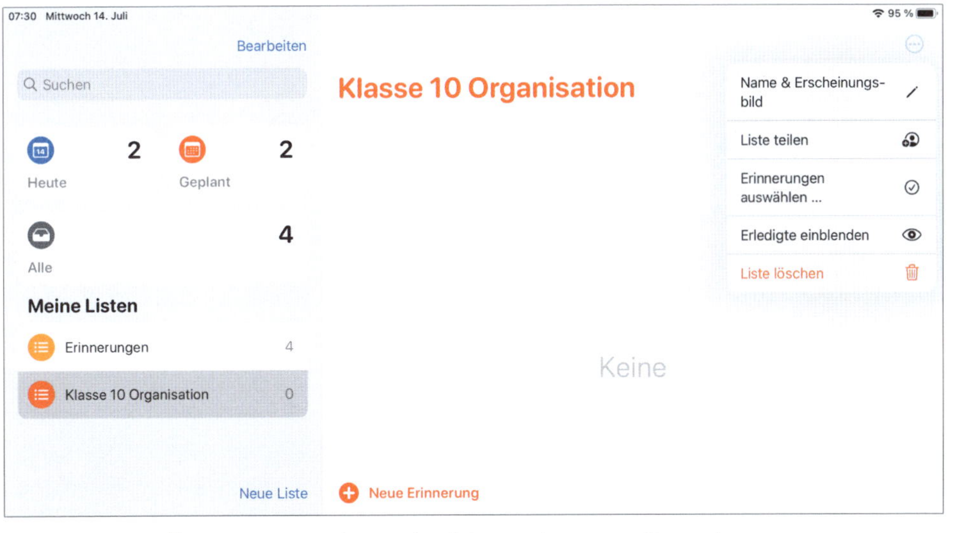

Abbildung 6.23 Über das Menü oben rechts können Listen geteilt werden.

6.7 Der Kalender

Neben den *Erinnerungen* ist der *Kalender* ein wichtiges Organisationstool auf dem iPad. Hier können Sie Termine eintragen, Ihre Jahresplanung machen und Gespräche organisieren. Um den Kalender zu öffnen, tippen Sie auf das entsprechende Icon auf dem Home-Bildschirm Ihres iPads (siehe Abbildung 6.24).

Abbildung 6.24 Der Kalender ist ein unentbehrliches Organisationstool im digitalen Schulalltag.

6.7.1 Die Oberfläche der Kalender-App

Nach dem Öffnen der App sehen Sie die Oberfläche des Kalenders, den Sie über die Leiste oben in der Mitte nach TAG, WOCHE, MONAT oder JAHR geordnet darstellen können (siehe Abbildung 6.25).

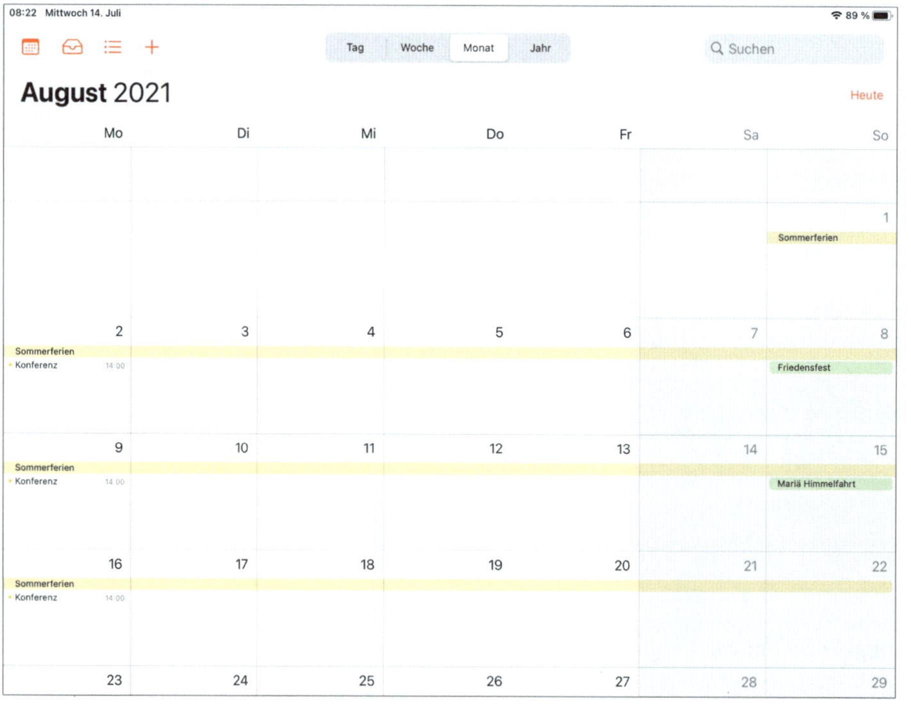

Abbildung 6.25 Der Kalender in der Monatsansicht

Tippen Sie auf Tag, dann sehen Sie wie in Abbildung 6.26 die Termine, die am heutigen Tag eingetragen sind. Mit der Schaltfläche Heute unter der Suchleiste rechts können Sie ebenfalls immer zum aktuellen Tag springen. Die Ansicht des Tages ist nach Stunden aufgeteilt.

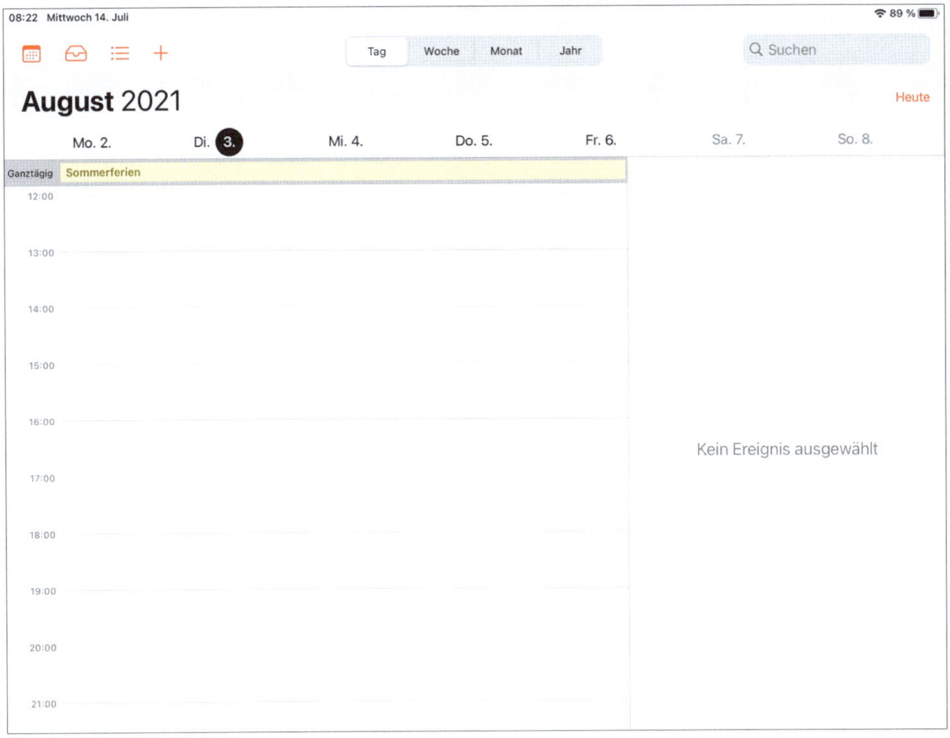

Abbildung 6.26 Die Tagesansicht des Kalenders

Um ein neues Ereignis hinzuzufügen, tippen Sie entweder auf das Plussymbol oben links (siehe Abbildung 6.27), oder Sie halten einen Finger länger auf eine Uhrzeit in Ihrem Kalender gedrückt.

In dem Dialog zum neuen Ereignis haben Sie wieder mehrere Optionen. Sie können den Beginn und das Ende eines Termins einstellen, Teilnehmer per E-Mail zu diesem Ereignis einladen, Notizen und sogar Anhänge hinzufügen. Dies ist besonders praktisch, wenn Sie z. B. ein Elterngespräch haben und im Vorfeld Notizen dazu erstellen oder das Dokument der Klassenarbeit zum dazugehörigen Termin anhängen möchten.

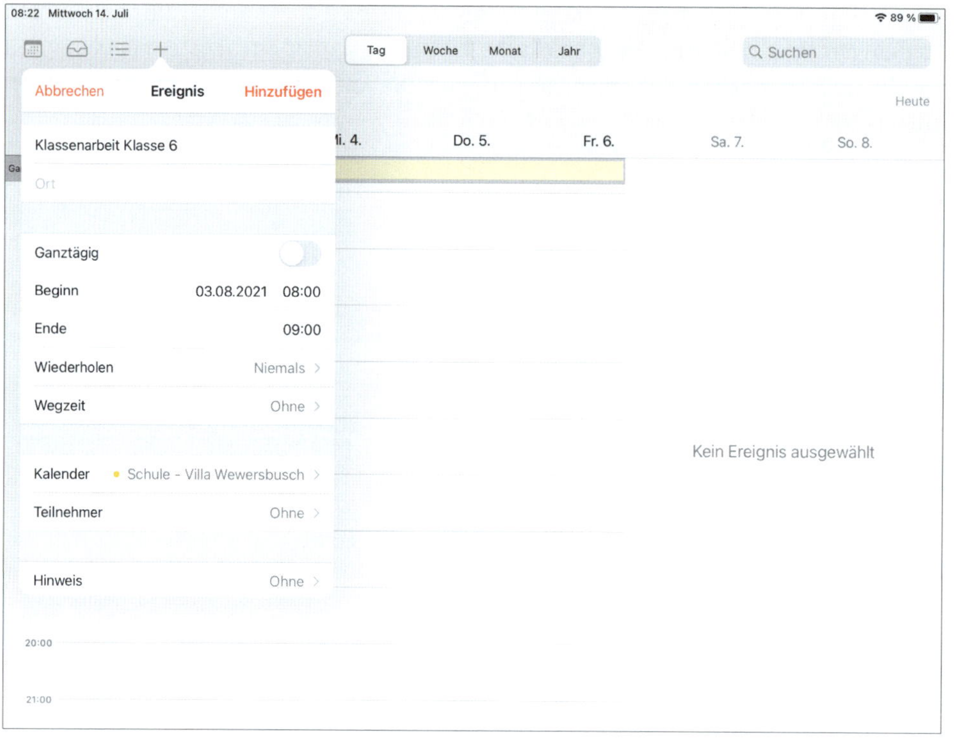

Abbildung 6.27 Ein neues Ereignis wird zum Kalender hinzugefügt.

Bei der Organisation Ihrer Termine ist es besonders wichtig, darauf zu achten, unter welchem Kalender ein Ereignis angelegt wird. Auch in der Kalender-App haben Sie nämlich – vergleichbar mit den Listen in der App *Erinnerungen* – die Möglichkeit, neue eigene Kalender anzulegen und auch Kalender mit Kolleg*innen, der Familie oder Freunden zu teilen.

Falls Sie also mehrere Kalender führen, achten Sie darauf, unter welchem Kalender Sie das neue Ereignis hinzufügen. Tippen Sie also auf KALENDER, sodass Ihnen alle Ihre Kalender angezeigt werden, in denen Sie das Ereignis eintragen können (siehe Abbildung 6.28).

Haben Sie Ihr Ereignis erstellt, tippen Sie einfach auf HINZUFÜGEN oben rechts im Dialog, und Ihr Ereignis erscheint in Ihrem Kalender. Wenn Sie dort dann auf das eingetragene Ereignis tippen, sehen Sie wie in Abbildung 6.29 alle Details auf der rechten Bildschirmhälfte. Hier können Sie Ihren Termin mit den Schaltflächen BEARBEITEN bzw. EREIGNIS LÖSCHEN noch nachträglich anpassen oder auch wieder aus Ihrem Kalender entfernen.

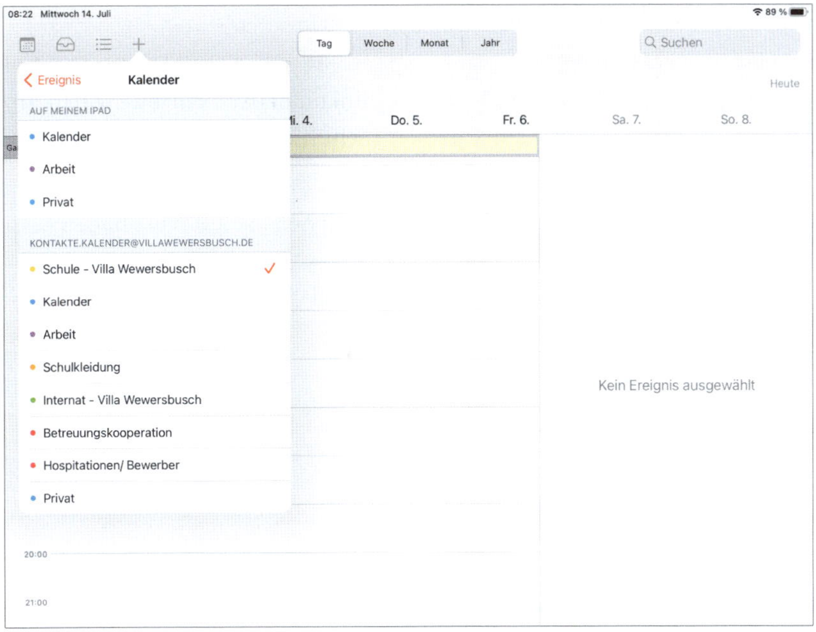

Abbildung 6.28 Achten Sie darauf, in welchem Kalender Sie Ihr Ereignis einfügen.

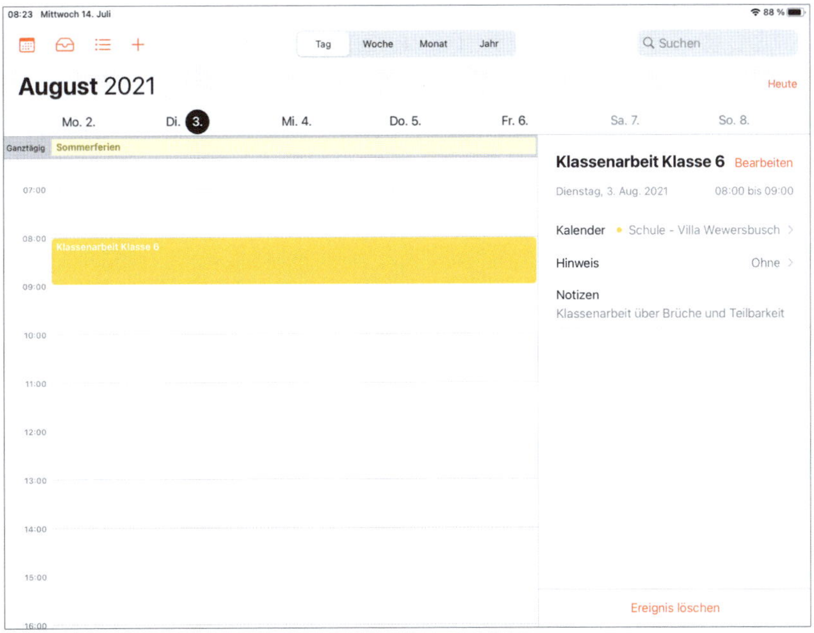

Abbildung 6.29 Ein ausgewähltes Ereignis in Ihrem Kalender mit der Detailansicht rechts

6.7.2 Einen neuen Kalender anlegen

Möchten Sie einen neuen Kalender anlegen, tippen Sie auf das Kalender-Symbol oben links. Jetzt sehen Sie alle Ihre Kalender auf der linken Bildschirmseite wie in Abbildung 6.30. Wenn Sie möchten, dass ein Kalender nicht mehr angezeigt wird, entfernen Sie den Haken daneben durch Antippen.

Möchten Sie eine Person zu einem Kalender einladen, tippen Sie auf das i neben dem Kalender und laden die Person per Mail ein.

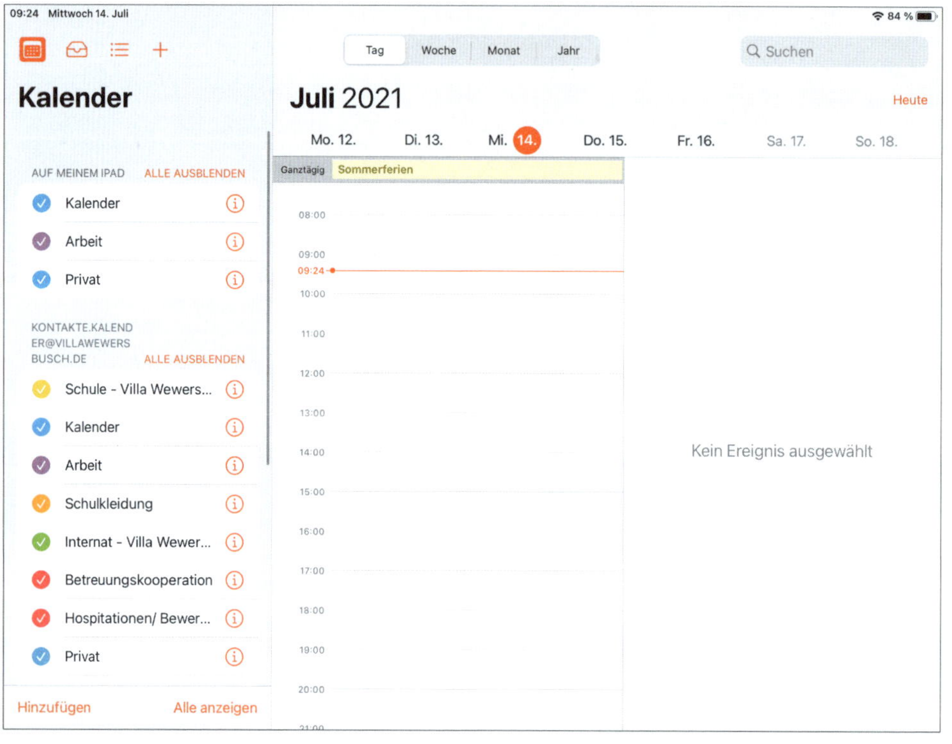

Abbildung 6.30 Unter dem Kalender-Symbol erhalten Sie eine Übersicht über alle Kalender, die Sie auf Ihrem iPad führen.

Jetzt können Sie unten links auf HINZUFÜGEN tippen, um einen neuen Kalender zu Ihrem bestehenden Sortiment hinzuzufügen. Geben Sie dem Kalender nun noch einen Namen und eine eigene Farbe (siehe Abbildung 6.31), und schon können Sie dort neue Termine eintragen.

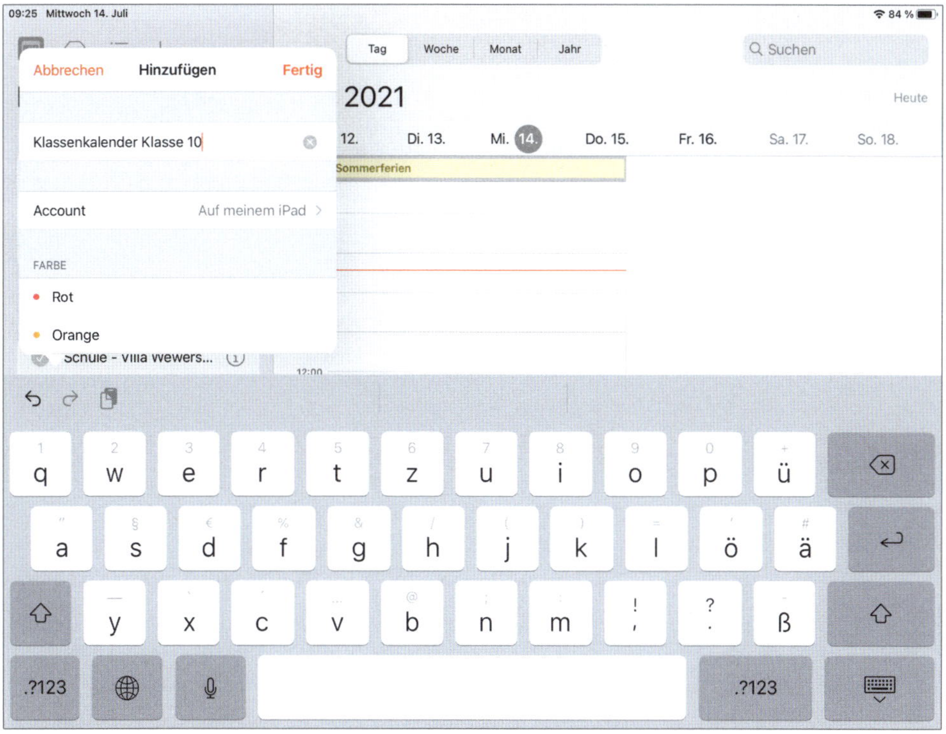

Abbildung 6.31 Ein neuer Kalender kann Übersicht im Terminchaos verschaffen.

Berufliches und Privates trennen

Trennen Sie Berufliches und Privates auf Ihrem iPad, indem Sie neue Kalender und Erinnerungslisten anlegen. Sie können Ihre schulischen und privaten Termine auf diese Weise sehr gut trennen, und Ihre persönliche Einkaufsliste kann sich so auch nicht mit der Erinnerungsliste der Klasse kreuzen.

Kapitel 7
Das Dateimanagement auf dem iPad

Als Lehrende wissen Sie nur zu gut, wie wichtig der Überblick über die Vielzahl der im Unterricht eingesetzten Materialien und über viele weitere Unterlagen im Schulalltag ist. Hier bietet das iPad mit der Dateien-App eine erstklassige Möglichkeit, digital Ordnung zu halten.

Dateien lassen sich auf dem iPad mittlerweile genauso gut verwalten wie auf einem Desktop-Computer. Früher wurden die einzelnen Dateien noch innerhalb der einzelnen Apps gespeichert, heute gibt es jedoch die *Dateien*-App für ein übergeordnetes Dateimanagement.

7.1 Die Dateien-App

Für alle, die zuvor noch nicht mit einem iPad gearbeitet haben bzw. die Dateien-App noch nicht kennen, gebe ich im Folgenden zunächst eine kleine Einführung in den Aufbau der App und die grundlegenden Möglichkeiten der Handhabung.

7.2 Aufbau der App

Öffnen Sie die App DATEIEN auf Ihrem iPad, indem Sie auf das entsprechende Icon tippen (siehe Abbildung 7.1).

Abbildung 7.1 Die »Dateien«-App ist auf Ihrem Home-Bildschirm zugänglich.

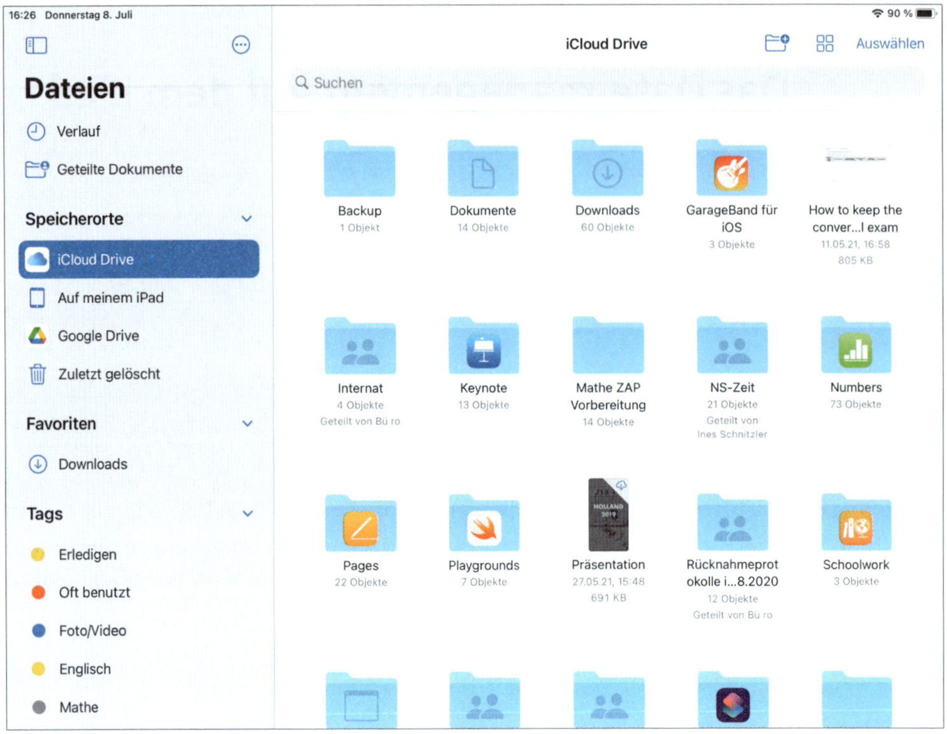

Abbildung 7.2 Die »Dateien«-App auf dem iPad

Auf der linken Seite, im Navigationsbereich (siehe Abbildung 7.2), sehen Sie die Ordnerstruktur der App:

- Unter VERLAUF oben links befinden sich die Dokumente, die Sie zuletzt benutzt haben. Hier haben Sie also schnellen und direkten Zugriff auf aktuell relevante Dokumente und müssen diese nicht erst in der Struktur mit Ordnern und Unterordnern suchen.
- Darunter, im Verzeichnis GETEILTE DOKUMENTE, befinden sich alle Dokumente, die Sie mit anderen Personen über die iCloud geteilt haben.
- Unterhalb von SPEICHERORTE befinden sich die verschiedenen Ablagemöglichkeiten für Ihre Dokumente und Ordner. Wenn Sie Dateien nur auf Ihrem iPad speichern, befinden sie sich lokal auf dem jeweiligen Gerät und können über AUF MEINEM IPAD angezeigt werden. Über einen Cloud-Service, wie die iCloud oder Google Drive, können Sie auch von anderen Geräten aus auf die Dateien zugreifen. In meinem Beispiel steht hier neben der Apple-Cloud ICLOUD DRIVE auch die Cloud GOOGLE DRIVE als virtuelles Laufwerk zur Verfügung.

- Unter FAVORITEN befinden sich die Ordner, die Sie dort für einen schnellen Zugriff abgelegt haben. In meinem Fall ist das der Ordner DOWNLOADS.
- Auch mithilfe der TAGS steht Ihnen eine einfache Möglichkeit zur Verfügung, Dateien zu ordnen und so den Überblick zu behalten.

Je nachdem, was Sie im Bereich links auswählen, sehen Sie rechts im Inhaltsbereich die zugehörigen Dateien und Ordner.

Tags in der Dateien-App

Gerade im Schulbereich bietet es sich an, mit Tags zu arbeiten, da man Dateien, die mit einem Tag versehen wurden, sehr schnell wiederfinden kann. Sie können Tags für unterschiedliche Klassen, Unterrichtsreihen oder auch Kategorien von bestimmten Materialien und Medien vergeben. Oder Sie nutzen sie für Ihr Aufgaben-Management. So habe ich z. B. ein eigenes Tag ERLEDIGEN angelegt, das mir dabei hilft, wichtige Dinge im Blick zu behalten.

Auch in den einzelnen Apps selbst, in denen Sie Dateien erzeugen und speichern, wie in *Keynote* oder *Pages*, funktioniert das Markieren der entsprechenden Dateien mit Tags, sodass Sie sie dann in der Dateien-App in diesem Bereich gesammelt vorfinden. Das zeige ich Ihnen später am Beispiel von Präsentationen in Abschnitt 9.1.1, »Elemente der Oberfläche von Keynote«, noch etwas genauer.

7.3 Funktionen der Seitenleiste

Wenn Sie die Seitenleiste ausblenden möchten, um rechts im Inhaltsbereich mehr Platz zur Verfügung zu haben und um die jeweils abgelegten Dateien schneller durch Scrollen durchsuchen zu können, reicht ein Fingertipp auf den Button ganz links oben über DATEIEN (siehe Abbildung 7.3). Auf dieselbe Weise können Sie die Seitenleiste auch wieder zum Vorschein bringen.

Über das Menü mit den drei Punkten daneben haben Sie unter anderem die Möglichkeit, ein Dokument zu scannen. Dafür zeige ich Ihnen aber in Abschnitt 7.5.1 noch einen anderen und etwas komfortableren Weg. Außerdem können Sie über das Menü die Seitenleiste bearbeiten und diese so weiter Ihren Bedürfnissen anpassen.

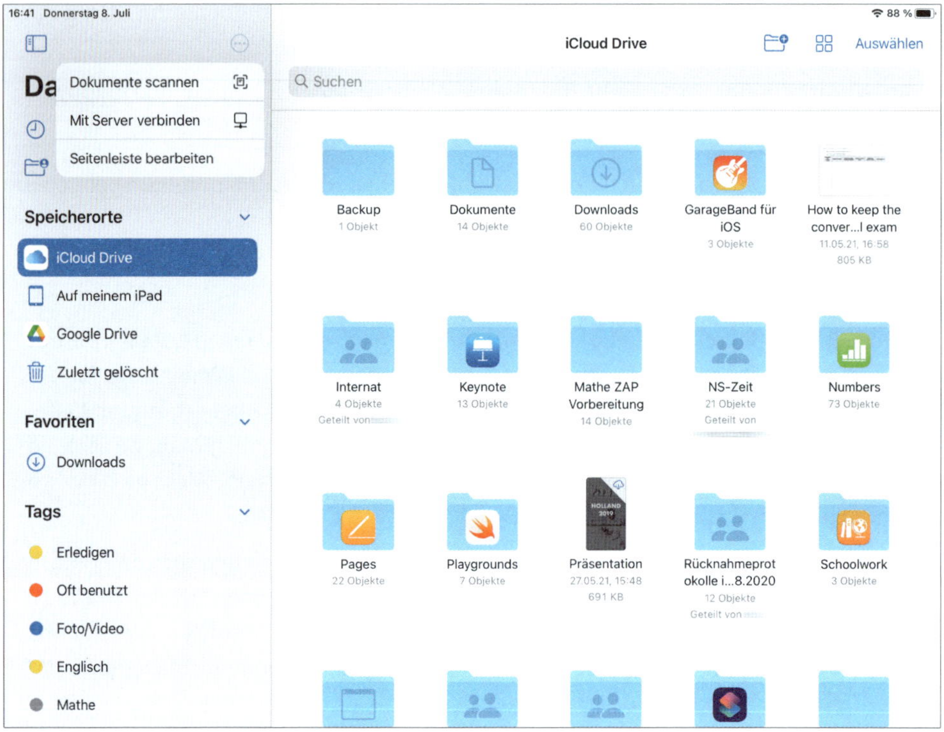

Abbildung 7.3 Über das Menü mit den drei Punkten können Sie die Seitenleiste bearbeiten.

7.3.1 Die Seitenleiste bearbeiten

Nachdem Sie im Drei-Punkte-Menü auf SEITENLEISTE BEARBEITEN getippt haben, können Sie nun Speicherorte verbergen oder aktivieren, Ihre Favoriten bearbeiten, Tags umbenennen oder auch die Anordnung der Verzeichnisse ändern.

Zum Ein- und Ausblenden von bestimmten Speicherorten betätigen Sie den entsprechenden Schalter dahinter (siehe Abbildung 7.4). Steht er auf Grün, sind die Verzeichnisse sichtbar; ausgegraute und zuvor nicht sichtbare Ordner können Sie hier also mit einer Aktivierung des Schalters ganz einfach wieder einblenden.

Im Bearbeiten-Modus der Seitenleiste können Sie über das rote Symbol mit dem weißen Strich Tags und Favoriten aus der Ansicht auch wieder entfernen. Keine Sorge, Ihre Dateien selbst werden dabei nicht vom entsprechenden Speicherort (in der Cloud oder lokal auf Ihrem iPad) gelöscht.

Wenn Sie die drei Striche hinter einem Element berühren und etwas halten, können Sie das gewünschte Element zudem an eine neue Position verschieben.

Wenn alles nach Ihren Wünschen bearbeitet ist, tippen Sie einfach oben auf FERTIG.

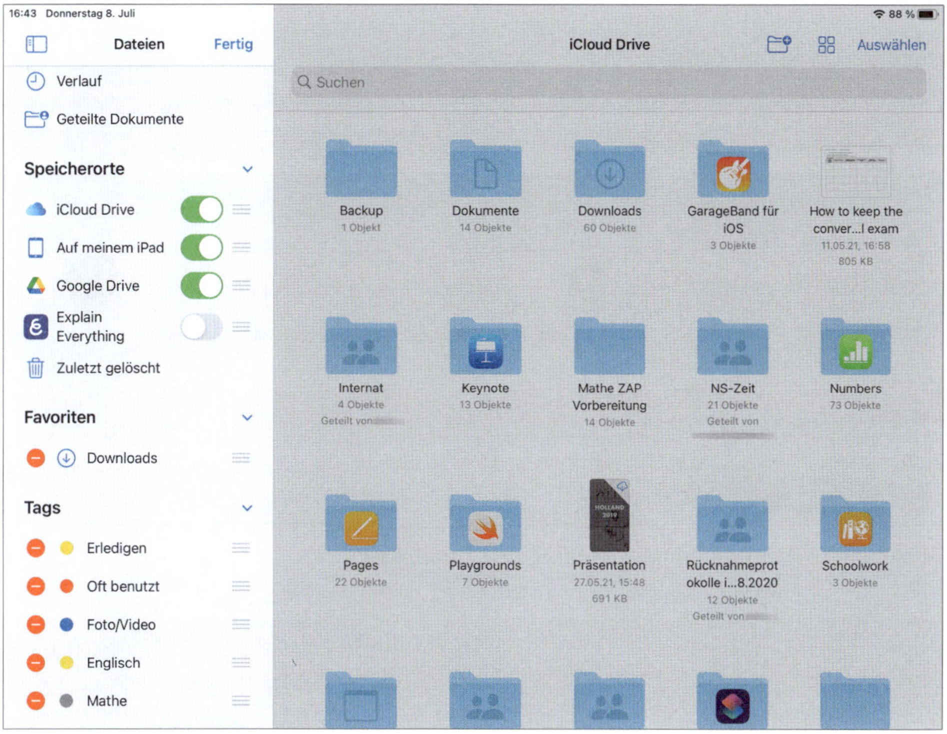

Abbildung 7.4 Die Seitenleiste kann jetzt bearbeitet werden.

7.3.2 Mit Tags arbeiten

Über die Funktion zur Bearbeitung der Seitenleiste können Sie unter anderem auch Ihre Tags umbenennen. Um Übersicht im Schulalltag zu behalten, habe ich meine Tags wie gesagt nach Fächern benannt und versehe Dateien, wie Arbeitsblätter oder Fotos, die ich in diesen Fächern aktuell brauche, ebenfalls mit einem eigenen Tag. Diejenigen Dateien, die mit einem Tag versehen wurden, zeigen im Inhaltsbereich immer einen Punkt in der entsprechenden Farbe des Tags (siehe Abbildung 7.5).

Wenn Sie eine Datei mit einem Tag versehen möchten, tippen Sie mit dem Finger etwas länger auf die Datei, bis ein Menü erscheint (siehe Abbildung 7.6). In ihm haben Sie verschiedene Möglichkeiten, Ihre Dateien zu verwalten. So können Sie im Kontextmenü Ihre Dateien jederzeit löschen, duplizieren oder auch umbenennen. Wählen Sie jetzt aber den Punkt TAGS aus.

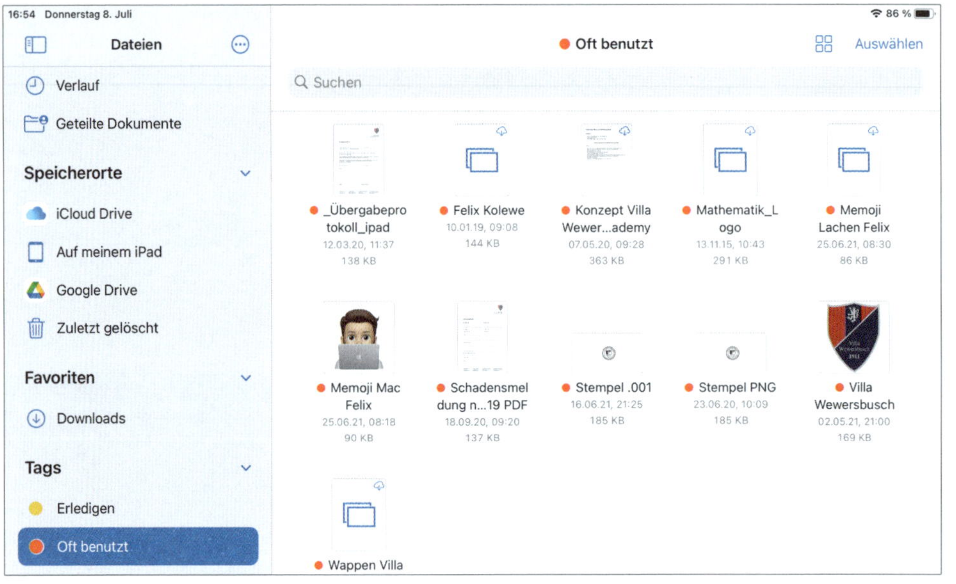

Abbildung 7.5 Mit Tags bringen Sie Struktur in Ihre Dateien.

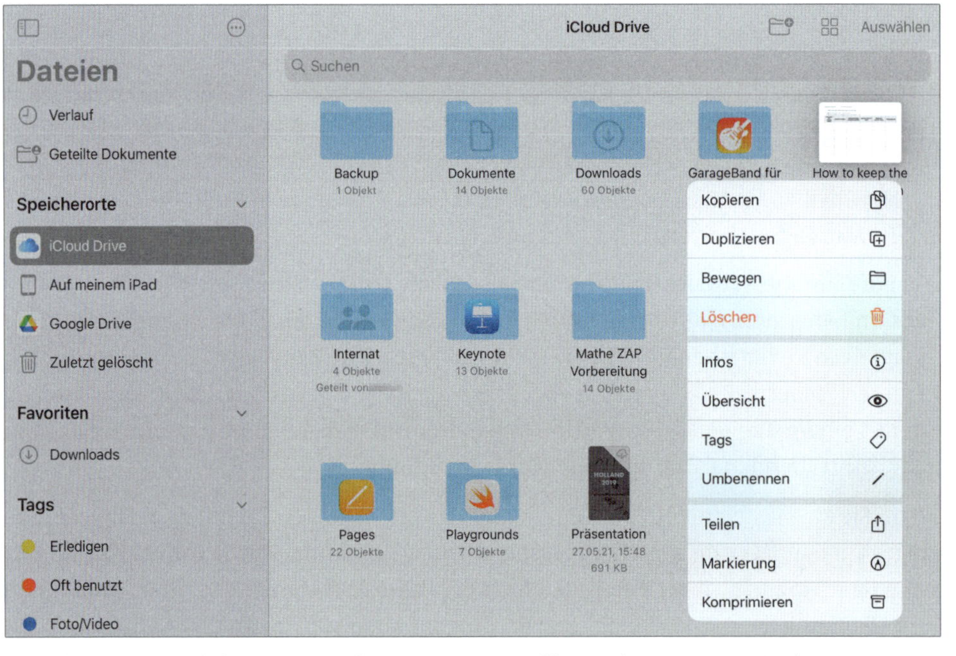

Abbildung 7.6 Durch längeres Berühren einer Datei öffnet sich ein Menü, mit dem Sie auch ein Tag setzen können.

Nun können Sie die entsprechende Datei einem schon erzeugten Tag zuordnen oder ein neues Tag hinzufügen (siehe Abbildung 7.7). Die betreffende Datei wird dann automatisch unter diesem Tag einsortiert. Wenn Sie ein neues Tag hinzugefügt haben, können Sie es in der Seitenleiste anschließend wieder nach Antippen des Drei-Punkte-Menüs umbenennen.

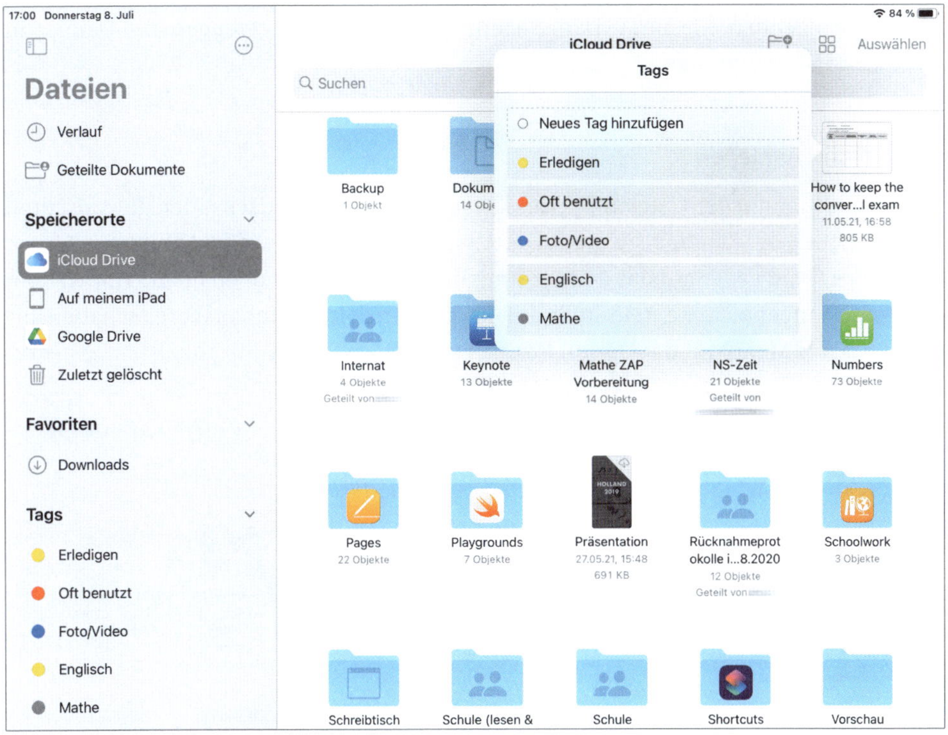

Abbildung 7.7 Es ist jederzeit möglich, für Dateien und Ordner neue Tags zu erzeugen.

Ordner-Struktur auch für die Schüler*innen

Sprechen Sie sich am besten mit Ihren Kolleg*innen ab, und einigen Sie sich auf eine geeignete Ordner-Struktur, die dann auch von Ihren Schüler*innen verwendet werden kann. Gerade für diese ist es wichtig, von vornherein zu lernen, innerhalb einer solchen Struktur zu arbeiten. Denn je mehr Dateien sich auf dem iPad befinden, umso unübersichtlicher wird es natürlich. Eine geordnete Dateiablage ist auch außerhalb der Schule und vor allem im späteren Arbeitsleben wichtig.

7.4 Eine Ordner- und Dateistruktur anlegen

Nicht alle von Ihnen werden sich zuerst mit der *Dateien*-App auseinandergesetzt haben. Wenn Sie also schon mit den Apps auf dem iPad gearbeitet und eine Reihe von Dateien angelegt und gespeichert haben, ist nun möglicherweise der richtige Zeitpunkt gekommen, um etwas mehr Struktur in Ihre Dateien und Ordner zu bringen. Daher zeige ich Ihnen im Folgenden, wie Sie auch im Nachhinein noch Ordner erzeugen und Dateien in diese einsortieren können.

7.4.1 Ordner anlegen

Um neue Ordner in der Dateien-App anzulegen, wählen Sie zunächst den gewünschten Speicherort in der Seitenleiste aus, also etwa ICLOUD DRIVE wie in Abbildung 7.8. Sie können jetzt entweder auf das Ordner-hinzufügen-Symbol oben rechts tippen oder den Finger länger auf eine freie Stelle auf der rechten Seite im Inhaltsbereich halten, bis ein schwarzes Menü mit der Option NEUER ORDNER erscheint.

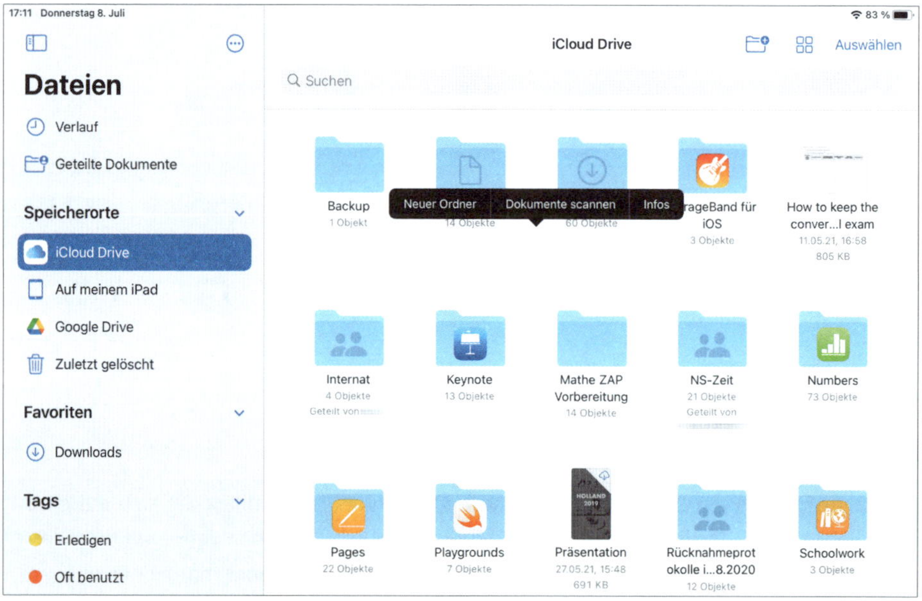

Abbildung 7.8 Ordner anzulegen ist unkompliziert. Halten Sie einen Finger länger auf eine freie Stelle, und wählen Sie dann »Neuer Ordner«.

Nachdem Sie den Ordner angelegt haben, erscheint auch direkt die Tastatur, und Sie können den Ordner umbenennen. Möchten Sie dem Ordner im Nachhinein einen anderen Namen geben, tippen Sie wieder länger auf den Ordner, bis das Menü aus Abbildung 7.6

erscheint. Jetzt können Sie den Ordner mithilfe der gleichnamigen Schaltfläche umbenennen.

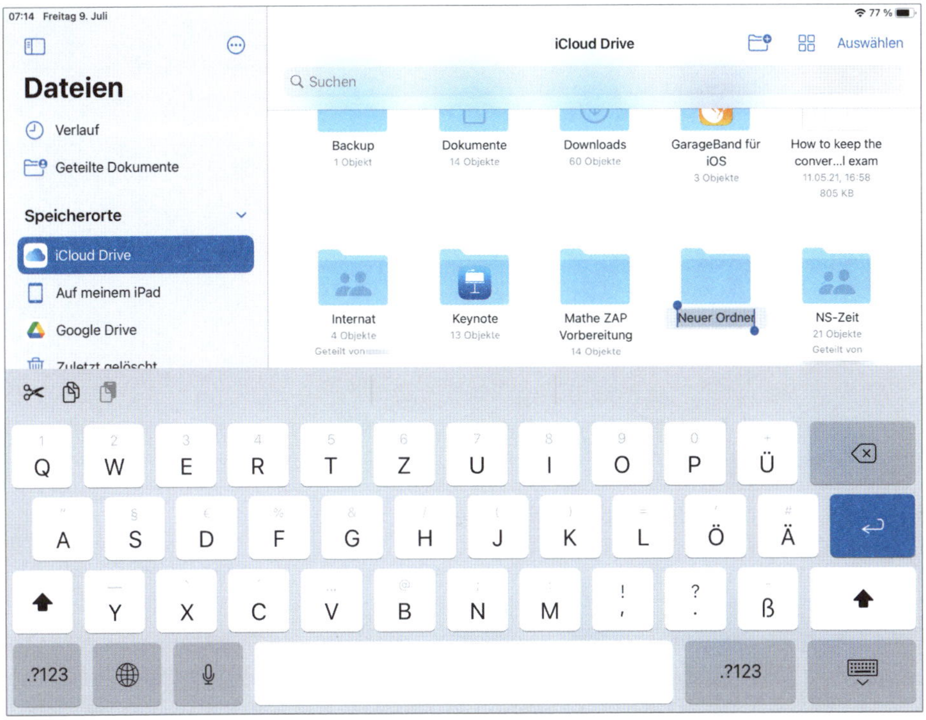

Abbildung 7.9 Nach dem Erstellen eines neuen Ordners können Sie ihn direkt benennen.

Innerhalb eines Ordners können Sie nun entsprechend verfahren und dort beliebig viele Unterordner anlegen. Vor allem im Zusammenspiel mit Tags schaffen Sie damit eine gute Struktur für Ihren Unterricht.

7.4.2 Dateien in einen Ordner verschieben

Wenn Sie Dokumente und Dateien in einen Ordner verschieben möchten, gibt es dafür zwei Verfahren: Die erste Methode ist das klassische Drag & Drop, das Sie sicher auch vom Desktop-Computer her kennen – dort aber vermutlich mithilfe der Maus. Halten Sie auf dem iPad dafür den Finger länger auf der gewünschten Datei gedrückt, und ziehen Sie die Datei in den Zielordner (siehe Abbildung 7.10).

Der zweite Weg, Dateien zu verschieben, verlangt etwas weniger Fingerspitzengefühl. Sie halten einen Finger wieder etwas länger auf die Datei und wählen dann im Kontextmenü (siehe Abbildung 7.6) den Punkt BEWEGEN aus. Jetzt können Sie den gewünschten

Ordner auswählen und die Datei dort ablegen (siehe Abbildung 7.11). Zusätzlich können Sie, wie bereits erwähnt, auch mithilfe des Ordner-hinzufügen-Symbols oben rechts einen neuen Ordner erstellen und Ihre Datei direkt dort ablegen.

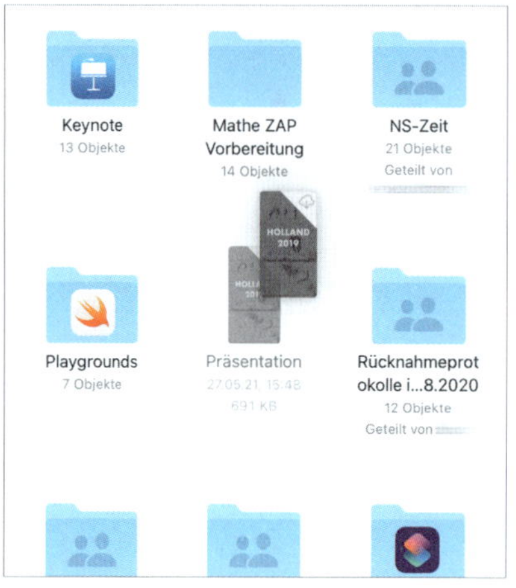

Abbildung 7.10 Durch Gedrückthalten und Ziehen können Sie Dateien in Ordner verschieben.

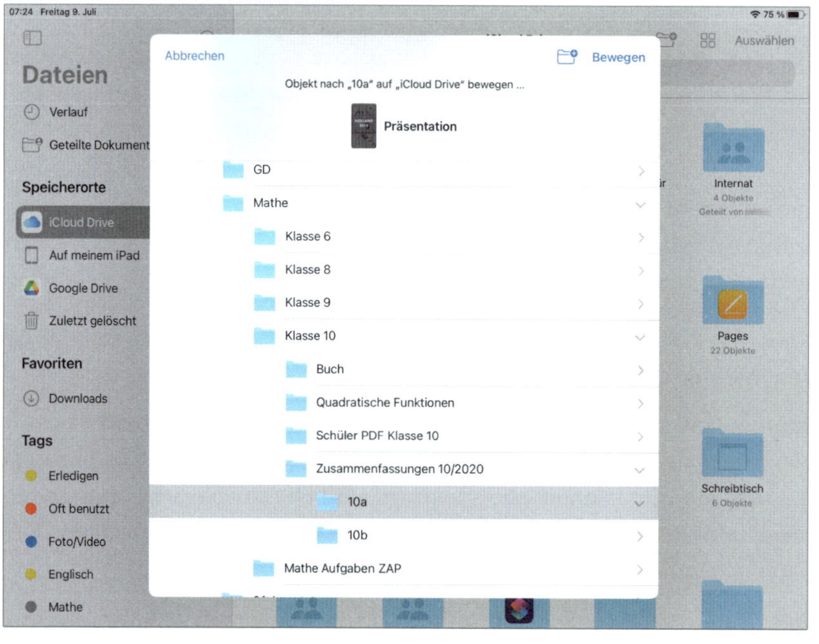

Abbildung 7.11 Dateien lassen sich über längeres Gedrückthalten an einen neuen Ablageort bewegen.

7.5 Unterrichtsmaterialien digitalisieren

Ein von mir fast täglich benutztes Feature des iPads ist die Möglichkeit, Dokumente zu scannen. Nicht nur im privaten Bereich scanne ich mittlerweile alle Dokumente ein, sondern vor allem auch in der Schule. Dadurch habe ich alle Dokumente und Dateien in digitaler Form zur Verfügung und kann künftig auf Berge von Papier und meterweise Aktenordner verzichten. Der größte Vorteil der digitalen Dateien: Es kann sehr leicht nach ihnen gesucht werden, und sie lassen sich zudem weiterbearbeiten.

7.5.1 Dokumente scannen

Sie haben die Funktion des Einscannens bestimmt auch schon beim Erstellen von Ordnern entdeckt: Sie halten Ihren Finger auf eine leere Fläche in der Dateien-App gedrückt, bis das schwarze Menü aus Abbildung 7.8 erscheint. Dort können Sie nun den Punkt DOKUMENTE SCANNEN auswählen.

Wenn Sie Dokumente schon innerhalb des Ordners scannen, in dem Sie sie später haben möchten, sparen Sie sich auch gleich das Verschieben der erzeugten Datei.

Nach dem Auswählen der Scan-Option öffnet sich die Kamera. Sie sehen wie in Abbildung 7.12 eine blaue Fläche über dem Dokument, die den Scan-Bereich zeigt.

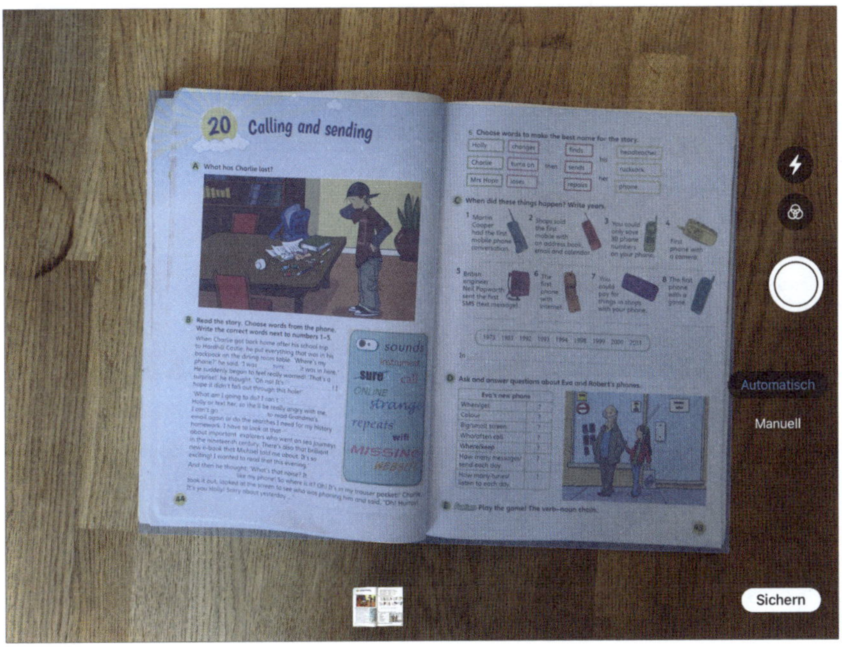

Abbildung 7.12 Dokumente werden mithilfe der Kamera eingescannt.

Haben Sie auf der rechten Seite AUTOMATISCH ausgewählt, versucht Ihr iPad, die Seite automatisch zu erkennen, und scannt sie ein. Hierfür muss die Seite aber gut erkennbar sein und im richtigen Abstand aufgenommen werden.

Sie können alternativ aber auch immer den weißen Knopf auf der rechten Seite antippen, um den Scan selbst auszulösen. Wenn Sie die Option MANUELL auf der rechten Seite wählen, müssen Sie immer auch den weißen Knopf betätigen.

Wurde Ihre Seite nicht automatisch erkannt und haben Sie daher den weißen Button betätigt, können Sie die Ränder Ihres Scans schließlich noch zurechtziehen (siehe Abbildung 7.13). Nachdem Sie die Ränder auf die Größe Ihrer Seite gezogen haben, tippen Sie unten rechts auf SCAN BEHALTEN.

Abbildung 7.13 Einen Scan können Sie immer auch auf den gewünschten Ausschnitt zurechtschneiden.

Im Anschluss wird Ihnen der fertige Scan wie in Abbildung 7.14 groß angezeigt. Sie können ihn auch hier noch mal bearbeiten oder den Scan wiederholen. Sind Sie mit dem Ergebnis zufrieden, tippen Sie oben links auf FERTIG. Ihre eingescannten Seiten sehen Sie immer am unteren Rand des Bildschirms als Miniatur (siehe Abbildung 7.12).

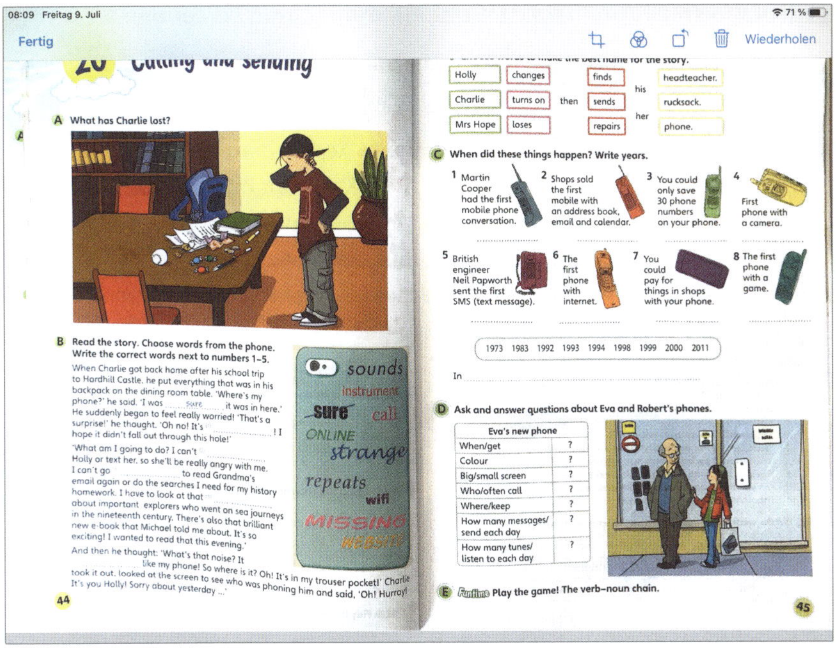

Abbildung 7.14 Eine eingescannte Seite kann im Anschluss noch bearbeitet werden.

Wenn Sie alle Seiten eingescannt haben, tippen Sie unten rechts auf SICHERN. Nun finden Sie Ihr eingescanntes Dokument als PDF in den Dateien (siehe Abbildung 7.15) und müssen es nur noch umbenennen.

Bücher scannen

Bücher aus Ihrem Besitz, die Ihnen nicht als E-Book zur Verfügung stehen, können Sie ebenfalls für den Eigengebrauch digitalisieren. Das Scannen bereitet natürlich erst einmal Arbeit. Danach können Sie aber schnell auf Ihren gesammelten Fundus an Unterlagen zurückgreifen, und Sie müssen nicht länger Ihre Bücher in die Schule mitschleppen.

Abbildung 7.15 Das eingescannte Dokument finden Sie im Ordner, in dem Sie den Scan erstellt haben.

7.5.2 Unterrichtsbeispiel: Arbeitsblatt scannen, ordnen und versenden

Zum Abschluss des Kapitels möchte ich Ihnen noch an einem kleinen Workflow zeigen, wie Sie mit der *Dateien*-App im Unterricht arbeiten können.

Eine Kollegin hat Ihnen ein von Ihr erstelltes, analoges Arbeitsblatt für Ihren Unterricht zur Verfügung gestellt. Nun möchten Sie eine digitale Kopie an Ihre Schüler*innen verteilen. Im ersten Schritt öffnen Sie die Dateien-App und navigieren in den Ordner, in den Sie den Scan ablegen möchten. Oder Sie legen einen neuen Ordner dafür an. Als Nächstes halten Sie den Finger etwas länger auf eine freie Stelle im Ordner und scannen das Dokument, so wie ich es Ihnen im vorangehenden Abschnitt gezeigt habe (siehe Abbildung 7.16).

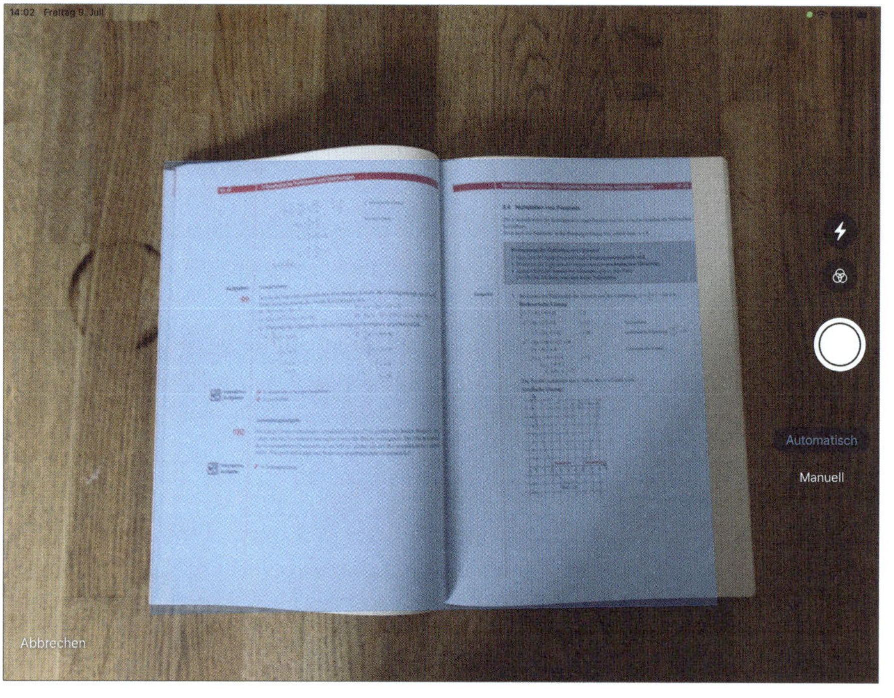

Abbildung 7.16 Das Dokument wird gescannt.

Sichern Sie Ihren fertigen Scan. Im Anschluss geben Sie dem Scan einen neuen Namen und versehen die Datei gegebenenfalls noch mit einem Tag. Um Ihre Datei gleich im Inhaltsbereich umzubenennen, müssen Sie übrigens nicht unbedingt zuvor das Kontextmenü aufrufen. Sie können den Namen (in Abbildung 7.17 lautet er GESCANNTES DOKUMENT) auch im Inhaltsbereich antippen, sodass er markiert ist, und ihn anschließend über die eingeblendete Tastatur mit Ihrer eigenen Bezeichnung überschreiben.

Öffnen Sie im Anschluss das Dokument. Oben rechts finden Sie ein Stiftsymbol im Kreis (siehe Abbildung 7.18). Sie können also auch noch Anmerkungen in der PDF-Datei vornehmen, bevor Sie sie verschicken.

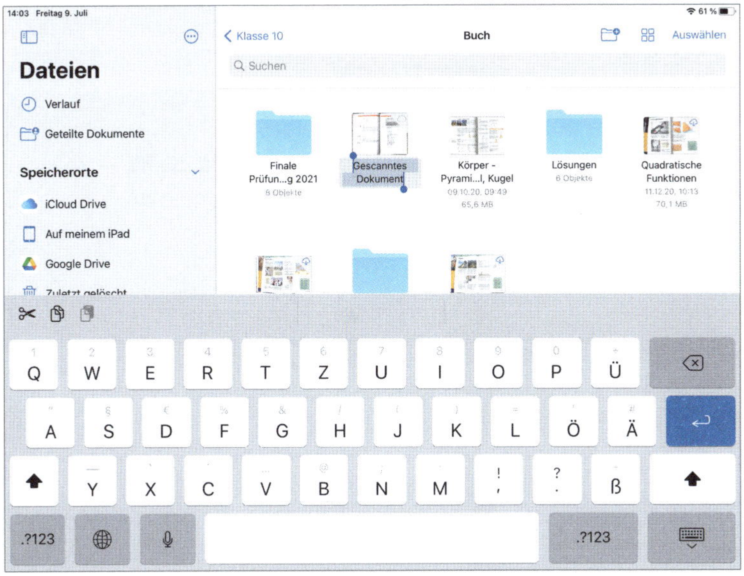

Abbildung 7.17 Durch Antippen des Dateinamens oder längeres Gedrückthalten und Auswahl des Menüpunkts können Sie Ihr Dokument umbenennen.

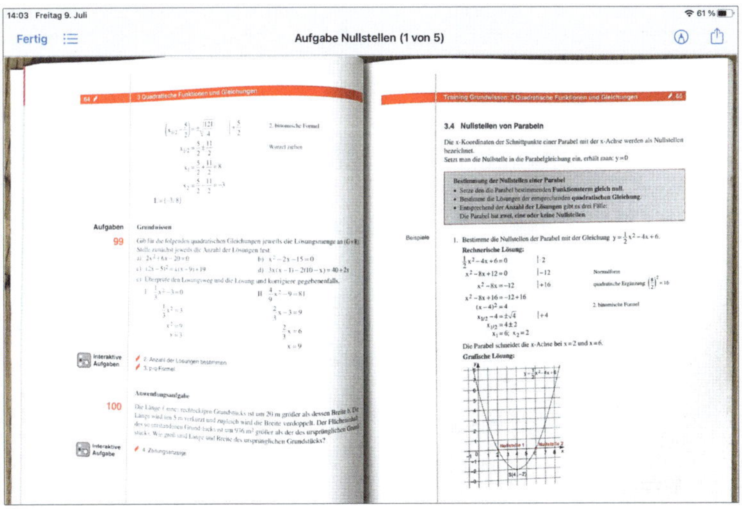

Abbildung 7.18 Über das Stiftsymbol können Sie Anmerkungen hinzufügen, bevor Sie das PDF verschicken.

Zum Schluss verschicken Sie die Datei über das Bereitstellungssymbol oben rechts (siehe Abbildung 7.19). Sie können die Datei z. B. auf eine Unterrichtsplattform hochladen oder via AirDrop an Ihre Schüler*innen versenden.

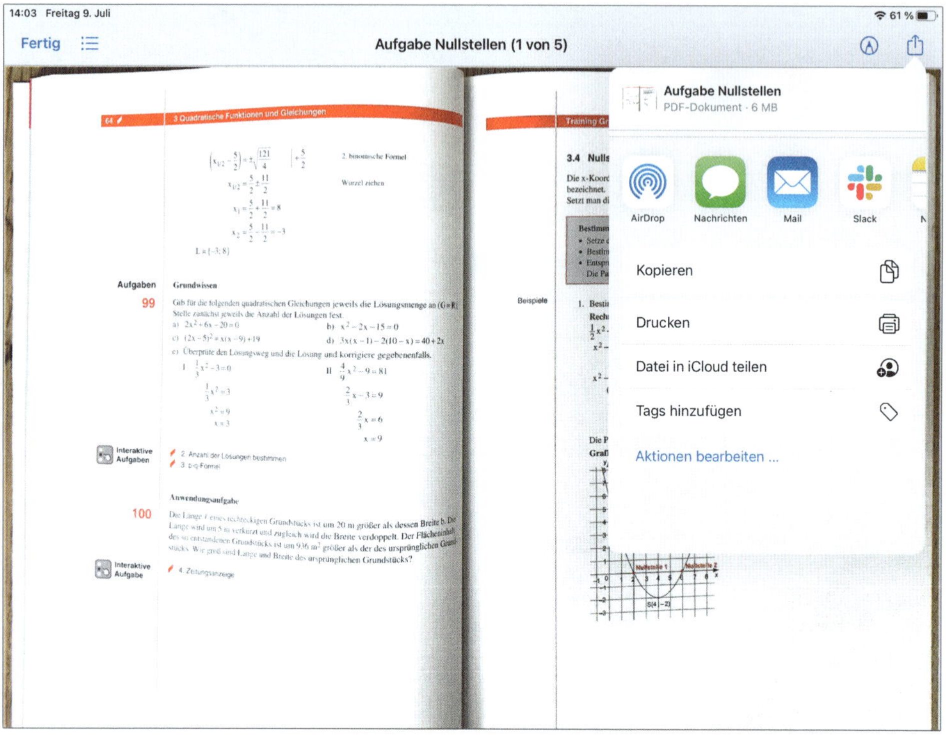

Abbildung 7.19 Oben rechts sehen Sie die Optionen zum Versand Ihres gescannten Dokuments.

Kapitel 8
Multimedial unterrichten und Medienkompetenz vermitteln

*Multimedialer Unterricht fördert nicht nur die Vermittlung verschiedener Fachinhalte – dabei erhalten die Schüler*innen auch Medienkompetenzen, die aus dem späteren Berufsleben nicht mehr wegzudenken sind.*

Der große Mehrwert des iPads ist die Mobilität des Geräts. Mit einem iPad kann zu jeder Zeit an jedem Ort gelernt werden, und wichtige Inhalte können damit ganz einfach festgehalten werden, etwa mithilfe der *Kamera*-App, die ich Ihnen als Nächstes vorstelle.

8.1 Die Funktionsweise der Kamera

Die Kamera lässt sich auf drei Arten öffnen:

1. Wenn das iPad gesperrt ist, können Sie einfach vom rechten Rand nach links wischen, und schon ist die Kamera aktiv.
2. Auch über das *Kontrollzentrum*, das ich Ihnen im gleichnamigen Abschnitt 5.4 vorgestellt habe, haben Sie Zugriff auf die Kamera (siehe Abbildung 8.1). Das Kontrollzentrum öffnen Sie durch eine Ziehgeste vom rechten oberen Rand nach unten. Danach tippen Sie einfach auf das Kamerasymbol.
3. Der geläufigste Weg, die Kamera zu öffnen, ist ein Fingertipp auf das Icon auf dem Home-Bildschirm.

Abbildung 8.1 Im Kontrollzentrum öffnen Sie die Kamera mit dem Kamerasymbol.

8.1.1 Die Benutzeroberfläche der Kamera

Sobald Sie die Kamera geöffnet haben, ist sie betriebsbereit, und Sie können fotografieren. Dafür tippen Sie einfach auf die Auslösertaste, den weißen Button auf der rechten Seite (siehe Abbildung 8.2). Halten Sie den Finger auf dem Button gedrückt, nehmen Sie eine Serie von Bildern auf. Im Anschluss können Sie dann das für Sie beste Bild aussuchen.

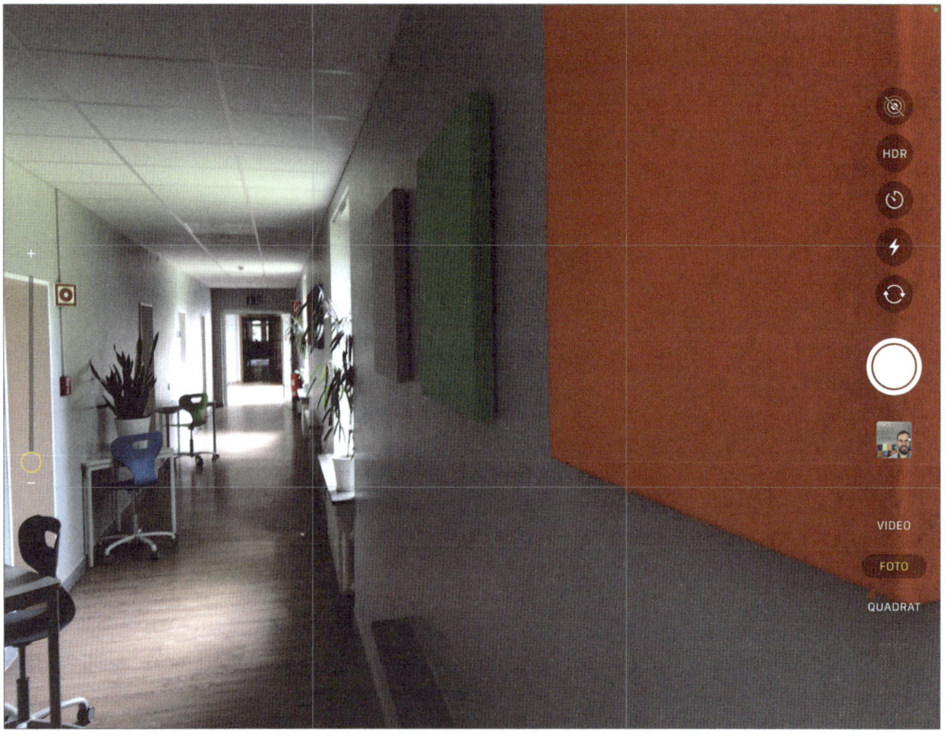

Abbildung 8.2 Die Benutzeroberfläche der Kamera

Unter dem Auslöser-Button finden Sie Ihre letzten Aufnahmen, zu denen Sie durch Antippen springen können. Dadurch wechseln Sie automatisch zur *Fotos*-App, die ich Ihnen im nächsten Abschnitt vorstellen werde.

Über dem Auslöser-Button befindet sich eine Schaltfläche, mit der Sie die Kamera quasi drehen können, um sich selbst aufzunehmen (siehe Abbildung 8.3). Das Bild schaltet dann auf die Frontkamera, die oben am iPad sitzt. Schüler*innen nutzen die Frontkamera häufig, um sich selbst bei Erklärvideos oder Selfies aufzunehmen. Die Kamera hat nämlich nicht nur eine Fotografie-Funktion; Sie können damit natürlich auch Videos drehen.

Abbildung 8.3 Die gedrehte Kamera in der Selfie-Ansicht

Über dem Symbol zum Kamerawechsel finden Sie noch die Option, einen Blitz einzustellen, der bei Dunkelheit aber auch oft automatisch aktiviert wird.

Mit der Symbolschaltfläche darüber können Sie einen Timer einstellen, sodass Fotos mit Zeitverzögerung aufgenommen werden (siehe Abbildung 8.4). Gerade bei Gruppenbildern, z. B. wenn die Schüler*innen eine Szene aus einem Roman nachstellen sollen, ist dies eine nützliche Funktion.

Auf die beiden weiteren Funktionen, *HDR* und *Live Photos*, gehe ich hier nicht weiter ein, da sie für den Unterricht nicht unbedingt relevant sind.

Auf der linken Seite sehen Sie einen Slider, mit dem Sie zoomen können. Je weiter Sie ihn nach oben ziehen, umso mehr zoomen Sie in ein Bild hinein. Leider ist es noch so, dass die Qualität eines Bildes leidet, je näher Sie heranzoomen (siehe Abbildung 8.5).

Abbildung 8.4 Mit der Timerfunktion können Sie zwischen 3 und 10 Sekunden Verzögerung wählen.

Abbildung 8.5 Herangezoomte Bilder können leicht verwackeln, und die Qualität der Bilder leidet generell.

Ein weiteres wichtiges Feature der Kamera ist natürlich die VIDEO-Funktion, die sich unterhalb der Miniaturvorschau mit der letzten Aufnahme befindet. Videos sind ein wichtiger Bestandteil des Lernens für Schüler*innen, denn Videos haben einen direkten Bezug zu ihrer Lebenswelt: Auch in der Freizeit verbringen Kinder und Jugendliche viel Zeit damit, eigene Videos zu drehen, und es bereitet ihnen stets viel Freude.

Um vom FOTO-Modus in den VIDEO-Modus zu wechseln, tippen Sie auf die entsprechende Schaltfläche an der rechten Seite (siehe Abbildung 8.6). Halten Sie den Finger auf diese Modi-Liste und streichen nach oben oder unten, sehen Sie noch weitere Optionen, die Ihnen zur Auswahl stehen. Auf diese komme ich gleich noch zu sprechen.

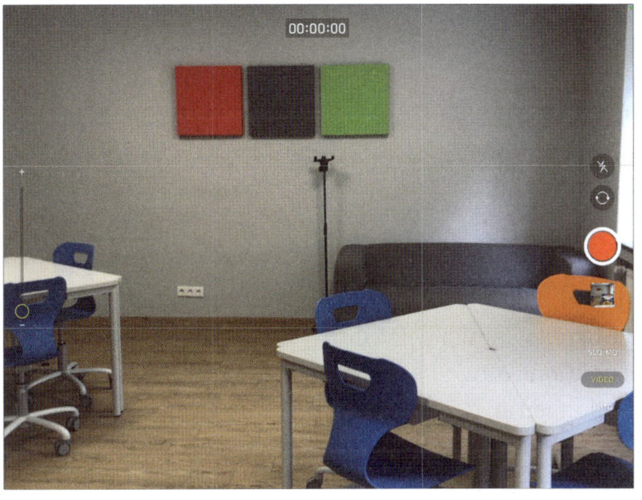

Abbildung 8.6 Der Videomodus des iPads

Beim Wechseln in den Videomodus merken Sie, dass sich das Bildverhältnis etwas ändert und dass einige Funktionen aus dem Fotomodus nicht mehr vorhanden sind. Zudem ist der Aufnahmebutton nun rot. Tippen Sie darauf, startet auch schon Ihre Videoaufnahme. Oben sehen Sie die Dauer Ihres Videos (siehe Abbildung 8.7). Wenn Sie Ihre Aufnahme stoppen möchten, tippen Sie einfach wieder auf den roten Button.

Die grüne Wand

Um Ihren Schüler*innen mehr Kreativität bei der Gestaltung von Videos zu ermöglichen, empfehle ich Ihnen, einen grünen Hintergrund zu verwenden. Entweder kann eine Wand grün gestrichen werden oder es kommt ein grüner Vorhang zum Einsatz. Die Schüler*innen können so Greenscreen-Videos mit entsprechenden Hintergründen erstellen, was ich Ihnen in Kapitel 10, »Videos mit iMovie erstellen«, an einem Unterrichtsbeispiel vorstelle.

Abbildung 8.7 Die Videoaufnahme läuft, wie Sie oben an der Zeitanzeige sehen.

8.1.2 Weitere Modi

Die beiden wichtigsten Funktionen der Kamera, das Aufnehmen von Fotos und »regulären« Videos, haben Sie jetzt bereits kennengelernt. Für den Unterricht kann aber auch noch die Slow-Motion-Funktion sinnvoll eingesetzt werden. Um sie zu aktivieren, wischen Sie über die Einstellungen an der rechten Seite bis SLO-MO ausgewählt ist (siehe Abbildung 8.8).

Abbildung 8.8 Ein im Slo-Mo-Modus aufgenommenes Video können Sie später mit verlangsamter Geschwindigkeit ansehen.

Der Slow-Motion-Modus nimmt das Video in Zeitlupe auf. Dies ist z. B. im Sportunterricht oder in den Naturwissenschaften sinnvoll, wo Bewegungsabläufe oder Abläufe von Experimenten genau erkannt werden müssen. Beim Bearbeiten des Videos können Sie in der Fotos-App den Zeitlupenbereich im Nachhinein noch verändern.

Um Landschaftsaufnahmen zu machen oder einen größeren Bereich zu fotografieren, bietet sich der Panoramamodus an. Dafür wischen Sie im Menü rechts, bis PANO ausgewählt ist. Nun sehen Sie das Startbild und eine Linie, auf der Sie das iPad bewegen müssen (siehe Abbildung 8.9). Betätigen Sie den weißen Auslöser und drehen Sie das Tablet langsam um sich, um den aufgenommenen Bildausschnitt von links nach rechts zu schieben. Versuchen Sie dabei, mit dem Pfeil auf der gelben Linie zu bleiben, um eine Panoramaaufnahme zu machen.

Abbildung 8.9 Mit einer Panoramaaufnahme können Sie größere Bereiche fotografieren. Dies eignet sich besonders für Landschaften.

QR-Codes erkennen

Die Kamera Ihres iPads bietet auch die Möglichkeit, QR-Codes zu lesen. Öffnen Sie die Kamera und richten Sie sie auf einen QR-Code. Der Link, der sich hinter dem Code versteckt, erscheint anschließend im unteren Bildschirmbereich.

8.2 Die Fotos-App

Nachdem Sie Ihre Aufnahmen erstellt haben, können Sie diese in der *Fotos*-App öffnen und sichten. Die Fotos-App ist der zentrale Speicherort für alle Ihre Medien. Wenn Sie ein Bild aus dem Internet speichern, wird es z. B. auch in Ihren Fotos gesichert.

8.2.1 Benutzeroberfläche der Fotos-App

Tippen Sie zum Öffnen der App auf das entsprechende Icon auf Ihrem Home-Bildschirm. Schon nach kurzer Zeit sammeln sich beim regen Gebrauch der Kamera erfahrungsgemäß sehr viele Fotos in der App an. Daher mein Tipp: Löschen Sie von Zeit zu Zeit Bilder, die Sie nicht mehr benötigen.

In der App *Fotos* sehen Sie auf der linken Seite eine Struktur ähnlich wie in der *Dateien*-App, die ich Ihnen im vorangehenden Kapitel vorgestellt habe. In der Seitenleiste können Sie auf Ihre gesamte MEDIATHEK zugreifen, Fotos nach Orten oder Personen suchen, nach MEDIENARTEN gliedern oder ganz unten auch noch eigene Alben anlegen.

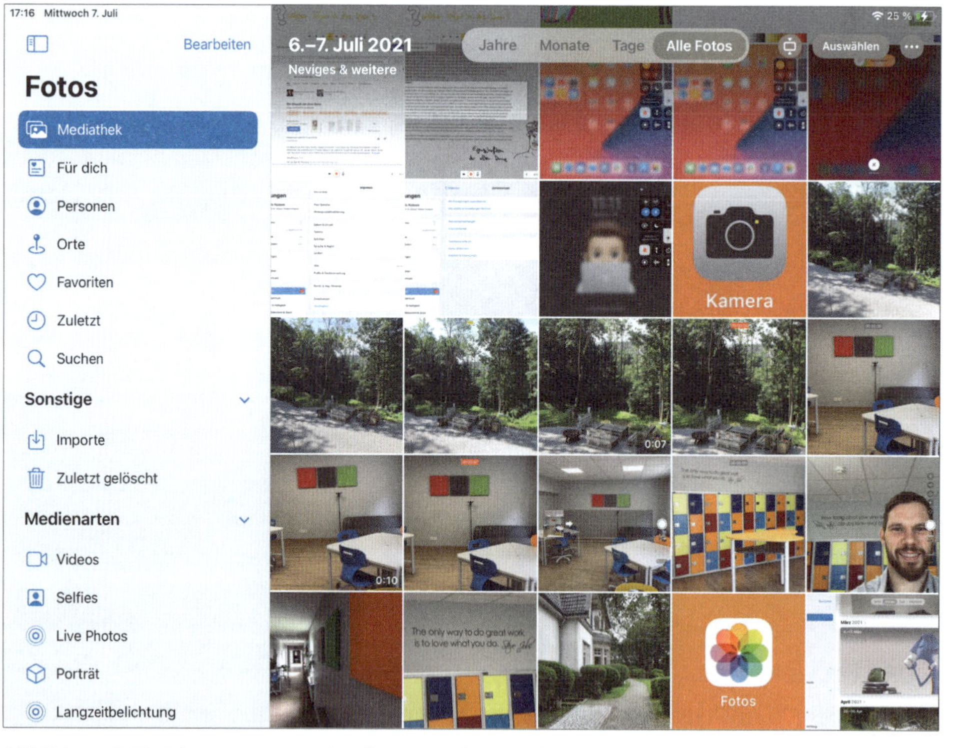

Abbildung 8.10 Die »Fotos«-App ist der zentrale Speicherort Ihrer Medien.

Auf der rechten Seite von Abbildung 8.10 sehen Sie z. B. alle meine Medien in meiner Mediathek. Über die Schaltflächen JAHRE, MONATE und TAGE neben ALLE FOTOS können Sie in der Leiste oben innerhalb der Mediathek weitere Ansichten Ihrer Mediensammlung einstellen, um sie gezielt zu durchforsten.

Tippe ich auf einen anderen Menüpunkt in der Seitenleiste, ändert sich ebenfalls die Ansicht der Bilder im Inhaltsbereich. Diese Sortierfunktion der Fotos-App hilft dabei, den Überblick zu bewahren und gewünschte Bilder schneller zu finden (siehe Abbildung 8.11).

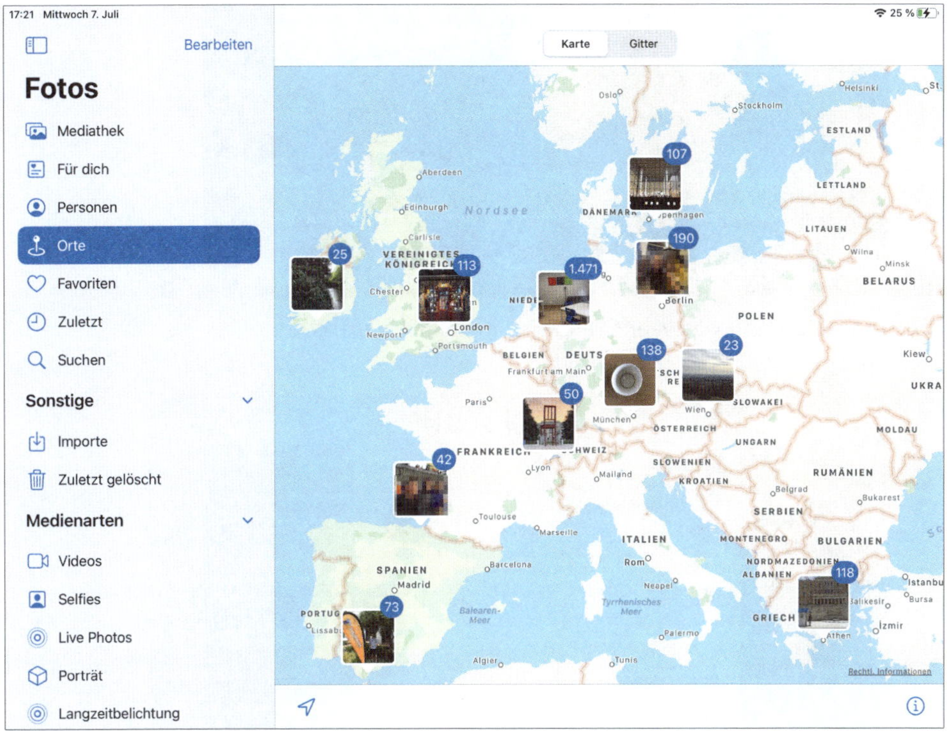

Abbildung 8.11 Unter »Orte« werden die Fotos nach ihren Aufnahmeorten sortiert.

8.2.2 Medien verwalten und bearbeiten

Haben Sie ein Foto oder Video gefunden, mit dem Sie arbeiten möchten, tippen Sie einfach darauf und es wird Ihnen groß angezeigt wie in Abbildung 8.12.

In der Leiste oben sehen Sie das Aufnahmedatum des Fotos. Mit der Schaltfläche rechts daneben können Sie das Foto versenden (siehe Abbildung 8.13) oder in einer anderen App öffnen.

Abbildung 8.12 Das ausgewählte Foto wird im Vollbild angezeigt.

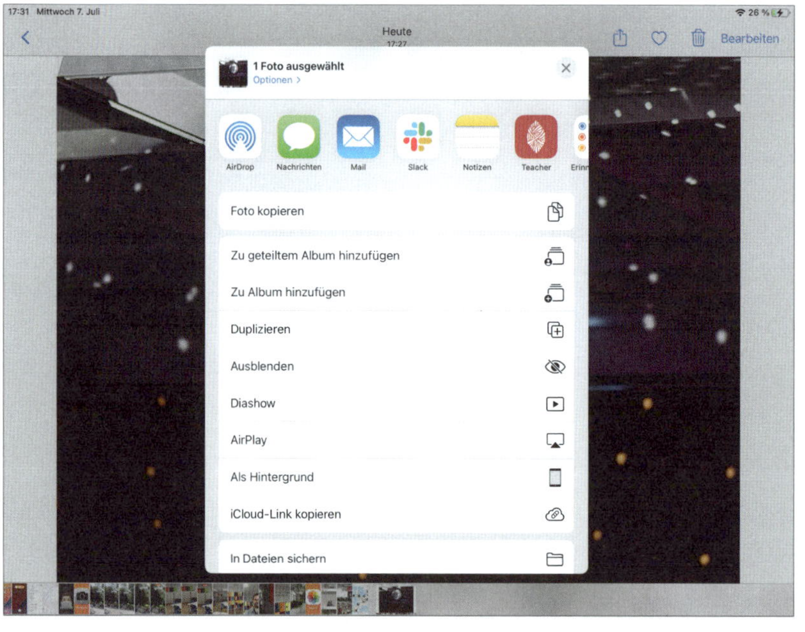

Abbildung 8.13 Fotos zu teilen ist wahrscheinlich mit eine der häufigsten Tätigkeiten im multimedialen Unterricht.

Das Herzsymbol rechts neben der Bereitstellungsschaltfläche speichert das Foto in Ihren FAVORITEN, die in der Seitenleiste aufgerufen werden können. Das ist ein schneller Weg, um in der großen Sammlung wieder an Ihr Bild zu gelangen. Natürlich sollten Sie diese Option sparsam einsetzen, damit Ihre Favoriten nicht irgendwann ebenfalls überquellen. Wenn Sie absehen können, dass Sie ein Foto definitiv wieder für Ihren Unterricht benötigen, versehen Sie es ruhig mit einem Herzen, um es später in den Favoriten schnell wiederzufinden.

Das Symbol mit dem Mülleimer löscht das Bild bzw. verschiebt es in den Papierkorb. Sie können es noch 29 Tage lang im Ordner ZULETZT GELÖSCHT wiederfinden.

Eine besonders zentrale Schaltfläche ist der BEARBEITEN-Button oben rechts (siehe Abbildung 8.13). Wenn Sie auf ihn tippen, gelangen Sie in den Bearbeitungsmodus (siehe Abbildung 8.14).

Abbildung 8.14 Im Bearbeitungsmodus haben Sie viele Möglichkeiten, Ihre Fotos zu verbessern.

Nach der Aktivierung des Modus ist standardmäßig links die Kategorie mit dem Regler ausgewählt, was Sie an einem gelben Punkt unterhalb des Symbols im Menü links erkennen können. In dieser können Sie Anpassungen vornehmen.

Auf der rechten Seite des ausgewählten Bildes finden Sie verschiedene Optionen, um Ihr Bild zu verbessern. Dazu zählen in dieser Kategorie der Anpassungen etwa die Veränderung des Lichts oder des Kontrastes und noch viele weitere Funktionen. Wählen Sie hier einfach den gewünschten Punkt aus, und verschieben Sie dann den Regler, der ganz rechts erscheint. Im großen Vorschaubildschirm sehen Sie sofort, wie sich das Bild gemäß der von Ihnen gewählten Einstellung verändert.

Auf der linken Seite finden Sie wie gesagt das Menü zur Bildbearbeitung, in dem zur Orientierung immer derjenige Bereich mit einem kleinen gelben Punkt markiert wird, in dem Sie sich gerade befinden. Um vom Anpassungsmenü zu den Filtern zu wechseln, tippen Sie einfach auf die Schaltfläche darunter. Hier können Sie nun verschiedene Filter über Ihr Bild legen.

Die dritte Optionsschaltfläche im Bildbearbeitungsmenü links ist besonders zentral. Damit können Sie nämlich Ihr Bild auf schnelle und einfache Weise beschneiden. Tippen Sie auf diesen Punkt, öffnet sich ein Rahmen um Ihr Bild wie in Abbildung 8.15. Jetzt können Sie mit dem Finger den Rahmen auf die gewünschte Größe ziehen. Bildausschnitte sind im Unterricht oft hilfreich, um die Aufmerksamkeit der Schüler*innen auf bestimmte Aspekte lenken zu können. Auf diese Weise können Sie auch Lerninhalte schrittweise vermitteln.

Abbildung 8.15 Mit dem Werkzeug zum Beschneiden können Sie geeignete Bildausschnitte Ihrer Bilder erzeugen.

Mit einem Tipp auf das Bild können Sie während Ihrer Bearbeitungen immer wieder zum Vergleich noch einmal das Originalbild kurz einblenden.

Entsprechen der Bildausschnitt und gegebenenfalls auch Ihre vorherigen Bildbearbeitungen Ihren Vorstellungen, bestätigen Sie das mit dem Haken oben rechts. Gefällt Ihnen das Ergebnis nicht, können Sie den Bearbeitungsmodus mit dem Kreuz oben links verlassen, ohne dass das Originalfoto verändert wird.

Zurück zum Original

Auch wenn Sie Bildbearbeitungen mit einem Tipp auf den Haken abspeichern, haben Sie übrigens noch die Möglichkeit, wieder zum Original zurückzukehren: Öffnen Sie das bearbeitete Bild einfach erneut im Bearbeitungsmodus. Nun erscheint oben rechts ein nach links gebogener roter Pfeil. Wenn Sie darauf tippen, werden alle bislang vorgenommenen Änderungen am Bild wieder rückgängig gemacht.

Grundsätzlich empfehle ich Ihnen, ein Foto, das Sie für bestimmte Unterrichtszwecke bearbeiten wollen, zuerst zu duplizieren, sodass Sie Ihnen das Originalbild weiterhin zur Verfügung steht.

Videos können im Bearbeitungsmodus auf schnelle Weise geschnitten werden. Unterhalb eines im Vollbild ausgewählten Videos finden Sie eine Anzeige mit der Länge des Clips (siehe Abbildung 8.16). Wenn Sie die gelben Markierungen an den Seiten mit dem Finger nach innen verschieben, wird das Video auf diesen Bereich gekürzt. Bestätigen Sie Ihren Videoschnitt anschließend durch Antippen des Hakens oben rechts.

Abbildung 8.16 Im Bearbeitungsmodus kann man Clips unten in der Timeline kürzen.

Ebenso lässt sich bei Slo-Mo-Videos die Dauer der Zeitlupe einstellen. Dafür ziehen Sie im Bearbeitungsmodus die gestrichelten Linien in der Timeline unten an die gewünschte Position (siehe Abbildung 8.17). Auch hier bestätigen Sie Ihre Einstellungen wieder mit dem Haken.

Abbildung 8.17 Die Dauer einer Slo-Mo-Sequenz kann mit der gestrichelten Linie eingestellt werden.

8.2.3 Anmerkungen auf Fotos hinzufügen

Die Möglichkeit, Anmerkungen auf Fotos hinzuzufügen, ist für Lehrende eine sehr nützliche Option. Aufgaben aus einem Unterrichtslehrwerk können abfotografiert und dann gemeinsam mit der Klasse bearbeitet werden. Sie können also Ihre Anmerkungen mit dem Apple Pencil auf ein Foto schreiben und dabei Hilfen oder Lösungen hinzufügen.

Fotos als Arbeitsblätter nutzen

Ihre Schüler*innen können die Möglichkeiten, Fotos zu beschriften, ebenfalls nutzen, um Arbeitsblätter digital zu bearbeiten. Im Englischunterricht z. B. können die Schüler*innen Gegenstände fotografieren und anschließend mit den entsprechenden Bezeichnungen beschriften. Das ist eine effektive Methode, um Vokabeln einzuüben.

Um ein ausgewähltes Foto zu beschriften, öffnen Sie als Erstes wieder den Bearbeitungsmodus. In der Leiste oben finden Sie auf der rechten Seite ein Menü mit drei Punkten (siehe Abbildung 8.18).

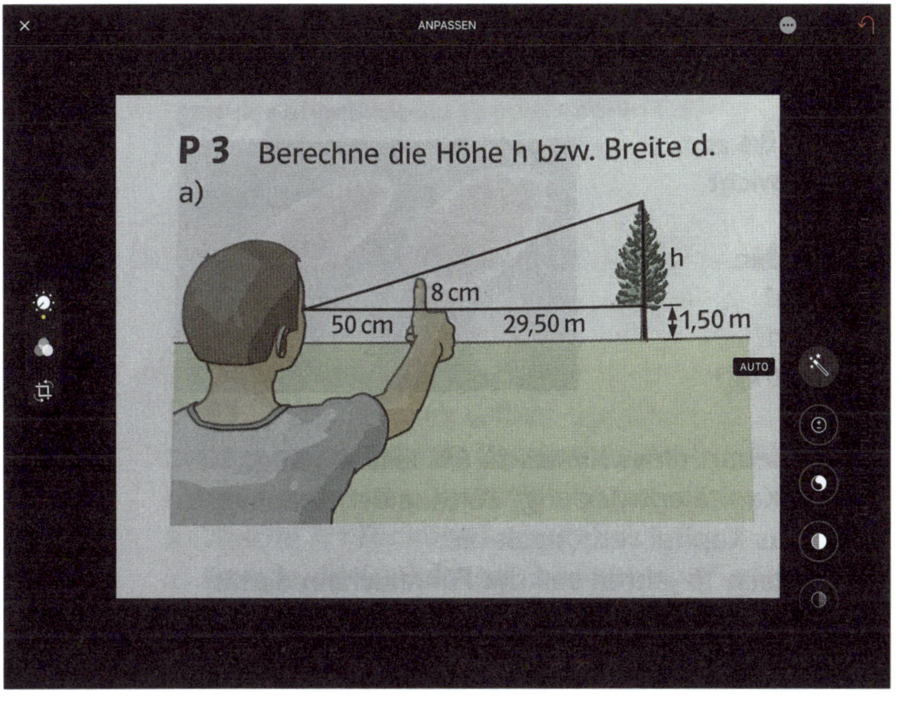

Abbildung 8.18 Im Bearbeitungsmodus finden Sie oben rechts das Menü mit drei Punkten.

Tippen Sie auf dieses Menü, und es erscheint die Option MARKIEREN wie in Abbildung 8.19.

Nachdem Sie MARKIEREN ausgewählt haben, erscheint auf der rechten Seite eine Arbeitspalette mit Stiften (siehe Abbildung 8.20). Wählen Sie nun die Stiftart aus, die Sie benutzen möchten, und schreiben Sie mit dem Pencil auf das Foto. Unter dem Pluszeichen in der Palette ganz unten finden Sie auch die Option, Text mit der Tastatur oder auch Objekte hinzuzufügen.

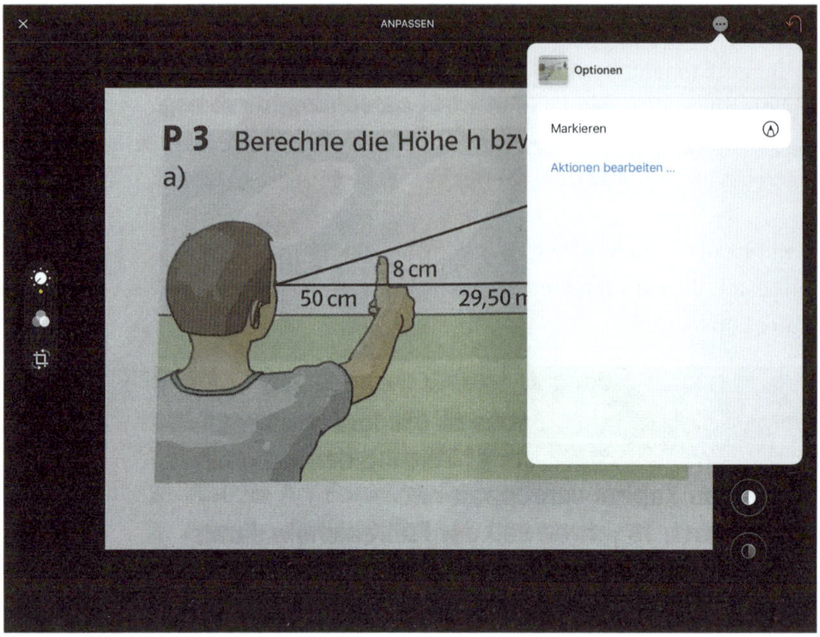

Abbildung 8.19 »Markieren« ist die gewünschte Option, um auf Fotos zu schreiben.

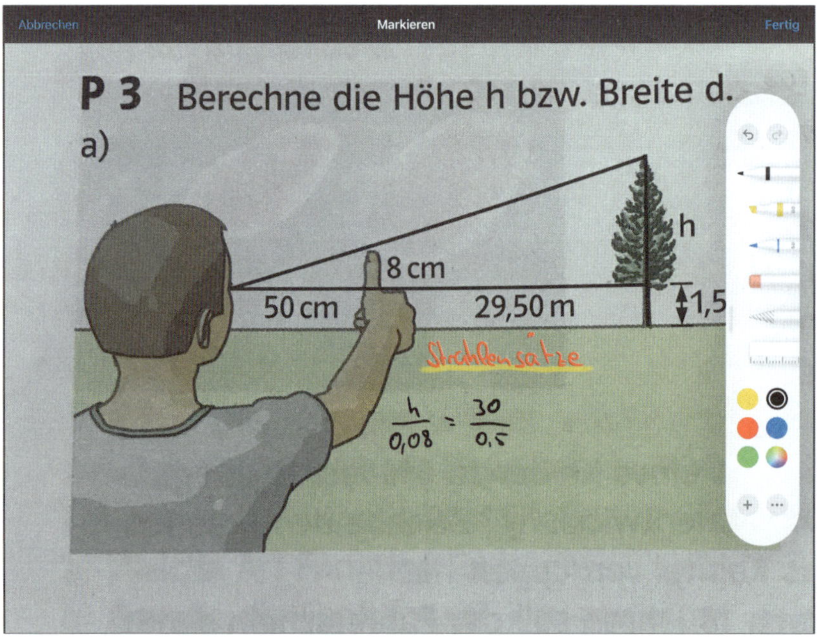

Abbildung 8.20 Mit den Werkzeugen auf der rechten Seite können Sie auf ein Bild schreiben.

Sind Sie mit Ihren Ergänzungen zufrieden, dann tippen Sie oben rechts auf FERTIG. Sie kehren damit zunächst in den Bearbeitungsmodus zurück, in dem Ihre Anmerkungen nun aber auf dem Bild sichtbar sind (siehe Abbildung 8.21). Den Bearbeitungsmodus verlassen Sie wiederum durch Antippen des Hakens oben rechts.

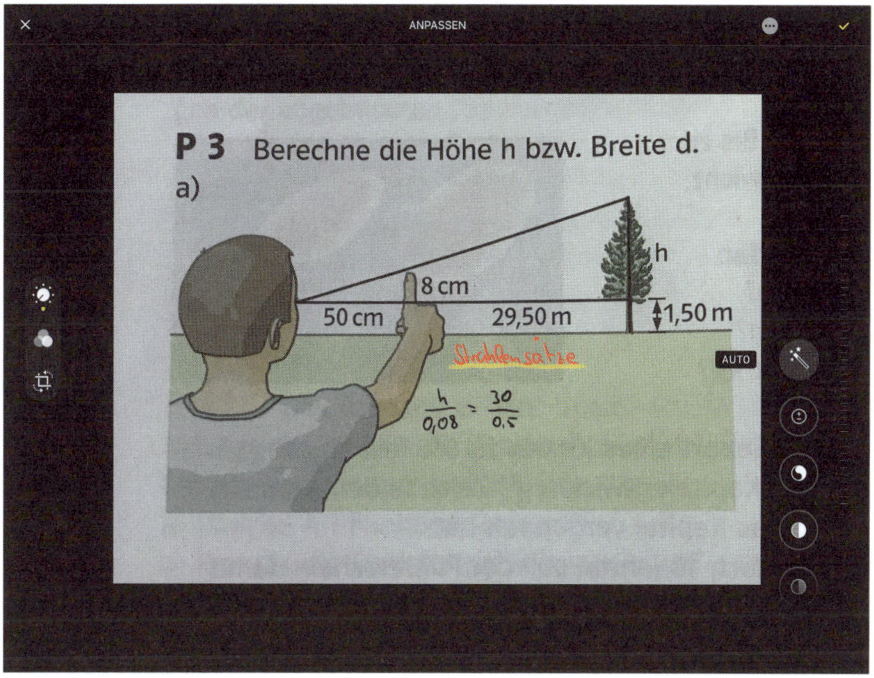

Abbildung 8.21 Nachdem Sie Anmerkungen gemacht haben, befinden Sie sich zuerst noch im Bearbeitungsmodus.

8.3 Ein Erklärvideo schnell und einfach erstellen

Sie haben nun die wichtigsten Funktionen der Kamera für den Unterricht kennengelernt und können ein Arbeitsblatt mit dem Apple Pencil bearbeiten. Mit diesen Voraussetzungen können Sie schnell und einfach Erklärvideos aufnehmen. In Kapitel 10, »Videos mit iMovie erstellen«, lernen Sie später, wie Sie das Video noch deutlich professioneller als mit der Fotos-App schneiden und weiterbearbeiten können.

8.3.1 Vor der Tafel filmen

Die einfachste Methode ist, wenn Sie oder Ihre Schüler*innen sich vor die Kamera stellen und etwas erklären. Optional können Sie dabei ein Whiteboard oder eine Tafel als

Hintergrund benutzen wie in Abbildung 8.22. Auf der Videoplattform YouTube findet man viele Erklärvideos, die auf diese Weise erstellt wurden.

iPad-Ständer

iPad-Ständer sind bei der Aufnahme von Videos bzw. von Vorträgen besonders geeignet. Die iPads können in den Ständer gestellt werden, brauchen also nicht festgehalten zu werden. Das verschafft viel Freiheit!

Abbildung 8.22 Ein Screenshot aus einem Erklärvideo vor einer Tafel

Ein kleiner Tipp vorab: Wenn Sie ein Erklärvideo an der Tafel erstellen oder von den Schüler*innen erstellen lassen, dann ist das iPad in aller Regel weiter vom Erklärenden entfernt. Das kann zu Verlusten der Audioqualität führen. Falls Sie kein separates Mikrofon haben, das die Audioqualität stark verbessern würde, können Sie Bluetooth-Kopfhörer mit eingebautem Mikrofon benutzen.

Generell ist es bei Erklärvideos sehr wichtig, auf eine gute Audioqualität zu achten. Machen Sie also auch Ihre Schüler*innen von Anfang an darauf aufmerksam, auf die Audioqualität ihrer Videos zu achten. Gerade in der Schule ist es manchmal sehr schwer, einen ruhigen Raum zu finden, in dem man ungestört ein Video drehen kann. Der Vorteil des iPads: Sie sind mobil und können theoretisch das ganze Schulgebäude inklusive Schulhof nutzen.

8.3.2 Über dem Blatt filmen

Die zweite Möglichkeit, ein schnelles Erklärvideo zu drehen, besteht darin, das iPad auf eine Erhöhung zu legen und Geschriebenes auf einem Blatt Papier zu filmen. Auch dafür eignen sich iPad-Ständer mit schwenkbarem Kopf.

Vom Prinzip her wird das iPad nun wie ein Overhead-Projektor mit Filmfunktion genutzt. So können Sie mithilfe Ihrer handschriftlichen Ausführungen und Ihren dazu gesprochenen Kommentaren ein Erklärvideo drehen wie in Abbildung 8.23.

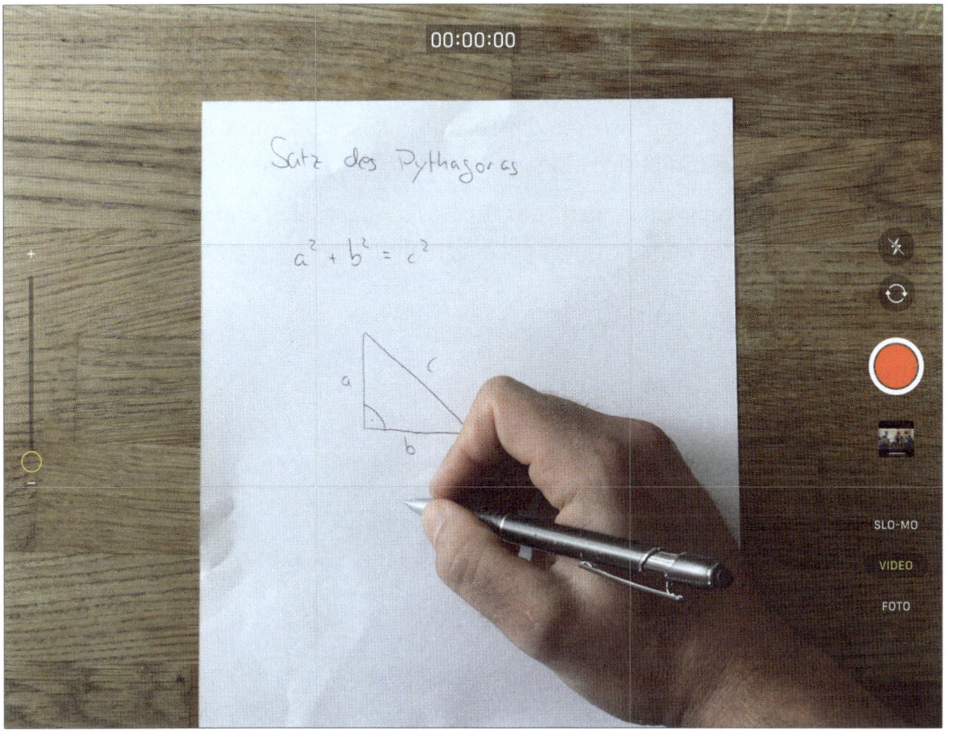

Abbildung 8.23 Bei diesem Erklärvideo werden handschriftliche Notizen und die Ausführungen dazu mit dem iPad von oben gefilmt.

8.3.3 Eine Bildschirmaufnahme machen

Eine einfache und beliebte Möglichkeit, ein Erklärvideo zu drehen, ist die Bildschirmaufnahme. Alles, was Sie dafür brauchen, sind ein Apple Pencil und eine App, in der Sie schreiben können. Als vorinstallierte App haben Sie etwa die App *Notizen* auf Ihrem iPad.

Öffnen Sie zuerst die *Notizen*-App, indem Sie das entsprechende Icon auf dem Startbildschirm antippen.

Abbildung 8.24 Die App »Notizen« erkennen Sie an Ihrem Icon, das einen vereinfachten Notizblock darstellt.

Falls Sie noch keine Notiz gemacht haben, können Sie direkt loslegen, ansonsten tippen Sie auf das Icon ganz rechts oben in der Ecke (siehe Abbildung 8.25), um eine neue Notiz zu starten. Jetzt öffnet sich eine neue Notiz, in der Sie schreiben können.

Notizen eignen sich natürlich nicht nur für Erklärvideos. Sie können sich hier schnell und einfach Dinge notieren, Erinnerungen festhalten oder schnelle Listen erstellen.

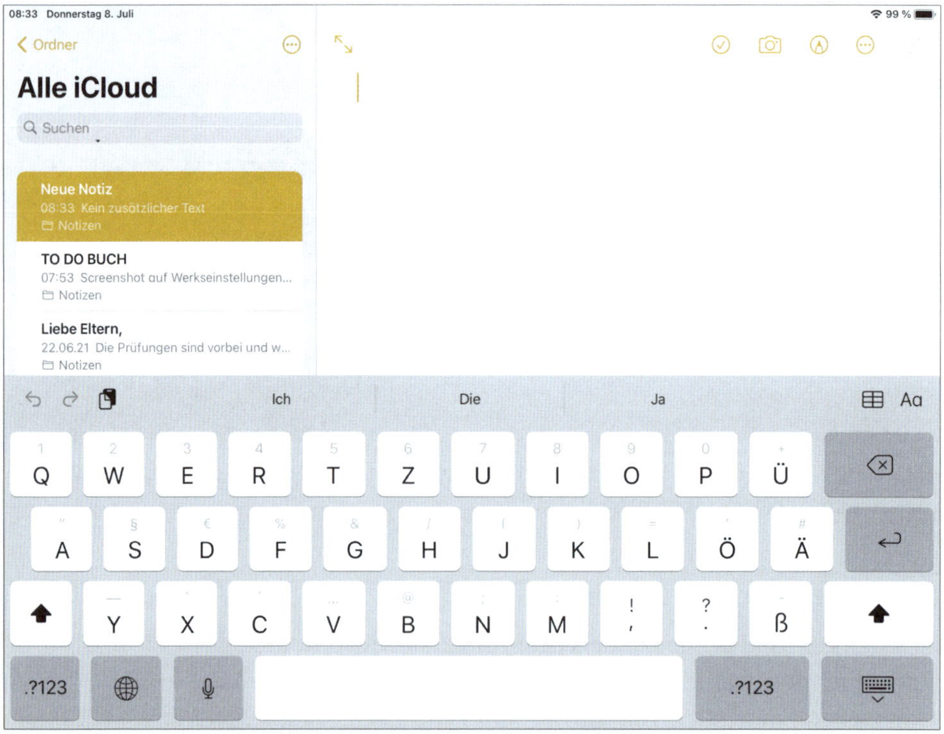

Abbildung 8.25 Eine neue leere Notiz bietet Platz zum Schreiben.

In der Leiste oben sehen Sie ein Vergrößerungssymbol, auf das Sie jetzt einmal tippen. Die Notiz nimmt nun den ganzen Bildschirm ein wie in Abbildung 8.26. Als Nächstes tippen Sie auf das Stiftsymbol, und es erscheint wieder das Schreibwerkzeug, das Sie aus der Fotos-App bzw. aus *Keynote* kennen (siehe dazu Kapitel 9, »Keynote als Allrounder für den Unterricht«). Zur Info: Der Stift mit dem A wandelt handgeschriebenen Text automatisch in Computertext um.

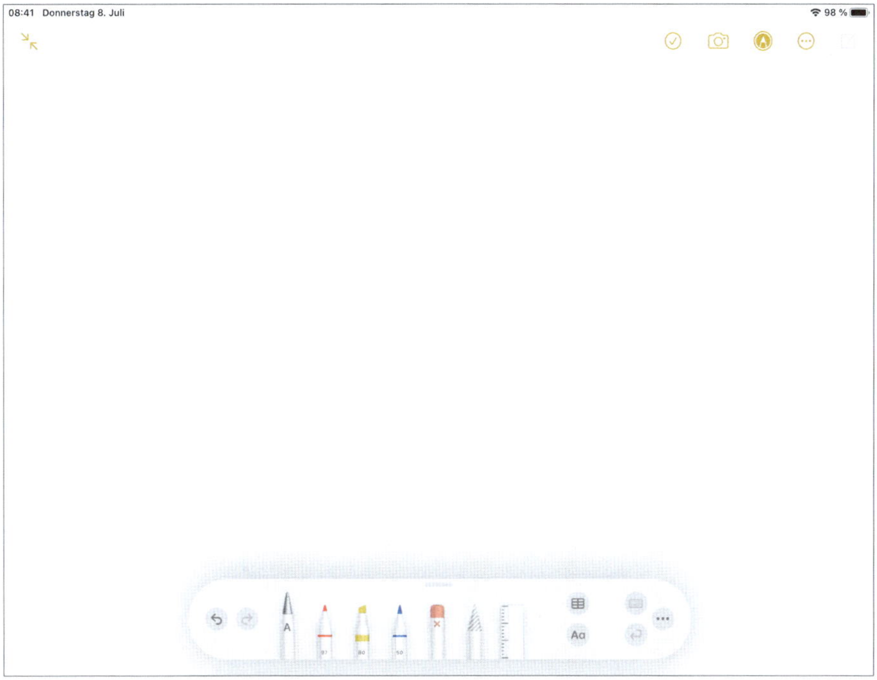

Abbildung 8.26 Eine leere Zeichenfläche mit dazugehörigem Werkzeug

Jetzt können Sie fast schon mit Ihrem Erklärvideo loslegen. Öffnen Sie das Kontrollzentrum, indem Sie es vom rechten oberen Rand herunterziehen. Tippen Sie nun auf das runde Aufnahme-Icon (siehe Abbildung 8.27), damit Sie eine Bildschirmaufnahme starten können. Falls Sie den Aufnahme-Button hier nicht sehen – in Abschnitt 5.4, »Das Kontrollzentrum«, erkläre ich Ihnen, wie Sie ihn im Kontrollzentrum zum Vorschein bringen.

Nun beginnt die Bildschirmaufnahme, und alles, was Sie auf dem Bildschirm schreiben und was Sie dabei sagen, wird aufgenommen. Achten Sie darauf, dass Ihr Mikrofon angestellt ist, damit auch Ihre Stimme mit aufgenommen wird. Dafür tippen Sie einmal länger auf den Aufnahme-Button im Kontrollzentrum und aktivieren das Mikrofon unten (siehe Abbildung 8.28).

Abbildung 8.27 Sie finden den Button für Bildschirmaufnahmen im Kontrollzentrum unten links.

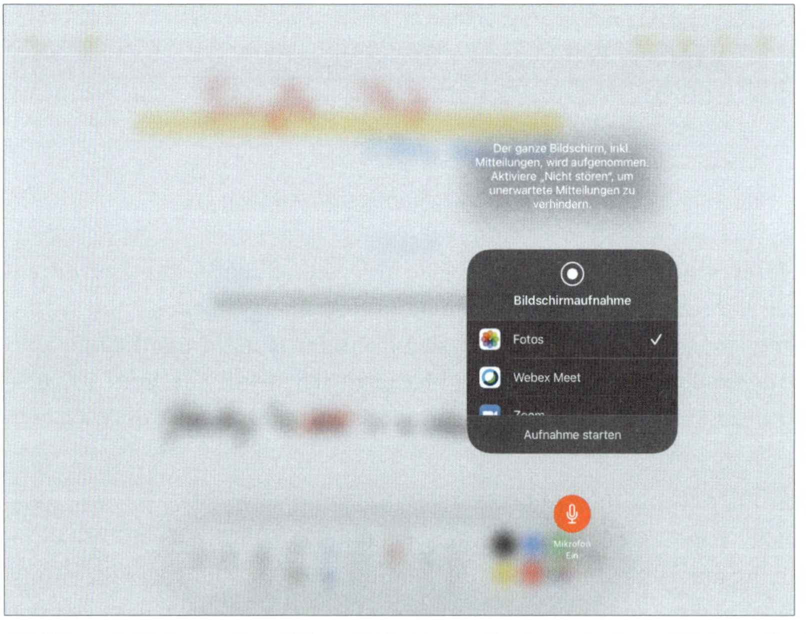

Abbildung 8.28 Bevor Sie mit Ihrer Bildschirmaufnahme starten, aktivieren Sie das Mikrofon.

Jetzt können Sie mit dem Video loslegen, indem Sie mit Ihrem Stift einfach auf den Bildschirm schreiben. Alles, was Sie schreiben, wird nun aufgezeichnet. Sie können an dem roten Punkt oben rechts erkennen, dass eine Aufnahme läuft (siehe Abbildung 8.29).

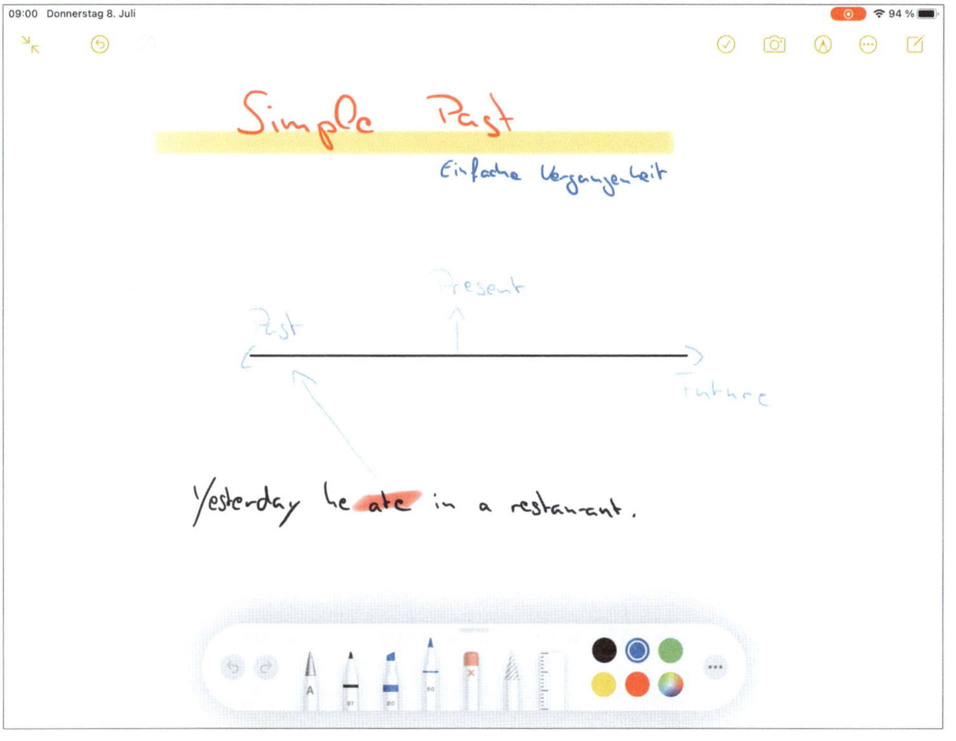

Abbildung 8.29 Die Bildschirmaufnahme läuft. Man sieht es am roten Punkt oben rechts.

Möchten Sie Ihr Video stoppen, tippen Sie auf den roten Aufnahmepunkt oben rechts. Es erscheint daraufhin ein Dialog wie in Abbildung 8.30, in dem Sie das Video stoppen können.

Jetzt ist Ihr Erklärvideo fertig, und es wurde in der Fotos-App gespeichert. Von dort können Sie es nun an Ihre Schüler*innen verteilen. Das Besondere an dieser Methode ist, dass Sie (fast) keine Hilfsmittel benötigen und bei der Erstellung des Videos unabhängig vom Ort bzw. der Umgebung sind.

Abbildung 8.30 Tippen Sie auf »Stoppen«, um Ihre Bildschirmaufnahme zu beenden.

Kapitel 9
Keynote als Allrounder für den Unterricht

Keynote ist ein echtes Multifunktionstool für den digitalen Unterricht. Sie können mit ihm attraktive Präsentationen erstellen und es mit dem Apple Pencil als Whiteboard oder als Aufgabenportfolio benutzen.

Sie und Ihre Schüler*innen werden die einfache Handhabung der App Keynote sicher bald zu schätzen wissen. Keynote ist in der Regel auf jedem iPad vorinstalliert und kann direkt verwendet werden. Wenn das nicht der Fall sein sollte, dann können Sie die App im App Store kostenlos herunterladen. Wie Sie Apps aus dem App Store laden und auf Ihrem iPad installieren, habe ich Ihnen in Abschnitt 5.9, »Apps herunterladen«, gezeigt. In Abschnitt 3.2.1, »iPads über MDM verwalten«, erfahren Sie alles über das Vorgehen, wenn die Geräte Ihrer Klasse über ein *Mobile Device Management* von der IT-Verwaltung Ihrer Schule gesteuert werden.

Besonders hilfreich ist die einfache Handhabung von Keynote. Damit können nicht nur Sie Ihre Lerninhalte für den Unterricht vorbereiten, sondern auch Ihre Schülerinnen und Schüler können in kürzester Zeit ansprechende Präsentationen erstellen und diese der Klasse vorführen.

Da Präsentieren eine Kernkompetenz im späteren Berufsleben ist, erlernen Ihre Schüler*innen dabei wichtige Kommunikationsfähigkeiten – sowohl, was die Aufbereitung und Gestaltung von Inhalten in Form einer Präsentation angeht, als auch, was die Vorführung der Präsentation vor anderen betrifft.

9.1 Wie funktioniert Keynote?

Schauen wir uns nun die Oberfläche von Keynote näher an. Starten Sie die App, indem Sie das entsprechende Icon auf dem Home-Bildschirm antippen. Beim ersten Start sieht die Oberfläche der App bei Ihnen natürlich noch etwas leerer aus als in Abbildung 9.1, da Sie ja noch keine Präsentationen und Ordner angelegt haben.

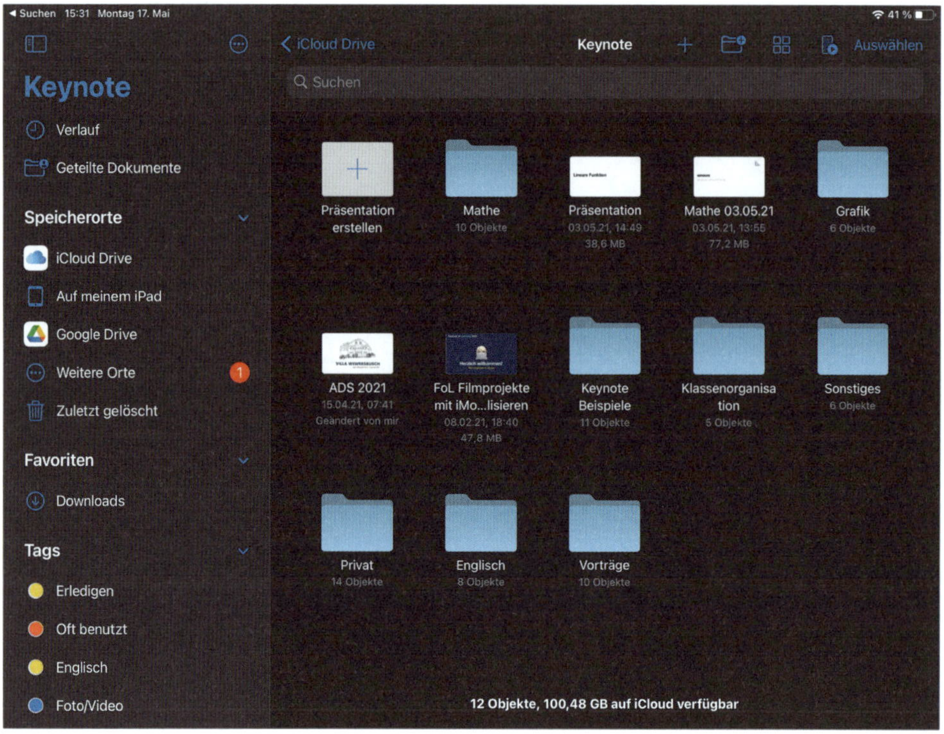

Abbildung 9.1 Der Startbildschirm von Keynote nach dem Öffnen der App – hier bereits mit einigen Unterordnern zu dem links ausgewählten Verzeichnis »iCloud Drive«

9.1.1 Elemente der Oberfläche von Keynote

In der linken Spalte befindet sich die Navigationsleiste. Über diese rufen Sie verschiedene SPEICHERORTE auf Ihrem iPad oder in der Cloud auf, legen FAVORITEN an und markieren Ordner durch verschiedenfarbige TAGS. Ganz oben sehen Sie den VERLAUF. Hier finden Sie Ihre zuletzt geöffneten Dokumente. Darunter finden Sie den Punkt GETEILTE DOKUMENTE. Nach einem Klick darauf erhalten Sie eine Übersicht über alle Präsentationen, die Sie mit anderen, also Ihren Schüler*innen, aber auch mit Kolleg*innen, geteilt haben, sowie über die Präsentationen, die wiederum mit Ihnen geteilt wurden.

Inhalte und Ordner mit Tags markieren

Tags (zu Deutsch etwa »Etiketten«) sind eine gute Möglichkeit, um Dokumente und Dateien zu ordnen und schnell darauf zugreifen zu können. Sie können mit ihnen auch in anderen Apps für eine Struktur Ihrer Dateien sorgen. Sie setzen Tags, indem Sie etwas länger mit einem Finger auf eine Datei drücken und im daraufhin erscheinenden Menü Tags auswählen.

Die mit Tags markierten Dateien finden Sie dann auf der linken Seite unten in der App (das iPad sollte dabei im Querformat vor Ihnen liegen, damit Sie die Ansicht haben, die ich gerade beschrieben habe), und sie lassen sich dort schneller finden. Wenn Sie z. B. ein bestimmtes Dokument häufig benutzen, lohnt es sich, ein Tag zu setzen, damit man möglichst schnell darauf zugreifen kann. Ich habe meine Tags zum einen nach Fächern und zum anderen nach Verwaltungsaufgaben benannt (siehe Abbildung 9.1).

In der Menüleiste sehen Sie, an welchem Speicherort Sie sich gerade befinden (im Beispiel von Abbildung 9.1 ist das Verzeichnis iCloud Drive ausgewählt). Im rechten Bereich werden die Ordner und Dateien angezeigt, die sich am links ausgewählten Speicherort befinden. Hier finden Sie zudem die Schaltfläche Präsentation erstellen, über die Sie eine neue Präsentation anlegen können.

Im rechten Inhaltsbereich haben Sie Zugriff auf alle bereits vorhandenen Präsentationen. Hier öffnen Sie einzelne Präsentationen und können diese auch neu sortieren, indem Sie sie in vorhandene Ordner verschieben oder in neu angelegten Ordnern ablegen. Wie Sie neue Ordner anlegen, erfahren Sie gleich anschließend.

Speichern in der Cloud bzw. auf iCloud Drive

Im Beispiel der Oberfläche von Keynote sehen Sie, dass ich neben *iCloud Drive* auch *Google Drive* als Cloud-Speicherort nutze. So kann ich auch von anderen Speichersystemen auf meine Dateien zugreifen. Beispiel: Ich erstelle eine PowerPoint-Präsentation an meinem Windows-Rechner und speichere sie in Google Drive. Jetzt kann ich sie auch auf meinem iPad abrufen. Grundsätzlich sollten Sie die Präsentationen, die Sie mit Ihrer Klasse gemeinsam erstellen und bearbeiten, aber in Apples iCloud Drive ablegen. Nur so haben Sie jederzeit und von jedem Gerät aus Zugriff auf sie und können Präsentationen verteilen. Den Umgang mit der Cloud erkläre ich Ihnen in Kapitel 4, »Apple-ID und iCloud – Das Schul-iPad in Betrieb nehmen«.

Das Plussymbol in der Menüleiste + hat übrigens dieselbe Funktion wie die Schaltfläche Präsentation erstellen – damit erstellen Sie eine neue leere Präsentation in Keynote. In der Menüleiste stehen Ihnen außerdem folgende Funktionen zur Verfügung:

- Mit der Schaltfläche rechts neben dem Plussymbol können Sie neue Ordner und Unterordner für Ihre verschiedenen Unterrichtsprojekte erstellen.

- Die Ansicht der Oberfläche wechseln Sie mit dem Symbol rechts daneben. Als Ansichten stehen Ihnen dabei Symbole, eine Liste und Spalten zur Verfügung. In Abbildung 9.1 sehen Sie z. B. die Symbolansicht der Dateien und Ordner.
- Mithilfe der Schaltfläche lässt sich das iPad als Fernbedienung für eine Präsentation auf dem iPhone oder Mac nutzen.
- Über die Schaltfläche AUSWÄHLEN können Sie mehrere Präsentationen auf einmal auswählen und diese gleichzeitig weiterleiten, löschen, duplizieren, in einem Ordner zusammenführen oder an einen anderen Ort bewegen.
- Unterhalb der Menüleiste finden Sie zudem ein Feld, in dem Sie Ihre Präsentationen durchsuchen können.

9.1.2 Eine erste Präsentation erstellen

Nachdem Sie sich nun etwas mit der Oberfläche vertraut gemacht haben, zeige ich Ihnen, wie Sie eine Präsentation neu in Keynote erstellen.

Betätigen Sie die Schaltfläche PRÄSENTATION ERSTELLEN im Inhaltsbereich, oder klicken Sie auf das Plussymbol in der Menüleiste.

Nun öffnet sich ein kleiner Dialog, in dem Ihnen neben der Möglichkeit, den Vorgang abzubrechen, zwei Optionen zur Wahl stehen (siehe Abbildung 9.2):

- Mit GLIEDERUNG STARTEN könnten Sie Ihre Präsentation damit beginnen, zunächst eine Gliederung für die einzelnen Folien zu erstellen. Diese Option ist allerdings in der Praxis weniger relevant, weil eine Gliederung auch sukzessive durch das Hinzufügen und Erstellen neuer Folien entsteht und weil diese Vorgehensweise für die meisten Ihrer Schüler*innen doch etwas abstrakt wäre.
- Klicken Sie an dieser Stelle daher auf die erste Option, THEMA AUSWÄHLEN. Damit wird ein neues Fenster geöffnet, in dem Sie zwischen STANDARD-WEISS also einer leeren Präsentation, und verschiedenen Vorlagen auswählen können.

Haben Sie schon einige Präsentationen in Keynote angelegt, dann finden Sie im neuen Fenster unter ZULETZT BENUTZT (siehe Abbildung 9.3) die Vorlagen, die Sie bisher verwendet haben. Scrollen Sie durch das Angebot, und verschaffen Sie sich einen ersten Überblick, welche fertigen Muster sich ggf. für Ihre Präsentationen bereits gut eignen könnten. Über die Kategorien in der Menüleiste (wie EINFACH, MINIMAL, KÜNSTLERISCH oder auch STRUKTURIERT) können Sie gezielt das entsprechende Angebot an Vorlagen sichten.

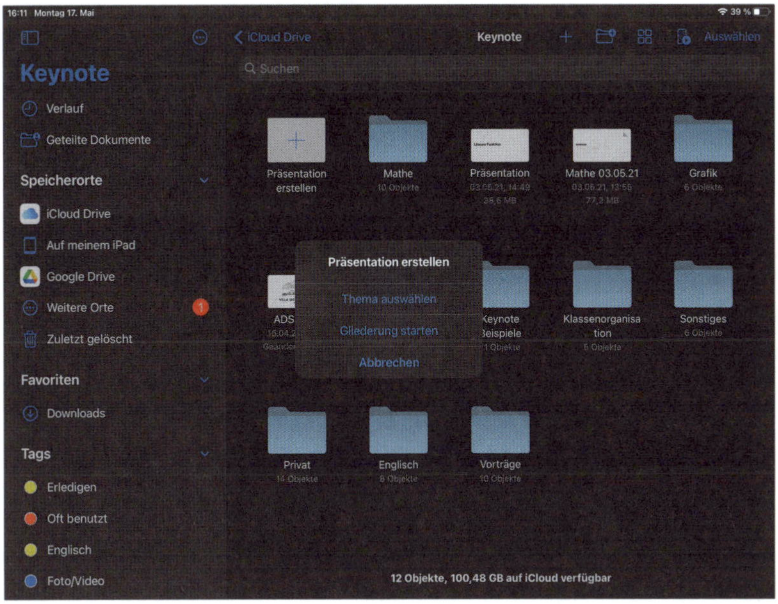

Abbildung 9.2 Nach einem Klick auf die Schaltfläche »Präsentation erstellen« im Inhaltsbereich öffnet sich zunächst ein Dialog mit verschiedenen Optionen.

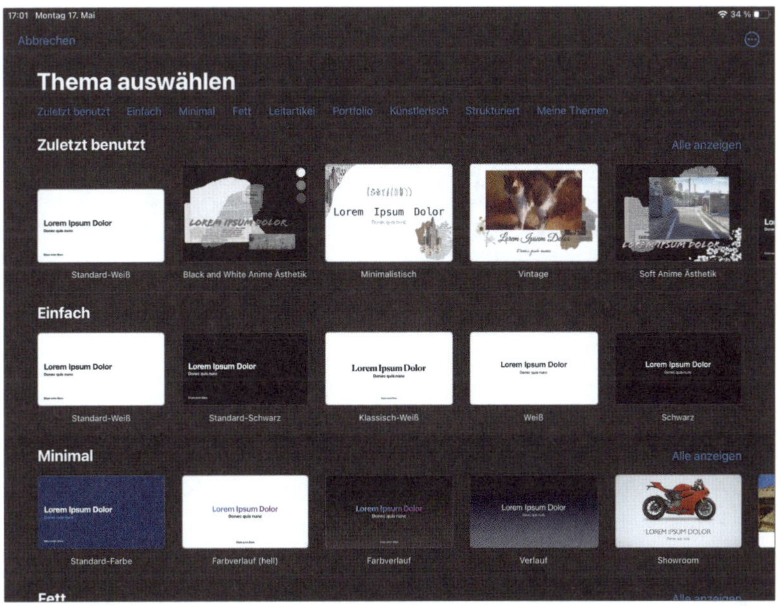

Abbildung 9.3 Nach einem Klick auf »Thema auswählen« bietet Keynote Ihnen eine Reihe von Vorlagen an, die in verschiedenen Kategorien sortiert sind.

Um Ihnen das Vorgehen Schritt für Schritt zu vermitteln, entscheide ich mich an dieser Stelle für STANDARD-WEISS. Nach einem Klick auf diese Vorlage für eine leere Präsentation wird eine erste Folie, die Titelfolie der Präsentation, geöffnet und eine Miniatur der Folie links im Navigationsbereich angelegt (siehe Abbildung 9.4). Im Navigationsbereich erkennen Sie später an der Ziffer und dem blauen Rahmen, welche Folie Sie gerade ausgewählt haben und daher im Inhaltsbereich groß auf dem Bildschirm dargestellt ist.

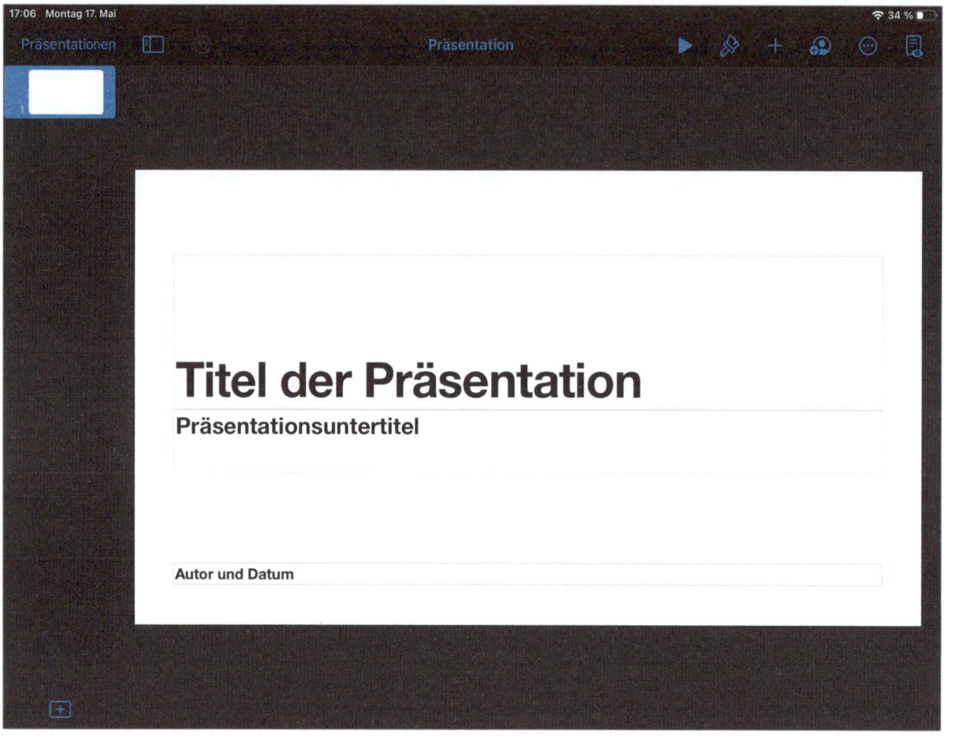

Abbildung 9.4 Die Titelfolie einer leeren neuen Präsentation bietet standardmäßig drei Felder mit Platzhaltertexten, die von Ihnen nach einem Doppelklick überschrieben werden können.

Die Standard-Titelfolie enthält bereits drei Textboxen, die Sie für die Platzierung Ihrer eigenen Texte nutzen können: Aktivieren Sie diese jeweils durch einen Doppelklick, und überschreiben Sie anschließend die Platzhaltertexte für den TITEL DER PRÄSENTATION, den PRÄSENTATIONSUNTERTITEL und für die Angabe zu AUTOR UND DATUM. Wenn Sie nicht alle Felder benötigen, dann können Sie eine Box entweder frei lassen, den Platzhaltertext also löschen, oder auch einfach die Box selbst löschen, indem Sie einmal auf die Box klicken. Dann öffnet sich eine kleine schwarze Menüleiste (siehe Abbildung 9.5), und Sie können dort das Feld LÖSCHEN auswählen.

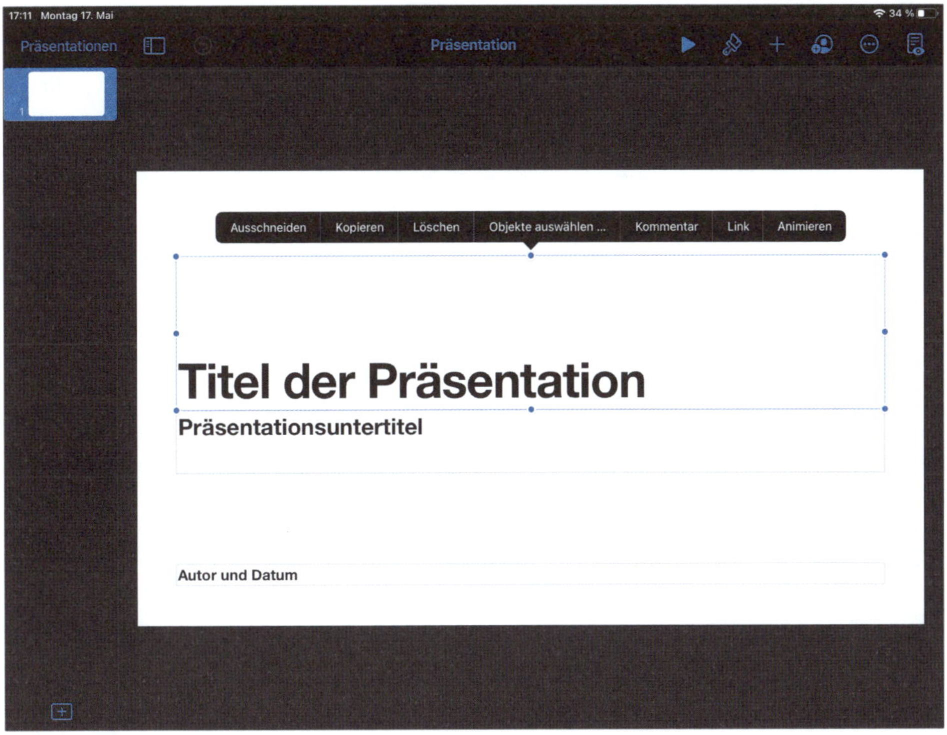

Abbildung 9.5 Durch einmaliges Antippen eines Feldes öffnet sich ein Menü, mit dem Sie das Feld unter anderem löschen können.

Der Titel Ihrer Präsentation wird nach dem Öffnen in der Titelleiste oben angezeigt. Der Name *Präsentation* ist aber natürlich nicht besonders aussagekräftig. Wenn Sie auf den Namen tippen, können Sie Ihrer Präsentation nun einen individuellen Namen geben.

Rechts neben dem Titel finden Sie sechs Symbol-Schaltflächen mit folgenden Bedeutungen:

- Mit dem Play-Button können Sie die Präsentation später im Präsentationsmodus vorführen.
- Nach Anklicken des Pinselsymbols stehen Ihnen verschiedene Gestaltungswerkzeuge für Text, Formen und Folien zur Verfügung. Wenn Sie ein Element, wie hier den Platzhaltertext für den Titel, angetippt haben, wird es blau umrahmt (siehe Abbildung 9.5), und Sie können es dann mithilfe verschiedener Menüoptionen gestalterisch bearbeiten. Ist kein Element markiert, bearbeiten Sie die Folie.
- Mit dem Plus fügen Sie neue Elemente auf Ihren Folien ein. Dazu zählen Text, Fotos, Videos, Sprachaufnahmen etc.

- Nach einem Klick auf das Personen-Symbol verwalten Sie die Möglichkeiten zur Zusammenarbeit über iCloud. Hierzu müssen alle, die an der Präsentation mitarbeiten, mit einer Apple-ID auf dem iPad angemeldet sein. Gerade im Unterricht ist dies eine tolle Option, um kooperativ zu arbeiten.
- Hinter den drei Punkten stehen weitere Optionen wie Teilen, Exportieren und Animieren.
- Die Schaltfläche ganz rechts sperrt die Präsentation; sie lässt sich also nicht weiter bearbeiten, sondern nur noch abspielen.

Mit der Plusschaltfläche unten links erzeugen Sie eine neue leere Inhaltsfolie bzw. können aus einer Vorlage eine Folie auswählen wie in Abbildung 9.6.

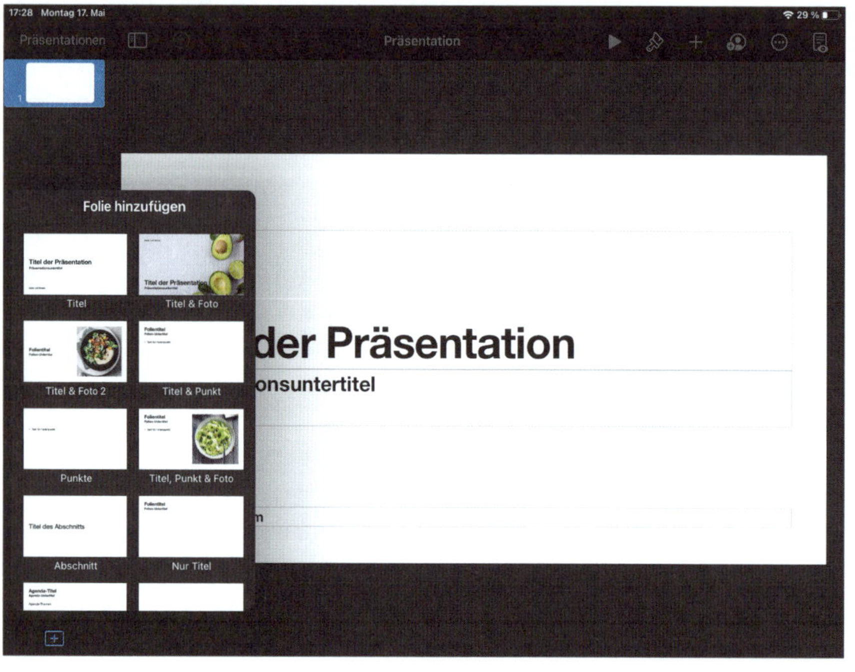

Abbildung 9.6 Mit dem Plussymbol unten links fügen Sie eine neue Folie hinzu. Sie können aus einer Vorlage wählen oder eine leere Folie hinzufügen.

Wenn Sie alle Folien angelegt haben, kehren Sie über die Schaltfläche Präsentationen oben links zum Hauptbildschirm zurück. Keine Sorge, Ihre Präsentation wird automatisch an dem Ort gespeichert, den Sie anfangs unter Speicherorte ausgewählt haben (siehe Abbildung 9.1); Sie müssen die Präsentation also zu keinem Zeitpunkt extra speichern. Später können Sie die Präsentation aber natürlich noch in verschiedene Ordner verschieben oder den Speicherort ändern.

Tipp: Keynote als Aufgabenportfolio

Sie können Keynote nicht nur als Präsentationstool, sondern auch gut als Aufgabenportfolio nutzen, indem Sie auf jeder Folie eine Aufgabe stellen. Sie können die Aufgabe dann z. B. auch mit einer Sprachaufnahme erklären (siehe dazu auch Abschnitt 9.3.5, »Bildergalerien und Sprachaufnahmen einfügen«). Die Schülerinnen und Schüler fügen dann bei sich auf dem iPad einfach jeweils eine neue Folie hinzu, auf der sie die Aufgaben bearbeiten.

9.2 Vorteile von Keynote im Unterricht

Präsentationen vermitteln wichtige Kompetenzen, die die Schülerinnen und Schüler nach Abschluss ihrer schulischen Ausbildung brauchen werden. In der heutigen Zeit ist es gang und gäbe, Vorgesetzten oder Kolleg*innen etwas zu präsentieren, und je früher die Schüler*innen anfangen, vor einer Gruppe zu sprechen, desto leichter wird es ihnen im späteren Leben fallen. Sie erlernen somit eine wichtige Kommunikationskompetenz, die ihnen in ihrer späteren Laufbahn helfen wird.

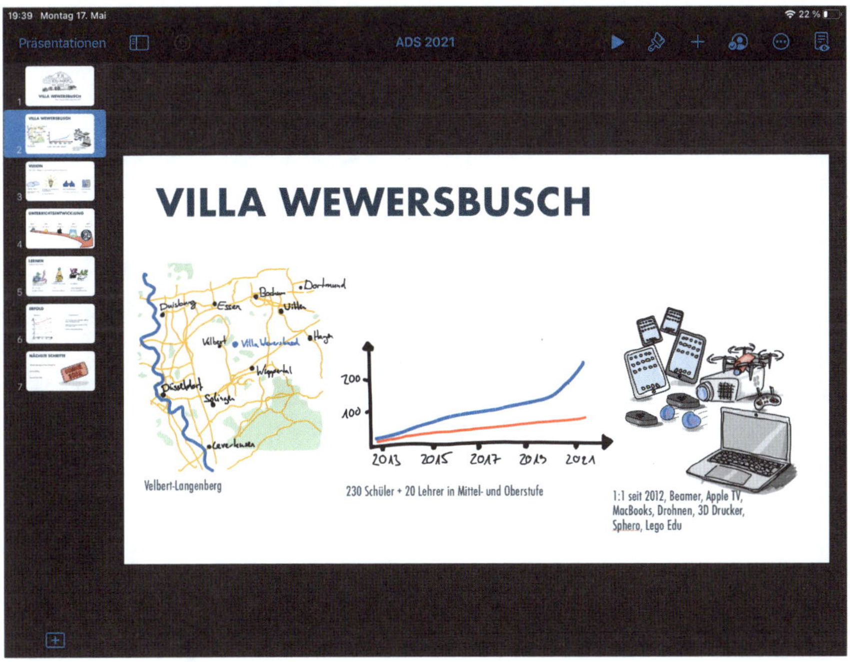

Abbildung 9.7 Beispiel einer Präsentation mit Zeichnungen, die in Keynote mit dem Apple Pencil erstellt wurden.

Aber warum genau sollten Sie dafür Keynote im Unterricht anwenden? Zunächst ist Keynote sehr intuitiv und benutzerfreundlich. Sie haben im vorigen Abschnitt bereits die überschaubare Oberfläche der App kennengelernt und – wenn Sie meine Anleitung oben praktisch ausprobiert haben – sicher auch schon die Erfahrung gemacht, wie einfach und schnell damit eine Präsentation erstellt werden kann. Die Lernenden können aufgrund der zur Verfügung stehenden Optionen zur Gestaltung damit bereits innerhalb weniger Stunden eine ansehnliche Präsentation zuwege bringen. Es empfiehlt sich jedoch im Vorfeld, Präsentationskriterien gemeinsam mit den Klassen bzw. Kursen festzulegen.

Abbildung 9.8 Eine von Schüler*innen erstellte Präsentation, die am Ende vor der Klasse präsentiert wurde.

Keynote ist zwar in erster Linie ein Präsentationstool, aber es kann auch in anderen Unterrichtsszenarien sinnvoll eingesetzt werden. Keynote kann, wie erwähnt, z. B. als Aufgabenportfolio dienen, aber auch als einfaches Whiteboard, indem man mit dem Apple Pencil auf einer Folie schreibt (siehe Abbildung 9.7 bis Abbildung 9.10). Außerdem eignet sich Keynote dazu, Animationen zu erstellen.

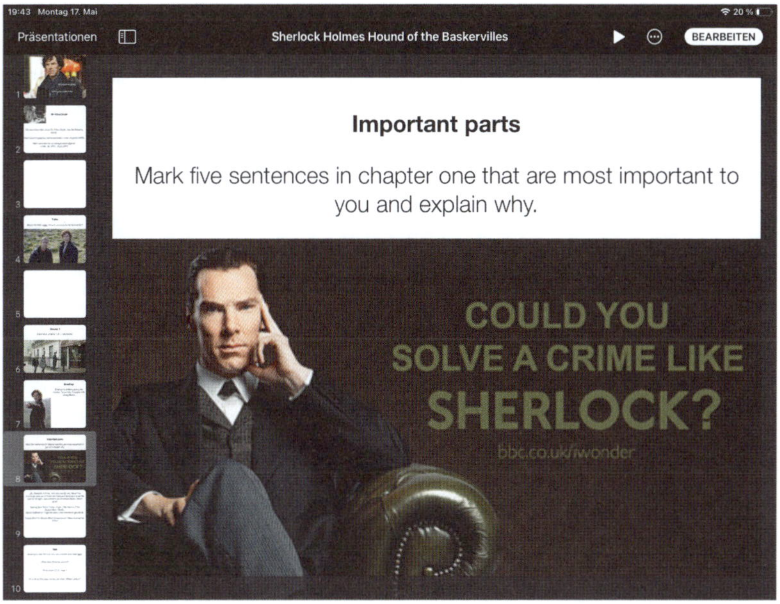

Abbildung 9.9 Keynote als Aufgabenportfolio. Jede Folie dient dabei als neue Aufgabe, und die Schüler*innen fügen ihre Ergebnisse auf einer neuen Folie ein.

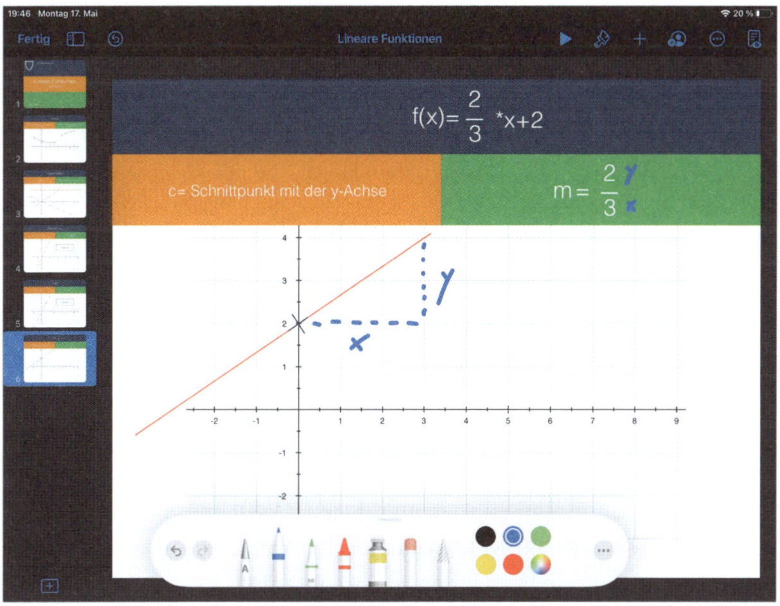

Abbildung 9.10 Hier wurde Keynote als Whiteboard verwendet. Sobald man mit dem Apple Pencil auf die Folie schreibt, öffnet sich die Arbeitspalette der Stifte unten im Bild.

In der Apple-Buchreihe »Jede:r kann kreativ sein« finden Sie viele hilfreiche Tipps und Tricks für Ihren Unterricht. Die Projekt-Handbücher stehen kostenlos in der Bücher-App zur Verfügung. Informationen zu der Sammlung finden Sie unter:

www.apple.com/de/education/k12/everyone-can-create/

9.3 Eine Präsentation für den Unterricht vorbereiten

Kommen wir nun zum praktischen Teil im Schulalltag, und erstellen wir gemeinsam eine Präsentation. Exemplarisch erstelle ich eine Keynote über die sieben Kontinente, die von mir als Lehrer vorbereitet wird und in der den Schüler*innen auf unterschiedlichen Folien Aufgaben gestellt werden. Diese Aufgaben sollen von den Schüler*innen gleich in Keynote bearbeitet werden. Die Keynote wird später von den Schüler*innen an den Lehrer zurückgeschickt.

9.3.1 Ein Foto als Hintergrundbild verwenden

Als Erstes starten wir eine neue leere Keynote, wie in Abschnitt 9.1.2, »Eine erste Präsentation erstellen«, beschrieben. Ich habe zuvor ein Foto der sieben Kontinente auf dem iPad gesichert und möchte es als Hintergrund benutzen.

Tipp: Ein Foto aus dem Web speichern

Sie speichern ein Foto, indem Sie im Webbrowser Safari ein Bild suchen (z. B. mit der Google-Bildersuche) und den Finger für einen Moment auf dem Bild halten. Dann erscheint ein Menü, und Sie können das Foto mit einem Fingertipp auf ZU MEINEN FOTOS HINZUFÜGEN in der Fotomediathek speichern.

Das Foto lege ich in den Hintergrund meiner Präsentation, indem ich auf das Plussymbol + oben rechts tippe (siehe Abbildung 9.11) und den ersten Menüpunkt FOTO ODER VIDEO auswähle. Auf diese Weise gelangen Sie zum Speicherort des Mediums und können nun darauf zugreifen. Das Foto liegt jetzt über meinem Text und nimmt nicht den ganzen Platz der Folie ein. Sie können das Bild an den blauen Markierungen am Rand des Bildes größer ziehen, bis es die ganze Folie einnimmt.

Jetzt müssen wir das Foto noch in den Hintergrund legen. Dafür muss es ausgewählt sein. Über das Pinselsymbol und ANORDNEN (siehe Abbildung 9.12) können Sie das Bild in den Hintergrund legen, damit nun wieder der Titel sichtbar ist.

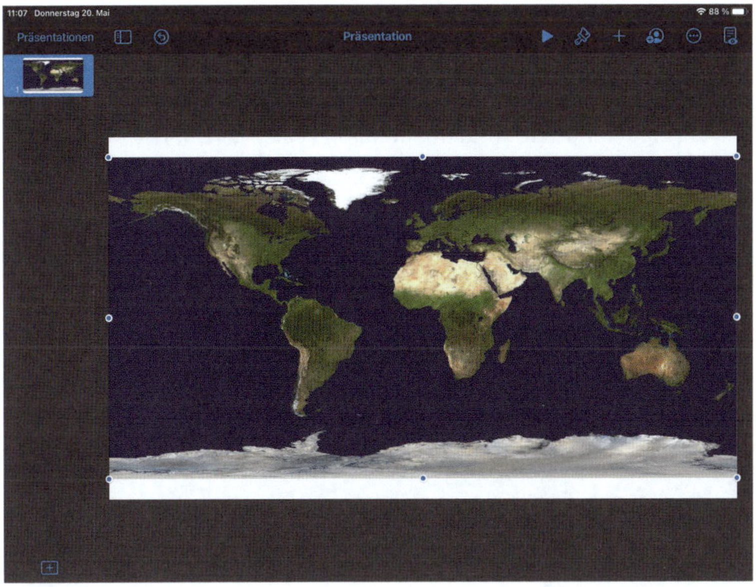

Abbildung 9.11 Das in der Fotomediathek gespeicherte Bild wurde über das Plussymbol und die Schaltfläche »Foto oder Video« eingefügt. Die blauen Punkte rund um das Bild zeigen an, dass es momentan ausgewählt ist.

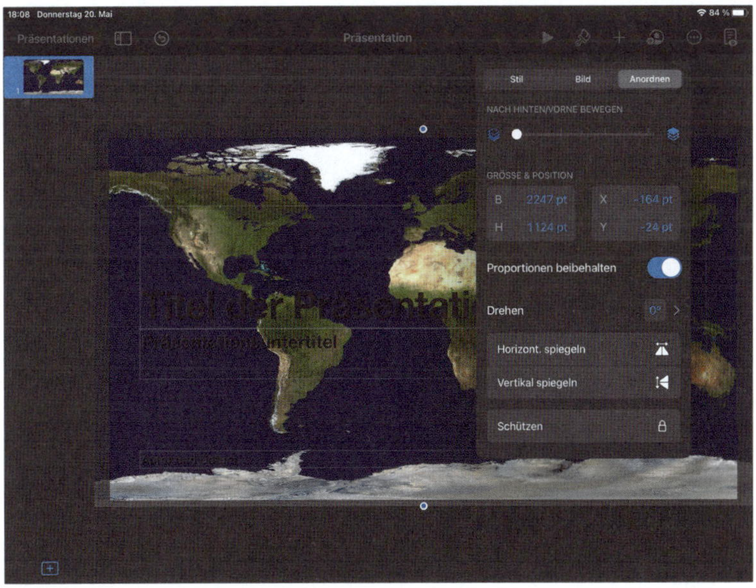

Abbildung 9.12 Das Bild wird über das Pinselsymbol und »Anordnen« in den Hintergrund geschoben.

9.3.2 Titel ändern und gestalten

Nun ändern wir den Titel der Präsentation sowie seine Farbe, die Farbe des Untertitels und des Datums ganz unten. Dafür müssen die einzelnen Elemente zuvor wieder ausgewählt werden, sodass die blauen Punkte rund um das Objekt sichtbar sind. Über das Pinselsymbol und den Reiter TEXT können Sie nun den Text nach Wunsch bearbeiten bzw. formatieren (siehe Abbildung 9.13).

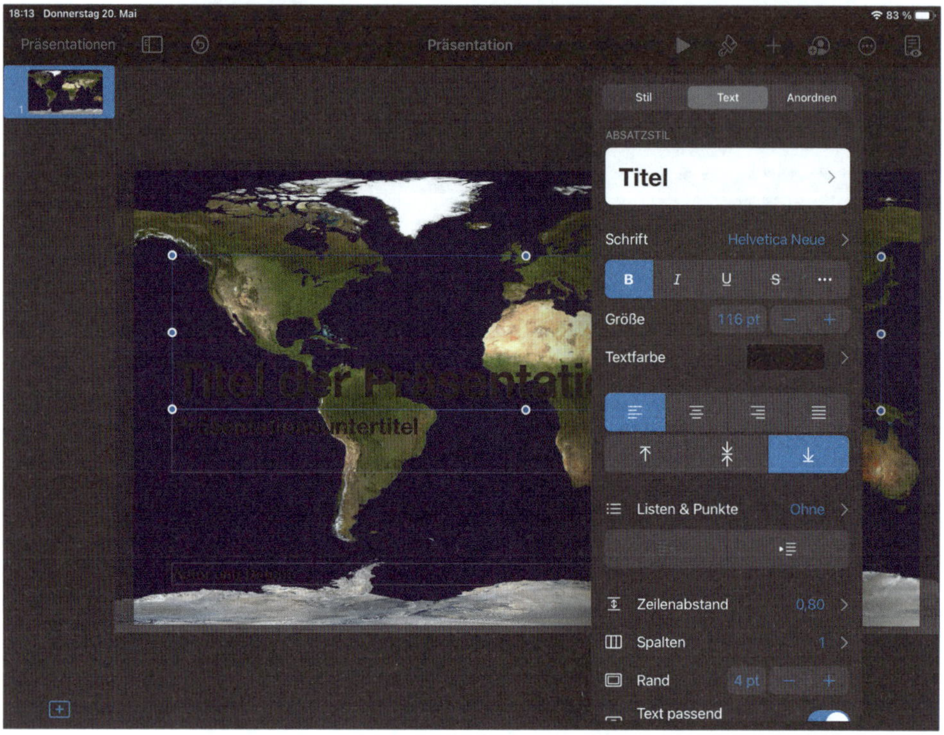

Abbildung 9.13 Das Textfeld der Präsentation ist ausgewählt, und über das Pinselsymbol und »Text« öffnet sich ein Menü, in dem Ihnen zahlreiche Formatierungsmöglichkeiten zur Verfügung stehen, unter anderem die Änderung der Textfarbe.

Ich ändere im Beispiel die Textfarbe von Schwarz auf Weiß, sodass sie sich gut vom Hintergrund abhebt. Nach doppeltem Antippen können Sie nun den Titel der Präsentation mit Ihrem eigenen Text überschreiben – in meinem Fall ist das »Die 7 Kontinente« wie in Abbildung 9.14. Auf die gleiche Weise verfahren Sie beim Untertitel. Anstatt hier Ihren eigenen Namen als Autor*in der Präsentation anzugeben, können Sie z. B. auch nur »von« notieren, sodass die Schüler*innen dort später ihren eigenen Namen eintragen können.

Abbildung 9.14 Text geben Sie über die virtuelle Tastatur ein, indem Sie zuvor doppelt in das Textfeld tippen. Das Feld für den Autor als Untertitel habe ich hier frei gelassen. Dort sollen die Schüler*innen später ihren Namen eintragen.

9.3.3 Aufgaben-Textboxen einfügen

Jetzt fügen wir eine zweite leere Folie mit dem Plussymbol unten links ein. Wir legen wieder das gleiche Bild in den Hintergrund und fügen über das Plussymbol in der Menüleiste oben eine Aufgabe für die Schüler*innen ein. Die Aufgabe möchte ich hier in eine Quadratform schreiben, die sich nach dem Antippen der Symbolschaltfläche für Objekte auswählen lässt (siehe Abbildung 9.15).

Der Text kann anschließend eingefügt werden, indem Sie auch dieses Feld doppelt antippen. Zunächst ändern Sie aber bei Bedarf die Farbe des Quadrats. Dazu wählen Sie unter dem Pinselsymbol den Reiter STIL (siehe Abbildung 9.16). Ich habe das Quadrat vor dem dunklen Hintergrundbild in Weiß geändert und die DECKKRAFT bei 100% belassen, damit man es besser sehen kann.

Fügen Sie also zunächst eine Form auf der zweiten Folie ein, indem Sie im geöffneten Menü rechts auf die passende Form tippen. Beachten Sie, dass sich nicht alle Formen mit Text beschriften lassen.

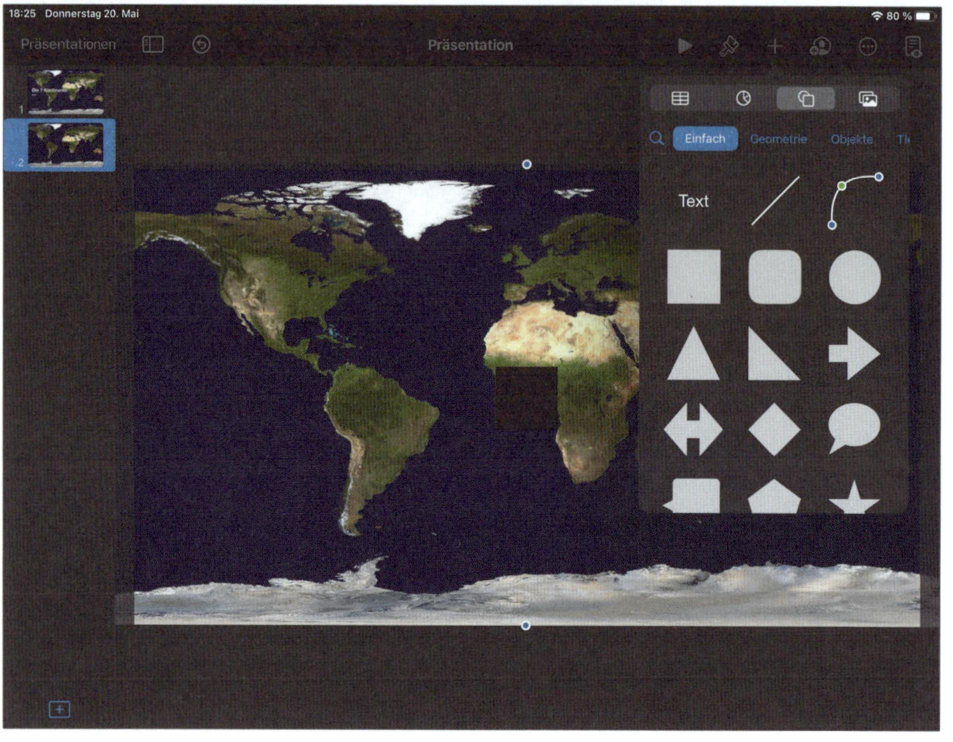

Abbildung 9.15 Über das Plussymbol und die Symbolschaltfläche für Objekte lässt sich z. B. im Reiter »Einfach« ein Quadrat hinzufügen, das auch als Textfeld genutzt werden kann. In den jeweiligen Kategorien finden Sie zudem viele weitere Symbole, etwa geometrische Figuren.

Verschieben Sie die Form anschließend mit dem Finger an die gewünschte Position. Wählen Sie anschließend wieder das Pinselsymbol und den Reiter STIL. Im Feld hinter FÜLLUNG (siehe Abbildung 9.16) können Sie nun den Farbton Ihrer Textform auswählen.

Tippen Sie erneut doppelt auf das Textfeld, sodass Sie über die Bildschirmtastatur den gewünschten Text für Ihre Aufgabe eingeben können. Markieren Sie anschließend den Text durch doppeltes Antippen erneut, und ändern Sie nach Auswahl des Pinselsymbols nun die TEXTFARBE (siehe Abbildung 9.13) so, dass sie auf der gewählten Farbfüllung der Textbox gut sichtbar ist. Ich wähle für mein weißes Aufgaben-Quadrat eine schwarze Textschrift (siehe Abbildung 9.17).

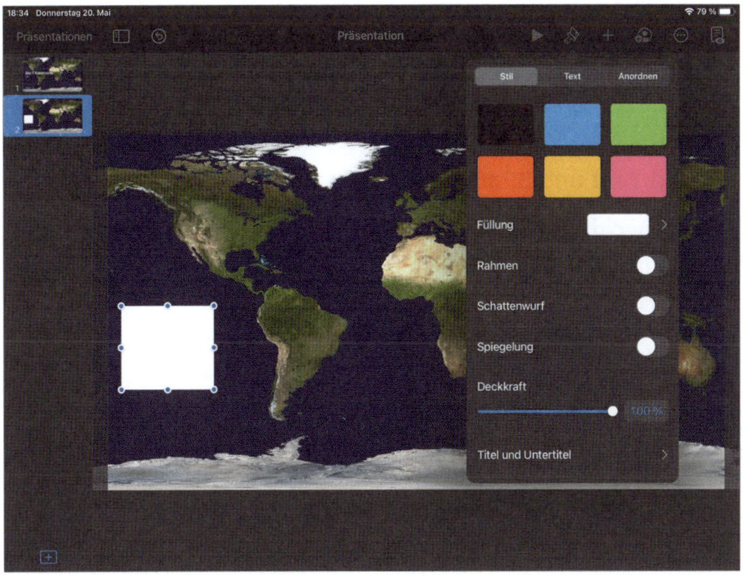

Abbildung 9.16 Mein Quadrat, das zu einem Textfeld werden soll, habe ich mit dem Finger auf der Folie an die Seite geschoben, und über den Pinsel und »Stil« habe ich die Füllung in Weiß geändert.

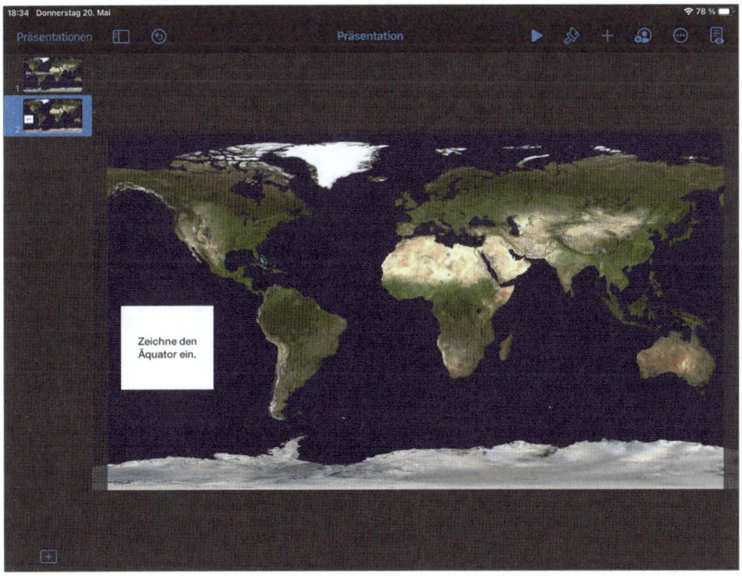

Abbildung 9.17 Text kann nach doppeltem Antippen der Textform hinzugefügt werden. Ist der Kontrast zwischen Text und Hintergrund zu gering, markieren Sie den Text und ändern seine Farbe im Menü zum Pinselsymbol.

Die Schüler*innen können nun die Aufgabe jeweils auf ihrem iPad bearbeiten und im Beispiel den Äquator einzeichnen. Dazu können sie entweder einen Apple Pencil benutzen oder über das Plussymbol in der Menüleiste oben eine Linie als Objekt einfügen.

9.3.4 Vorlagenfolien mit Text und Bild nutzen

In der nächsten Aufgabe sollen die Schüler*innen nun Informationen zu Europa ergänzen. Dazu benötigen wir eine Folie, auf der schon Platzhalter für Bild und Text vorhanden sind. Wir betätigen deshalb die Plusschaltfläche unten links und fügen aus der Auswahl an Vorlagen, die nun erscheint (siehe Abbildung 9.6), eine entsprechende Folie (TITEL & FOTO 2) ein (siehe Abbildung 9.18).

Abbildung 9.18 Eine neue Folie mit Platzhaltern für den Titel, Untertitel und ein Foto.

Um Ihr eigenes Bild zur neuen Aufgabenfolie hinzuzufügen, reicht es, die Plusschaltfläche am Platzhalterbild anzutippen und anschließend das gewünschte Foto in Ihrer Fotomediathek auszuwählen. Geben Sie anstelle von FOLIENTITEL Text ein (in Abbildung 9.19 lautet er »Europa«). Um den FOLIEN-UNTERTITEL kümmern wir uns gleich noch. Ergänzen Sie auf der Folie wieder eine Textform, und geben Sie dort die neue Aufgabe für Ihre Schüler*innen ein.

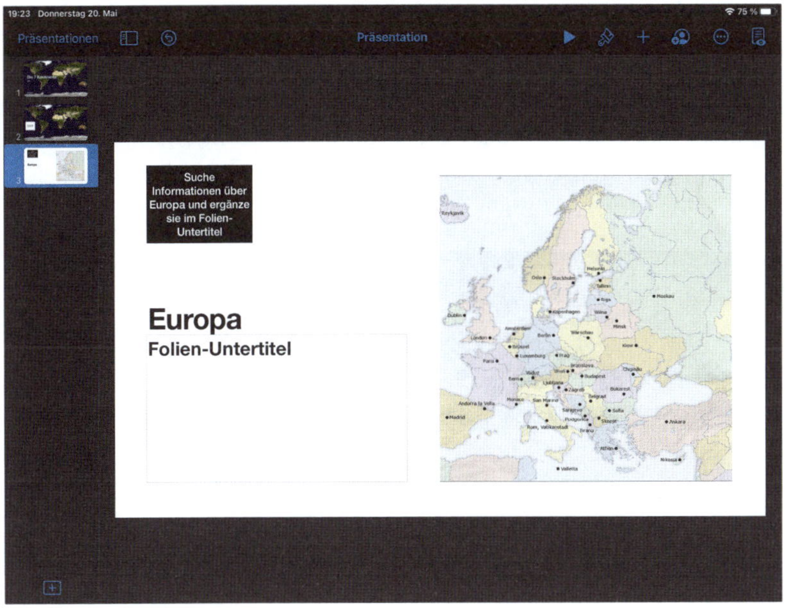

Abbildung 9.19 Die Folie habe ich diesmal mit einer Aufgabe in weißer Schrift in einer schwarzen Box ergänzt. Außerdem habe ich ein Foto anstelle des Platzhalterbildes eingesetzt.

Tipp: Verwendbare Bilder finden

Sie finden viele lizenzfreie Bilder bei Wikimedia Commons, der Sammlung von freien Bildern der Wikipedia: *https://commons.wikimedia.org/wiki/Main_Page*

Bei verwendbaren Bildern wird zwischen »Public Domain« und »Freie Lizenz« unterschieden. Während »Public Domain« bedeutet, dass das Bild nicht oder nicht mehr urheberrechtlich geschützt ist und frei verwendet werden kann, bedeutet »Freie Lizenz«, dass eventuell der Urheber und die Lizenz bei der Nutzung genannt werden müssen. Mehr zu den unterschiedlichen Lizenzen lesen Sie unter: *https://commons.wikimedia.org/wiki/Commons:Licensing/de*

Oder nutzen Sie, wie schon zum Hintergrundbild erwähnt, die Google-Bildersuche, und stellen einen Filter für die Lizenz ein. Dafür besuchen Sie *https://www.google.de/imghp?hl=de&ogbl* geben Ihr gewünschtes Suchwort ein und bestätigen mit [↵]. Anschließend klicken Sie in der oberen Leiste auf SUCHFILTER und wählen unter NUTZUNGSRECHTE die CREATIVE-COMMONS-LIZENZEN aus. Mit dem aktiven Filter werden Ihnen nur Bilder angezeigt, die Sie verwenden dürfen.

Die nächste Folie starten wir wieder aus einer Vorlage heraus (siehe Abbildung 9.6). Nachdem wir auf das Plussymbol links unten getippt haben, wählen wir dieses Mal NUR

Titel aus. In meinem Beispiel möchte ich wieder den Folientitel behalten und benenne ihn diesmal in »Asien« um. Der Untertitel soll dagegen gelöscht werden. (Das können Sie nun übrigens auch noch auf der vorigen Folie nachholen.)

Tippen Sie dazu einmal auf das Textfeld, aus dem Sie die Beschriftung entfernen wollen. Nun öffnet sich die schwarze Menüleiste aus Abbildung 9.20, in der Sie mit der gleichnamigen Option das Feld Löschen können.

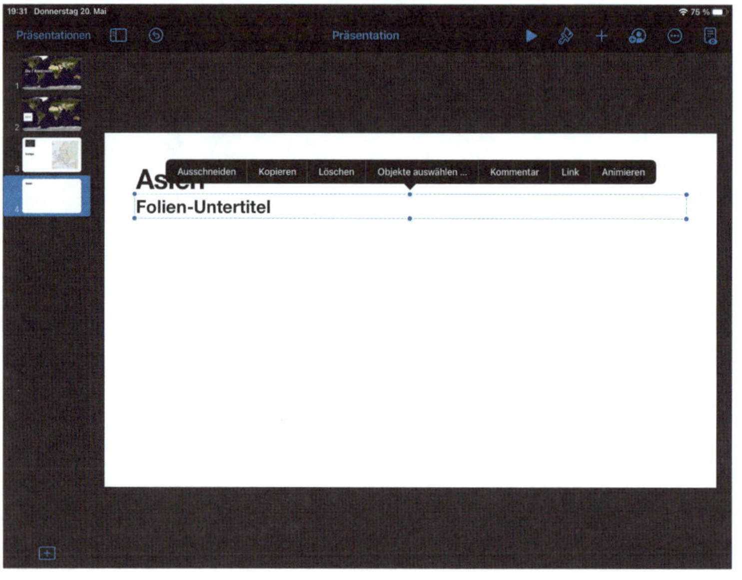

Abbildung 9.20 Durch einmaliges Tippen auf ein Feld öffnet sich ein schwarzes Menü mit weiteren Optionen. Ich möchte das aktive Feld »Folien-Untertitel« löschen und wähle den entsprechenden Punkt aus.

9.3.5 Bildergalerien und Sprachaufnahmen einfügen

Die Aufgabe der Schüler*innen besteht nun darin, eine Bildergalerie zu Asien einzufügen und eine Sprachaufnahme anzufertigen, in der sie aufzählen, was sie mit Asien verbinden.

Auch Sie selbst können natürlich Ihre vorbereiteten Präsentationen durch Audioaufnahmen und Bildergalerien gestalten. Sprachaufnahmen eignen sich hervorragend, um zusätzliche Informationen und Erklärungen zu den Unterrichtsinhalten zu ergänzen.

Um eine Sammlung von Bildern auf einer Folie in Keynote zu ergänzen, tippen Sie oder Ihre Schüler*innen auf das Plussymbol in der Menüleiste und wählen in dem Menü, das nun erscheint, den Menüpunkt Bildergalerie aus (siehe Abbildung 9.21). Anschließend tippen Sie aber auf das Plussymbol in der rechten Ecke auf der Folie (siehe Abbildung 9.22). Auf diese Weise können Sie in der Fotomediathek mehrere Bilder nacheinander auswählen und der Bildergalerie in Keynote hinzufügen.

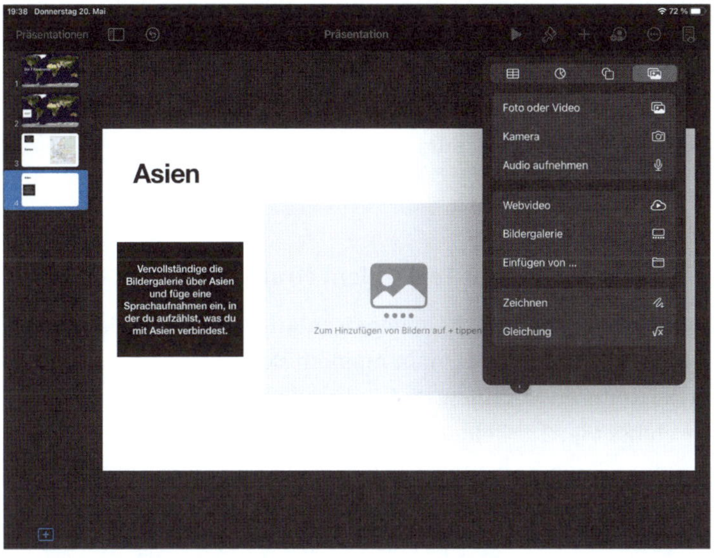

Abbildung 9.21 Um eine Bildergalerie einzubinden, tippen Sie auf das Plussymbol in der Menüleiste und dann auf den entsprechenden Menüpunkt.

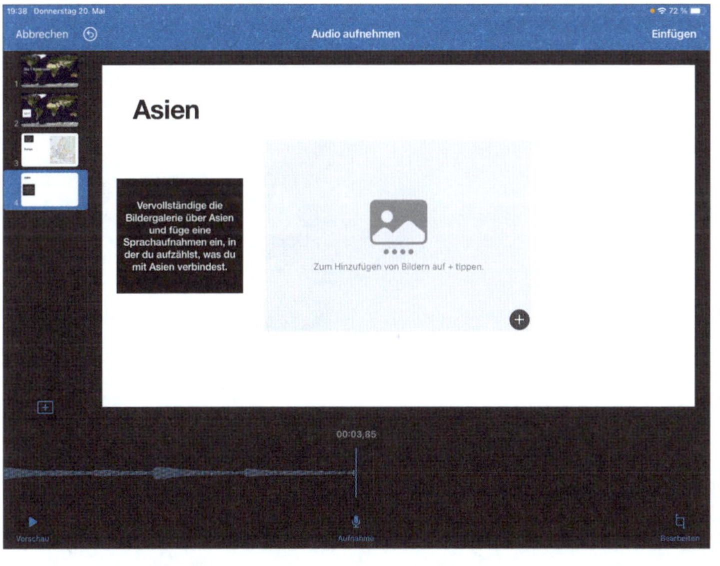

Abbildung 9.22 Eine Sprachaufnahme kann ebenfalls über das Plussymbol oben rechts und »Audio aufnehmen« in Keynote eingefügt werden. Der Button »Aufnahme« startet die Sprachaufnahme.

Um eine Sprachaufnahme einzufügen, tippen Sie (bzw. Ihre Schüler*innen) wieder auf das Plussymbol oben rechts und wählen die Schaltfläche AUDIO AUFNEHMEN. Mit einem Tipp auf den Button AUFNAHME unten in der Mitte (siehe Abbildung 9.22) startet die Sprachaufnahme. Wenn man die Aufnahme durch Tippen auf den Stopp-Button im unteren Bildschirmbereich beendet hat, kann sie anschließend über die Schaltfläche EINFÜGEN oben rechts auf der Folie eingefügt werden. Die fertige Aufnahme sehen Sie nun als Symbol in Ihrer Präsentation. Durch Antippen spielen Sie die Aufnahme ab.

9.3.6 Eine leere Folie als Arbeitsblatt mit Textfeldern strukturieren

Kommen wir nun zu der letzten Folie der Beispielpräsentation. Hier soll das bereits Gelernte mit etwas Neuem kombiniert werden. In meinem Beispiel ist das eine Informationssammlung zu zwei weiteren Kontinenten. Wir fügen nun also wieder eine leere Folie ein, auf der im Anschluss vier Textfelder erzeugt werden. Die Textfelder können durch Verschieben mit einem Finger frei auf der Folie platziert werden. Die beim Verschieben eingeblendeten gelben Hilfslinien unterstützen Sie bei der Anordnung.

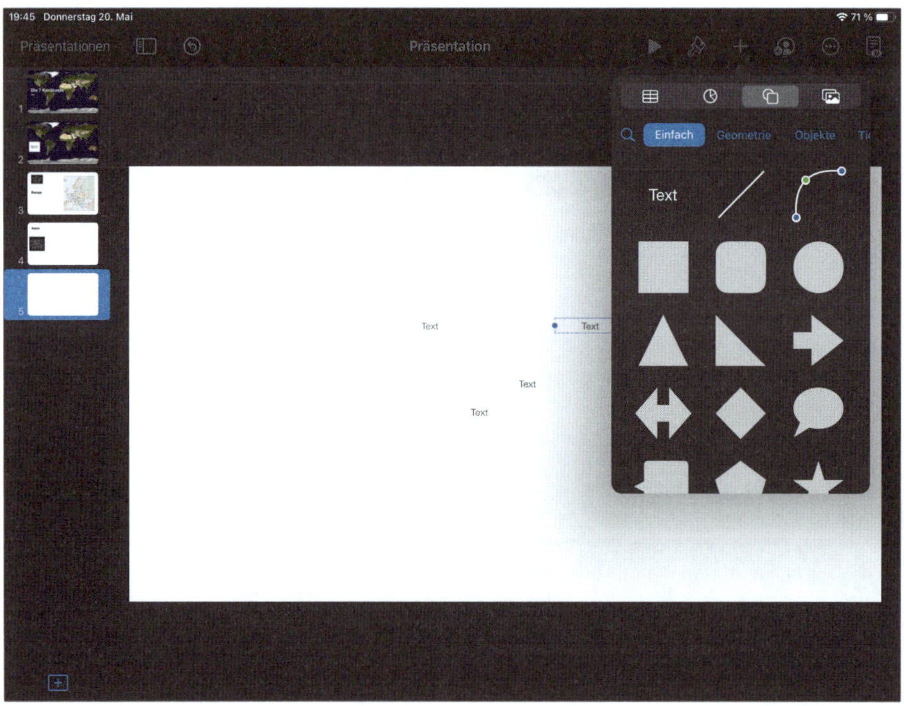

Abbildung 9.23 Ich habe vier Textfelder über das Plussymbol und den Objekte-Reiter eingefügt und sie jeweils etwas auf der Folie verschoben.

Tippen Sie also auf das Plussymbol oben rechts (siehe Abbildung 9.23), und wählen Sie im Objekte-Reiter so oft die Schaltfläche TEXT, bis die gewünschte Anzahl an Textfeldern auf der Folie eingefügt ist.

Jetzt ändere ich noch die Schriftart der jeweils erzeugten Platzhalter-Textfelder und stelle den Schüler*innen wieder eine Aufgabe in einem separaten Quadrat mit Text.

Um den Textstil der Felder zu ändern, die für die späteren Eingaben Ihrer Schüler*innen gedacht sind, tippen Sie jeweils auf das Textfeld, wählen anschließend das Pinselsymbol und den Reiter TEXT aus und ändern den Absatzstil durch Antippen einer Option. Ich entscheide mich hier bei den beiden Überschriften auf der Folie für TITEL KLEIN (siehe Abbildung 9.24) und gebe die Überschriften »Australien« und »Afrika« auch schon anstelle der entsprechenden Platzhaltertexte ein. Die weiteren Textfelder, die Sie selbst nicht befüllen, können Sie dann etwa in UNTERTITEL ändern. Auf diese Weise erstellen Sie ganz einfach ein übersichtliches und gut gestaltetes Arbeitsblatt mithilfe einer Keynote-Folie.

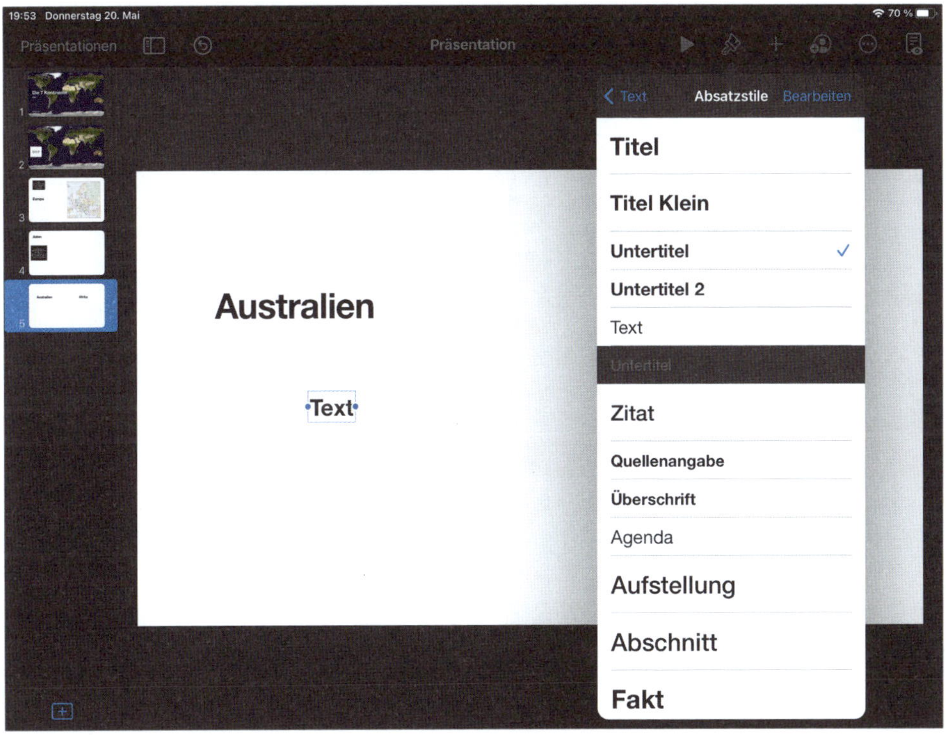

Abbildung 9.24 Einem markierten Textfeld kann über das Pinselsymbol, den Reiter »Text« und »Absatzstile« ein Stil zugewiesen werden.

9.3.7 Ein Webvideo in eine Keynote-Präsentation einfügen

In meinem Beispiel sollen die Schüler*innen in den freien Textfeldern gemäß der Aufgabenstellung Informationen jeweils zu Australien und Afrika ergänzen und darüber hinaus ein Webvideo zu den jeweiligen Kontinenten einfügen. Ein Webvideo fügen Sie bzw. Ihre Schüler*innen über die gleichnamige Menü-Schaltfläche ein, nachdem Sie das Plussymbol oben rechts auf der Folie angetippt haben. In Keynote kann dabei auf YouTube- oder Vimeo-Videos zugegriffen werden. Dazu geben Sie die entsprechende Webadresse des gewünschten Videos im Feld URL EINGEBEN ein (siehe Abbildung 9.25).

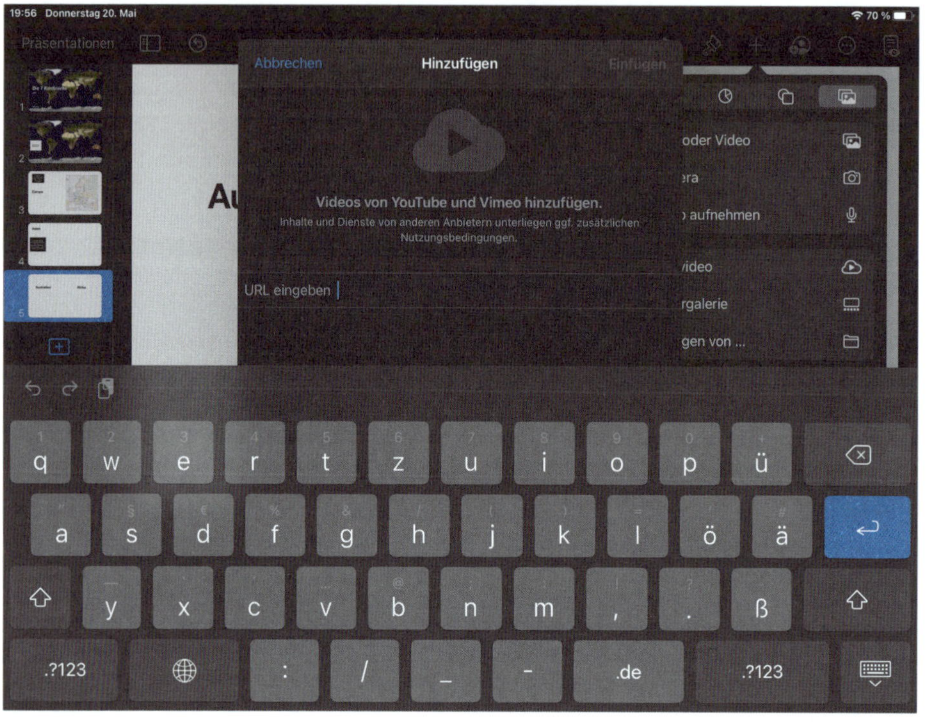

Abbildung 9.25 Sie können ein YouTube- oder Vimeo-Video hinzufügen, indem Sie die entsprechende URL einfügen.

9.3.8 Den Dateinamen ändern und die Präsentation teilen

Jetzt haben Sie es beinahe geschafft. Das grobe Gerüst der Präsentation steht, und weitere fachliche Ausführungen können Sie noch individuell vornehmen (z. B. die Unterscheidung zwischen Nord- und Südamerika). Wir müssen aber jetzt noch eine Kleinigkeit ergänzen. Vielleicht ist Ihnen nämlich schon aufgefallen, dass unsere Präsentationsdatei selbst noch keinen richtigen Namen erhalten hat. Es muss also noch ein Titel hinzugefügt werden. Den Standardnamen *Präsentation* ändern Sie, indem Sie auf den Titel oben in der Mitte tippen (siehe Abbildung 9.26). Ist der Titel hinzugefügt und ist Ihre Präsentation bzw. Ihr Aufgabenportfolio fertig erstellt, können Sie die Präsentation nun an Ihre Schüler*innen verteilen. Wählen Sie dazu die Schaltfläche für weitere Optionen (das Symbol mit den drei Punkten oben rechts), und tippen Sie anschließend auf TEILEN. Hierzu eignet sich z. B. AirDrop, das ich Ihnen in Abschnitt 5.5, »Dateien senden mit AirDrop«, vorgestellt habe.

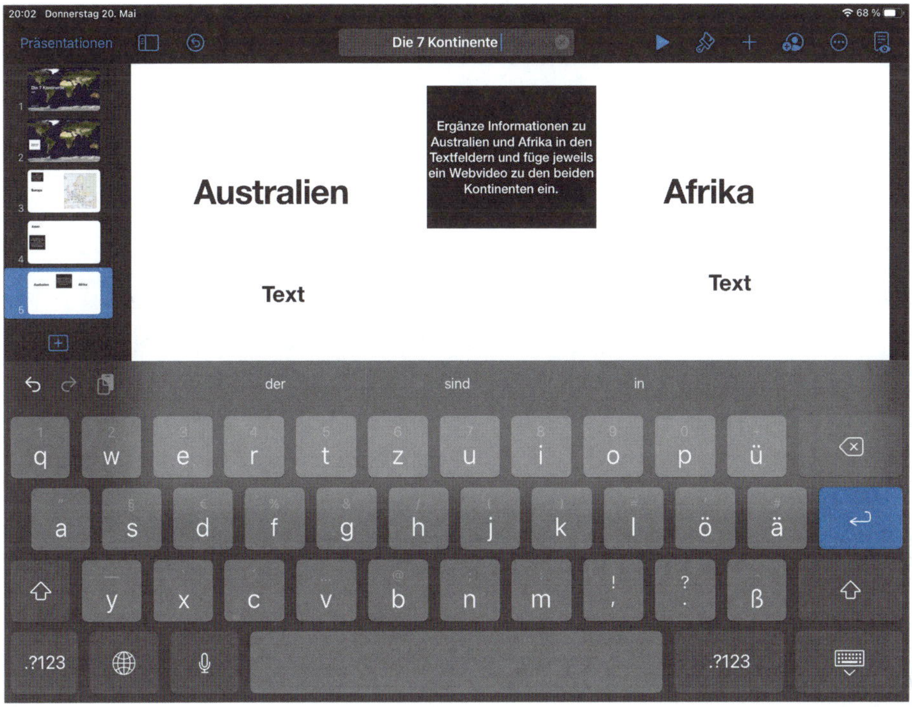

Abbildung 9.26 Den Titel der Präsentationsdatei ändern Sie durch Antippen des Titels oben in der Mitte. Jetzt ist Ihre Präsentation benannt und wird unter diesem Namen an dem Ort gespeichert, den Sie anfangs ausgewählt haben.

9.3.9 Eine Präsentation im Unterricht vorführen

Wenn Sie eine Präsentation vorführen möchten, tippen Sie auf das Pfeilsymbol in der Menüleiste oben. Die Präsentation wechselt nun in den Präsentationsmodus und nimmt den ganzen Bildschirm ein. Durch Tippen auf den Bildschirm wechseln Sie zur jeweils nächsten Animation oder Folie. Der Präsentationsmodus schließt, wenn Sie entweder nach der letzten Folie auf den Bildschirm tippen oder Daumen und Zeigefinger auf dem Bildschirm zusammenführen (sogenannte *Pinch-Geste*).

9.4 Keynote als Whiteboard

Wie schon erwähnt, lässt sich Keynote auch als Whiteboard benutzen. Es gibt sicherlich auch besser geeignete Alternativen, wie *Explain Everything*, das ich Ihnen in Kapitel 12, »Das digitale Whiteboard ›Explain Everything‹«, noch vorstellen werde. Aber Keynote funktioniert ebenfalls und ist vor allem kostenlos und auf allen iPads vorinstalliert.

9.4.1 Mit dem Scribble-Werkzeug auf der digitalen Tafel arbeiten

Die Bedienung von Keynote als Whiteboard ist ebenfalls einfach und ohne weitere Vorkehrungen möglich. Sie starten eine neue, leere Präsentation und löschen alle Elemente auf der Folie. Nun haben Sie eine weiße, vollkommen leere Folie vor sich, die Sie als digitale Tafel nutzen können. Sobald Sie mit dem Stift (dem Apple Pencil) den Bildschirm im Bereich der Folie berühren, öffnet sich ein Zeichenmodus, das *Scribble-Werkzeug*.

Abbildung 9.27 Wenn Sie mit dem Apple Pencil auf den Bildschirm tippen, öffnet sich die Werkzeugleiste mit verschiedenen Stiften – das sogenannte Scribble-Werkzeug. Neben unterschiedlichen Stiften stehen Ihnen hier natürlich auch alle Farben zur Auswahl.

Tipp: Handschrift in Druckbuchstaben umwandeln

Wenn Sie mit dem Stift arbeiten, der mit einem A beschriftet ist (links in Abbildung 9.27), lassen sich von Hand geschriebene Wörter und Zahlen in Druckschrift umwandeln. Das geschieht automatisch, sobald Sie den Text geschrieben haben. Dies ist eine interessante Option, mit der z. B. auch Ihre Schüler*innen ihre Handschrift motiviert und eigenständig üben können. Denn die Druckschrift-Funktion liefert ein unbestechliches Feedback, ob das von Hand Geschriebene erkennbar ist.

9.4.2 Die Zeichenfunktion des Whiteboards für Arbeitsblätter und Medien nutzen

Jetzt können Sie auch schon loslegen: Nutzen Sie die Folie als Whiteboard, und zeichnen Sie Ihre Notizen, Tafelbilder oder Ähnliches (siehe Abbildung 9.28).

Sie können dabei natürlich weiterhin auch Fotos, Videos oder andere Objekte in Ihre Keynote einfügen. So lässt sich z. B. auch das Foto eines Arbeitsblatts einfügen und kann dann mit dem Stift bearbeitet werden.

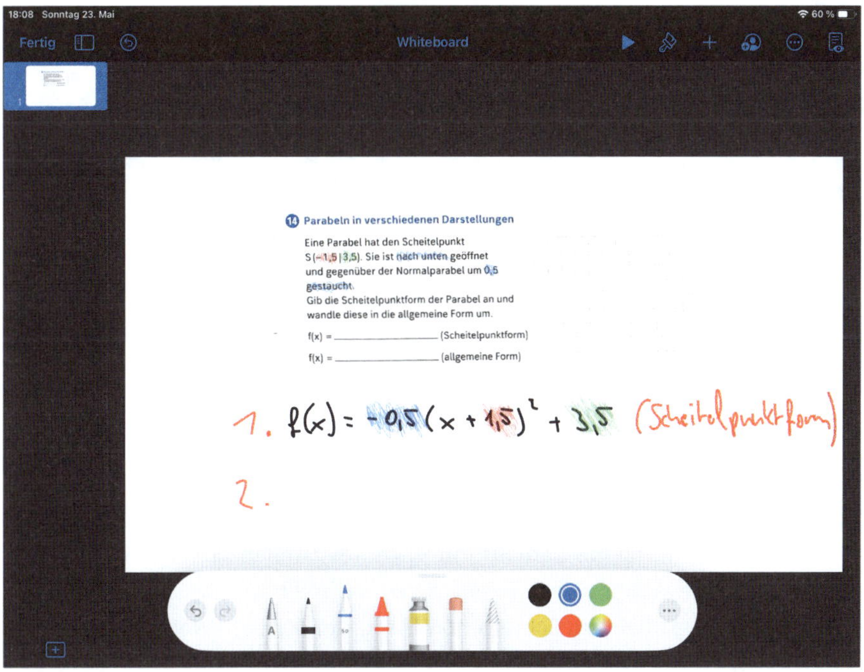

Abbildung 9.28 Über das Plussymbol oben rechts wurde das Bild einer Aufgabe auf dem Whiteboard eingefügt und anschließend mit dem Stift in Keynote bearbeitet.

Wie schon mehrfach in diesem Kapitel ausgeführt, eignet sich die Folienstruktur in Keynote hervorragend, um alle Ihre Aufgaben gut zu sortieren. Ich empfehle Ihnen grundsätzlich, für jede Aufgabe bzw. jedes Arbeitsblatt eine neue Folie zu benutzen. Die unterschiedlichen Farben und Stifte, die im Scribble-Werkzeug zur Verfügung stehen, machen das (gemeinsame) Arbeiten an Aufgabenstellungen natürlich noch übersichtlicher.

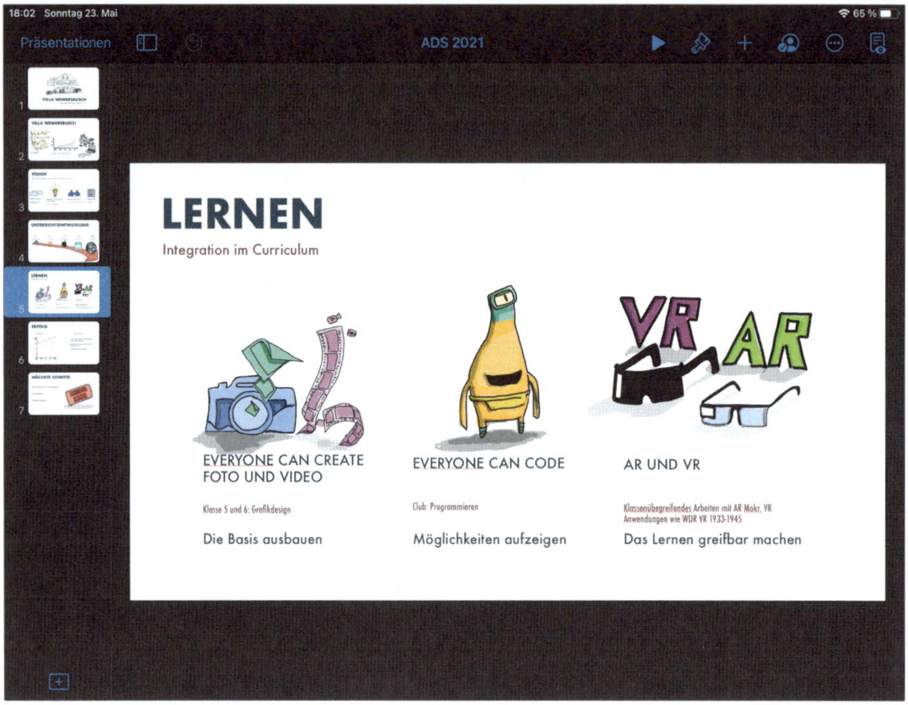

Abbildung 9.29 Hier sehen Sie Zeichnungen, die in Keynote mit dem Apple Pencil erstellt wurden. Zeichnungen oder Handschrift lassen sich hervorragend mit anderen Objekten oder Texten kombinieren.

9.4.3 Animationen für Handschrift und Zeichnungen verwenden

Bevor wir zum Ende dieses Kapitels kommen, möchte ich Ihnen noch einen kleinen Tipp mit auf den Weg geben, der Ihnen, wie ich hoffe, Freude bereiten wird. Wenn Sie einen Text oder eine Zeichnung mit dem Stift in Keynote erstellen, lassen sich diese animieren. Dazu klicken Sie einmal auf den geschriebenen Text bzw. Ihre Zeichnung. Dazu dürfen Sie sich allerdings nicht im Schreibmodus mit der Scribble-Werkzeugleiste unten befinden. Möchten Sie diese verlassen, tippen Sie einfach mit dem Finger auf einen beliebigen Menüpunkt in der Leiste oben rechts. Tippen Sie nun einmal auf Ihren Text. Daraufhin wird Ihnen wieder die schwarze Menüleiste angezeigt (siehe Abbildung 9.30).

Navigieren Sie in der Leiste durch Antippen des Pfeils nach rechts, bis Sie den Menüpunkt ANIMIEREN erreichen. Tippen Sie nun darauf.

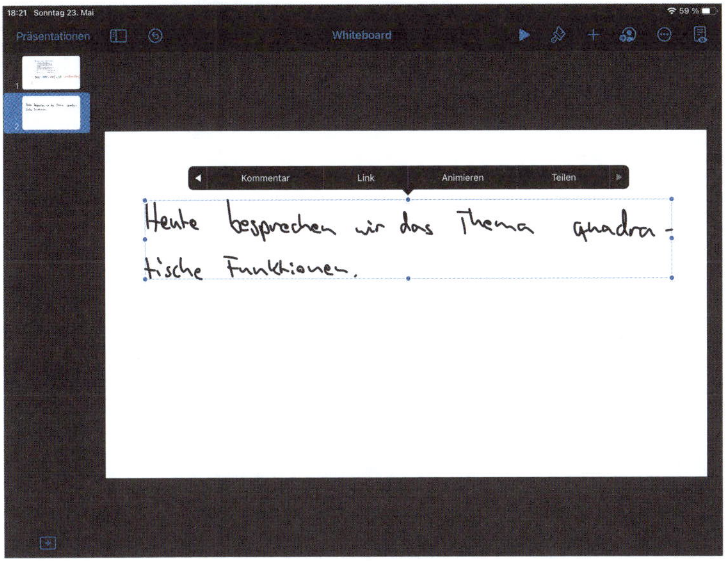

Abbildung 9.30 Der geschriebene Text wird nach dem Verlassen des Scribble-Modus als Objekt behandelt. Durch einmaliges Antippen öffnet sich das schwarze Menü. Mit den Pfeilen am linken bzw. rechten Rand des Menüs können Sie bis zum Punkt »Animieren« navigieren.

Nun öffnet sich ein Animationsmodus, den Sie an der blauen Leiste oben erkennen (siehe Abbildung 9.31). Ausgewählte Elemente oder Folienübergänge lassen sich nun animieren. Keynote bietet hierzu eine Vielzahl an Möglichkeiten, die vor allem von Ihren Schüler*innen sicher gerne genutzt werden.

Wenn Sie ein Element ausgewählt haben, können Sie es animieren. Ausgewählte Elemente erkennen Sie wie immer an einem dünnen blauen Rand. Ist kein Objekt auf der Folie ausgewählt, können Sie stattdessen die Übergänge zwischen den einzelnen Folien bearbeiten.

Um das einmal an einem Beispiel praktisch nachzuvollziehen, wählen Sie unter AUFBAU HINZUFÜGEN (siehe Abbildung 9.31) die Animation LINIE ZEICHNEN aus (siehe Abbildung 9.32). Jetzt wird der von Ihnen zuvor schon eingegebene Text noch einmal wie von Hand geschrieben. Sind Sie fertig mit Ihrer Animation, klicken Sie oben rechts auf FERTIG, und Sie gelangen in den Standardmodus von Keynote zurück. Dieser Aufbau bietet Ihnen bzw. Ihren Schüler*innen viele Möglichkeiten zur kreativen Entfaltung. Probieren Sie doch einmal aus, eine Zeichnung zu erstellen, und nutzen Sie anschließend die Animation LINIE ZEICHNEN. Sie werden vom Ergebnis sicher begeistert sein.

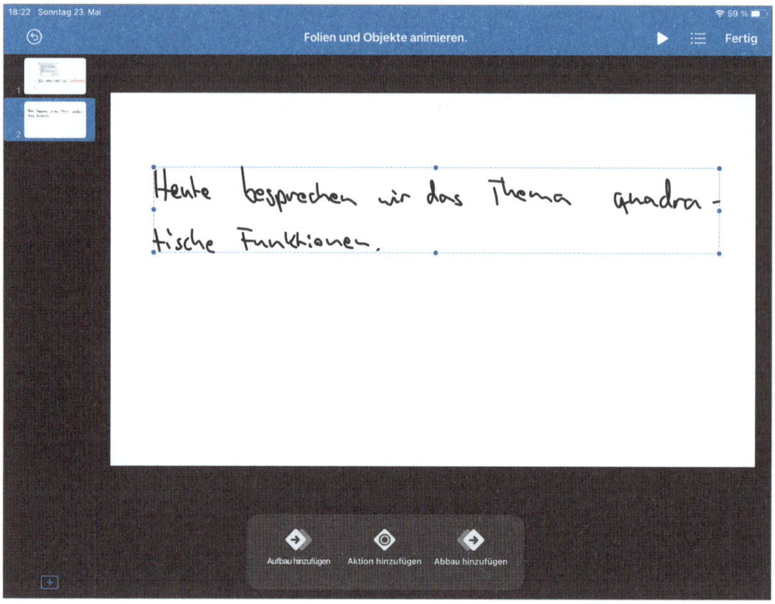

Abbildung 9.31 Den Animationsmodus erkennen Sie am blauen Rand oben. Das jeweils ausgewählte Element ist mit einem dünnen blauen Rand versehen.

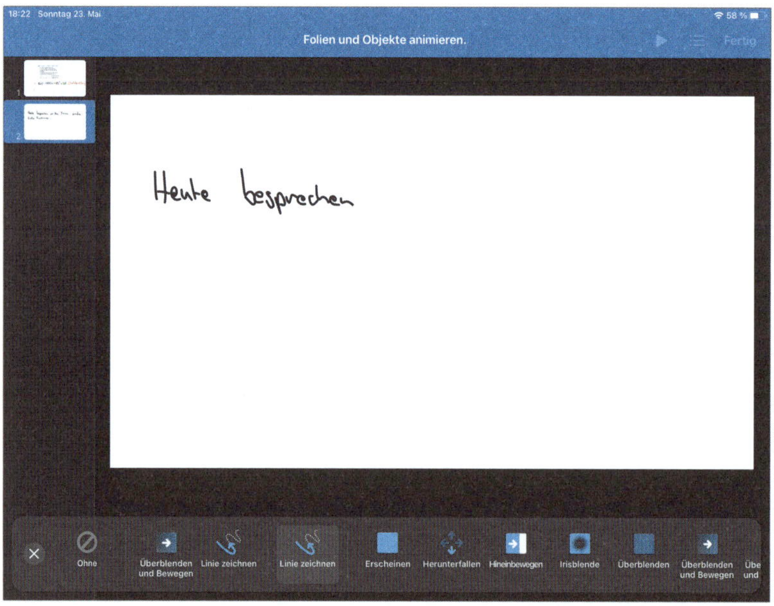

Abbildung 9.32 Die ausgewählte Animation »Linie zeichnen« lässt Texte oder Zeichnungen so auf dem Bildschirm erscheinen, als würden sie gerade wie von Hand geschrieben bzw. gemalt.

9.4.4 Animationen als Film exportieren

Ist Ihre Zeichnung inklusive Animation fertig, dann können Sie sie auch als kleinen Film exportieren. Dazu tippen Sie auf das Symbol mit den drei Punkten oben rechts in der Menüleiste und wählen den zweiten Menüpunkt EXPORTIEREN aus (siehe Abbildung 9.33). Jetzt können Sie die Präsentation als FILM speichern, der in Ihrer Fotomediathek gespeichert wird.

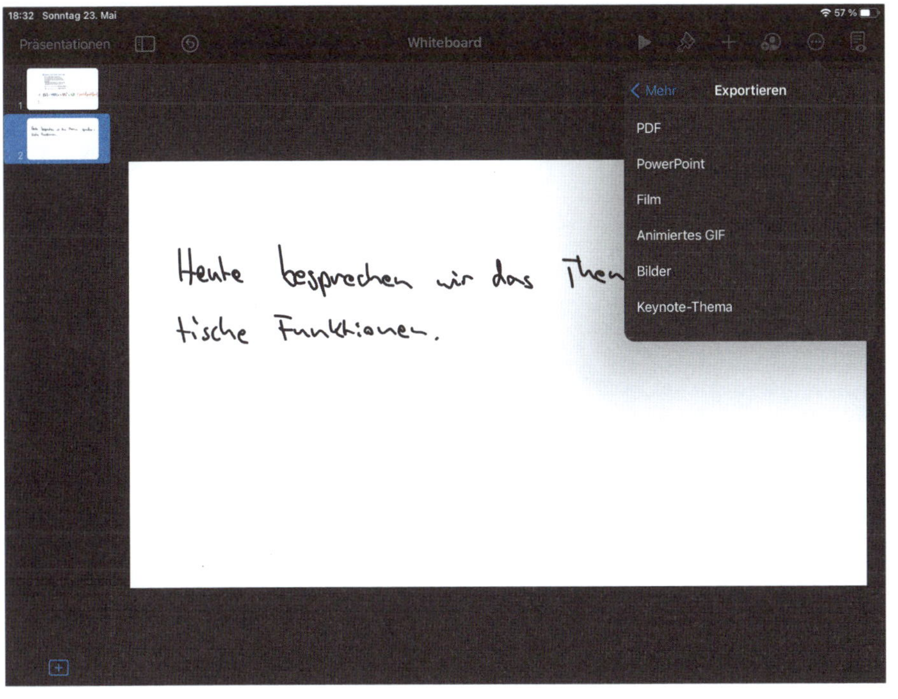

Abbildung 9.33 Präsentationen lassen sich unter anderem auch als »Film« exportieren. Gerade wenn Sie Animationen und Übergänge benutzen, lassen sich so richtige Filme erstellen.

Kapitel 10
Videos mit iMovie erstellen

iMovie ist ein klasse Tool, um Videos schnell und einfach zu schneiden, mit Musik zu unterlegen und Text hinzuzufügen. Sie können mit iMovie im Handumdrehen und mit wenig Erfahrung recht ansehnliche Filme erstellen.

Im Unterricht ist iMovie vor allem für die Schüler*innen interessant. Sie können damit z. B. eigene Erklärvideos erzeugen oder Nachrichten aufnehmen, so wie ich es Ihnen am Kapitelende an einem Praxisbeispiel zeigen werde. Das Medium Film ist aus der Alltagswelt der Schüler*innen nicht wegzudenken, weshalb sie einen besonderen Bezug dazu haben. Welche Schülerin oder welcher Schüler träumt nicht davon, YouTuber zu werden? Somit sind die besten Voraussetzungen für eine motivierte Mitarbeit bereits gegeben.

iMovie ist nicht nur ein Tool zum Videoschnitt und zur Erzeugung ansprechender Filmprojekte. Sie haben dort auch direkten Zugriff auf die Kamera-App, mit der Sie Clips aufnehmen können. Um aber in iMovie gleich loslegen zu können, empfiehlt es sich, wenn Sie dort bereits auf Filmmaterial in der Bibliothek zurückgreifen können. Die Möglichkeiten, die die Kamera-App bietet, und wie Sie damit Filme aufnehmen, habe ich Ihnen in Abschnitt 8.1, »Die Funktionsweise der Kamera«, gezeigt.

10.1 Die iMovie-Benutzeroberfläche und ihre Funktionen

Nachdem Sie die App durch Tippen auf das iMovie-Icon geöffnet haben, gelangen Sie in die Projektbibliothek (siehe Abbildung 10.1). Dort können Sie auf bestehende Projekte zugreifen und an ihnen weiterarbeiten oder mit dem Plussymbol ein neues Projekt starten. Fertige Projekte speichern Sie dann in Ihrer Fotosammlung.

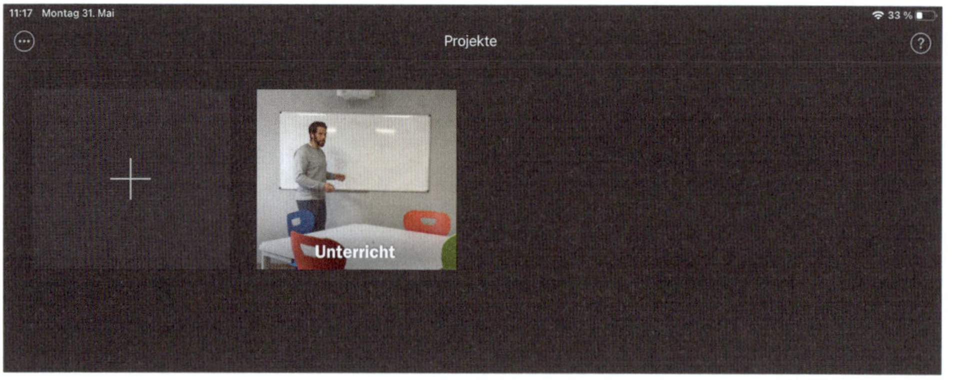

Abbildung 10.1 Die Projektbibliothek in der App »iMovie«

Sobald Sie ein neues Projekt gestartet haben, erscheint ein Auswahlmenü, in dem Sie zwischen einem TRAILER und einem FILM auswählen können (siehe Abbildung 10.2). Ich werde Ihnen kurz schildern, was ein Trailer ist, jedoch anschließend genauer auf den Film eingehen, denn diesen werden Sie im Unterricht vermutlich häufiger verwenden.

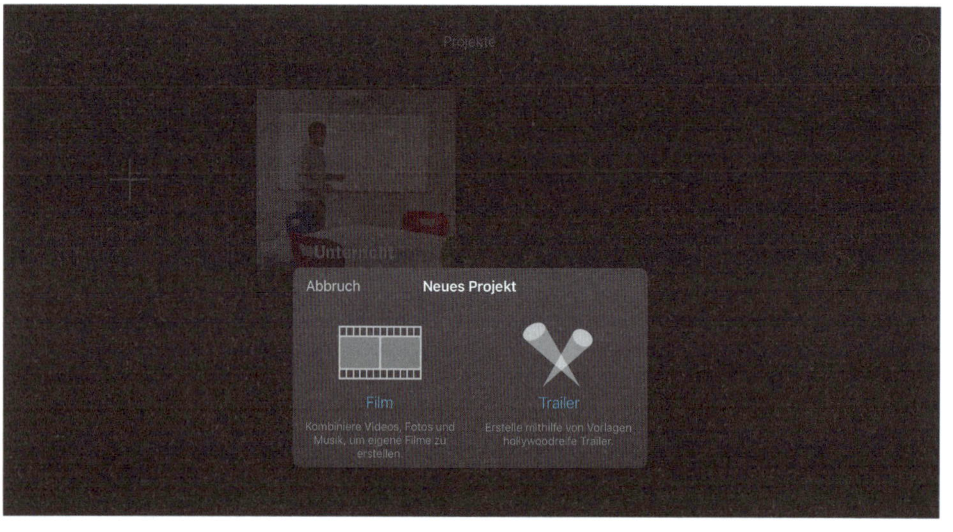

Abbildung 10.2 Nach dem Starten eines neuen Projekts wählen Sie zwischen einem »Trailer« und einem »Film« aus.

10.1.1 Einen Trailer erstellen

Wenn Sie die Option TRAILER auswählen, wird – wie der Name schon sagt – ein Trailer erstellt, wie Sie ihn aus dem Kino kennen. Das Prinzip ist einfach. Sie wählen dafür in der

Leiste unten zunächst ein Genre aus (siehe Abbildung 10.3). Ich entscheide mich hier z. B. für das Genre Heldenabenteuer, das daraufhin oben groß angezeigt wird. Über das Play-Symbol in der Mitte des Bildschirms können Sie sich einen ersten Eindruck davon verschaffen, wie Ihr Trailer später aussehen könnte. Haben Sie sich für ein Genre entschieden, können Sie über Erstellen oben rechts mit der Bearbeitung Ihres Trailers beginnen.

Abbildung 10.3 Als Erstes wählen Sie ein Genre für den Trailer aus.

Dadurch gelangen Sie zu einer Art Baukastensystem, mit dem Sie den Trailer erstellen können. Die vorgegebenen Sequenzen ersetzen Sie dabei durch Ihr Filmmaterial. Die Sequenzen sehen Sie wie in Abbildung 10.4 im Storyboard auf der rechten Seite. Dort ist auch schon beschrieben, welche Art von Aufnahme (also etwa Landschaft, Totale oder auch Aktion) in die jeweilige Sequenz eingefügt werden muss.

Die einzelnen Sequenzen können Sie durch Tippen auswählen und durch die entsprechenden Videos aus Ihrer Bibliothek ersetzen, die Sie auf der linken Seite finden. Der Platzhaltertext, der sich zwischen Ihren Sequenzen befindet, kann nach einem Tipp auf ihn verändert werden.

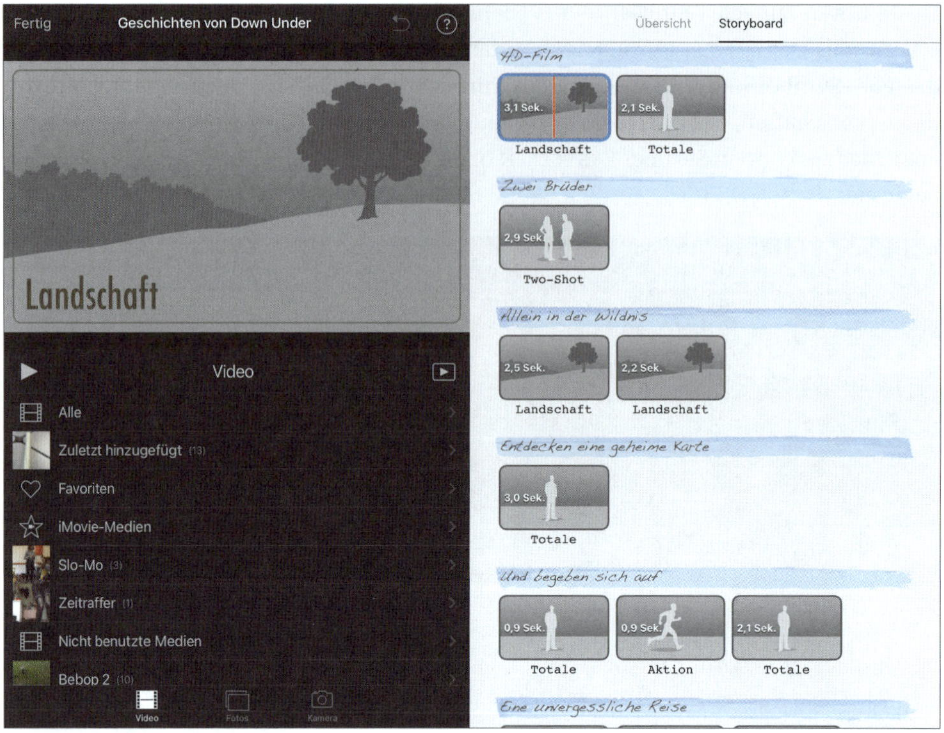

Abbildung 10.4 Das Storyboard bietet Sequenzen zur Auswahl an, die Sie durch Ihre eigenen Aufnahmen ersetzen können.

Über den Reiter ÜBERSICHT links neben STORYBOARD können Sie weitere Informationen zum Trailer eingeben, z. B. den Namen des Films oder die Namen der Schauspieler etc. Wenn Sie Ihren Trailer erstellt haben, tippen Sie oben links auf FERTIG und er wird in Ihren Projekten in iMovie gespeichert.

Trailer im Unterricht einsetzen

Der größte Vorteil von Trailern für den Einsatz im Unterricht ist, dass sie einfach und schnell erstellt sind und dass das Ergebnis in den meisten Fällen dennoch sehr ansehnlich ist. Die Möglichkeiten für den Einsatz im Unterricht sind zahlreich. Für den Einstieg in ein neues Thema etwa können Sie ein Buch vorstellen, das Sie mit Ihren Schüler*innen lesen wollen. Oder Sie stimmen Ihre Klasse durch eine visuell verpackte kleine Geschichte auf ein Thema ein.

10.1.2 Ein Filmprojekt erzeugen

Gehen wir nun wieder zurück zum Startbildschirm von iMovie (siehe Abbildung 10.1). Starten Sie mit dem Plussymbol ein neues Projekt, und wählen Sie anschließend die Option FILM aus. Jetzt werden Sie gefragt, aus welchen Medien Sie einen Film erstellen möchten. iMovie greift dabei wie gesagt auf Ihre Fotomediathek zurück (siehe Abbildung 10.5), und Sie können dort nun die Clips auswählen, aus denen Sie einen Film erstellen möchten. Falls Sie im Vorfeld noch keine Clips aufgenommen haben, können Sie aber auch mit einem leeren Projekt starten und die Clips später hinzufügen.

Nachdem Sie sich für einen Clip entschieden haben, müssen Sie das mit einem Haken bestätigen. Wenn Sie ganz unten auf FILM ERSTELLEN tippen, gelangen Sie in den Bearbeitungsmodus.

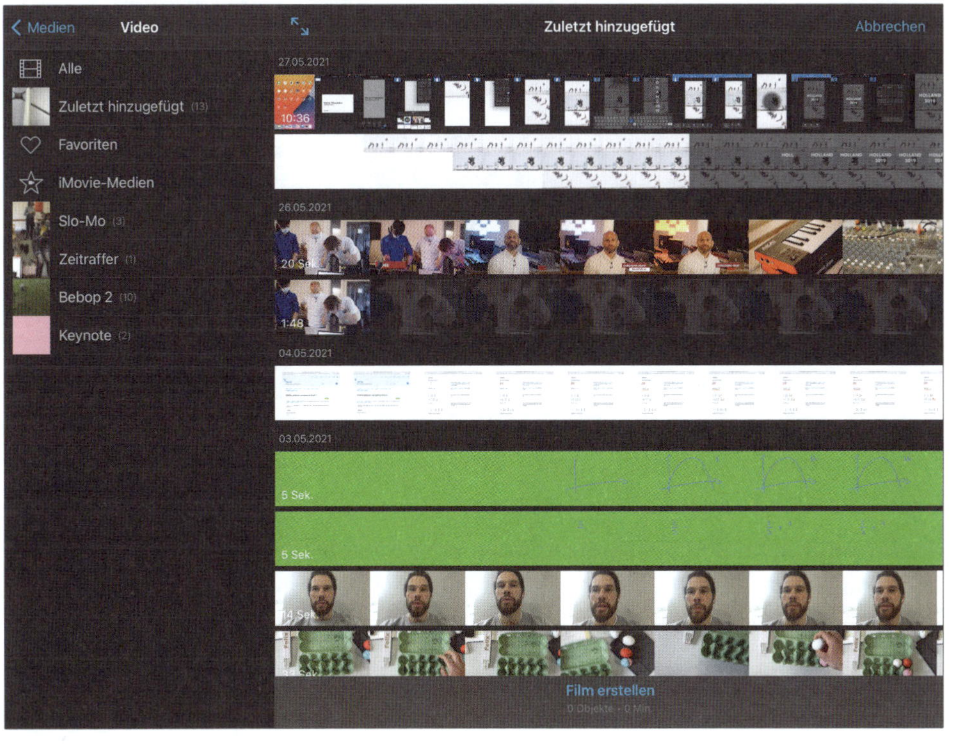

Abbildung 10.5 iMovie greift auf Ihre Filmbibliothek zu, und Sie können Clips auswählen, aus denen Sie einen Film erstellen.

Jetzt befinden wir uns im Hauptfenster von iMovie (siehe Abbildung 10.6), in dem Sie alles tun können, was erforderlich ist, um einen Film zu erstellen.

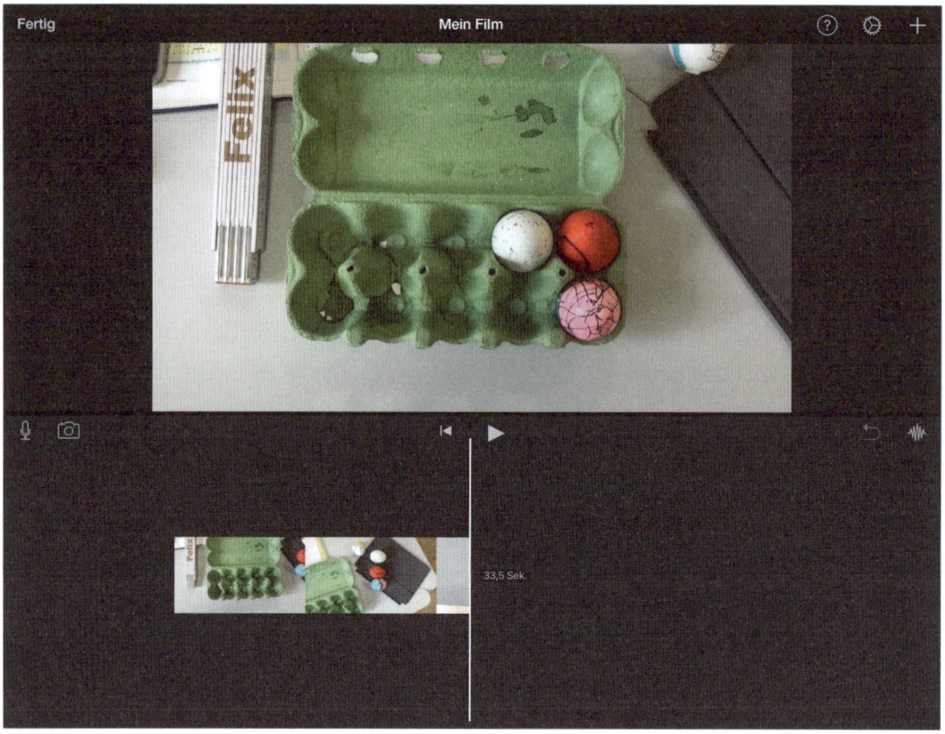

Abbildung 10.6 Das iMovie-Hauptfenster

Im Schnittfenster sehen Sie Ihren ausgewählten Clip. Der Strich in der Timeline unten zeigt immer an, welcher Ausschnitt gerade gezeigt wird. Über das Plussymbol oben rechts können Sie neue Elemente hinzufügen. Dazu zählen Videos, Fotos, Audiodateien oder einfach nur Hintergründe, auf denen Sie Text schreiben können.

Über das Mikrofon und die Kamera links greifen Sie direkt auf Ihre Kamera oder das Mikrofon zu. Auf diese Weise können Sie auch, ohne auf bestehendes Material zurückzugreifen, in einem leeren Projekt gleich filmen und Sprachaufzeichnungen vornehmen. Ihr Video bzw. Ihre Audioaufnahme wird dann zu Ihrem Projekt in der Timeline abgelegt.

10.2 Eine Aufnahme schneiden

Möchten Sie einen Schnitt machen, dann wählen Sie zunächst die gewünschte Sequenz im Video aus. Die ausgewählte Sequenz erkennen Sie an der gelben Umrandung wie in Abbildung 10.7.

Schieben Sie anschließend die entsprechende Stelle im Video, an der der Schnitt gesetzt werden soll, unten in der Timeline bis zu dem senkrechten weißen Strich.

Bereits durch die Auswahl einer Sequenz ist unten ein neues Menü mit weiteren Aktionen erschienen.

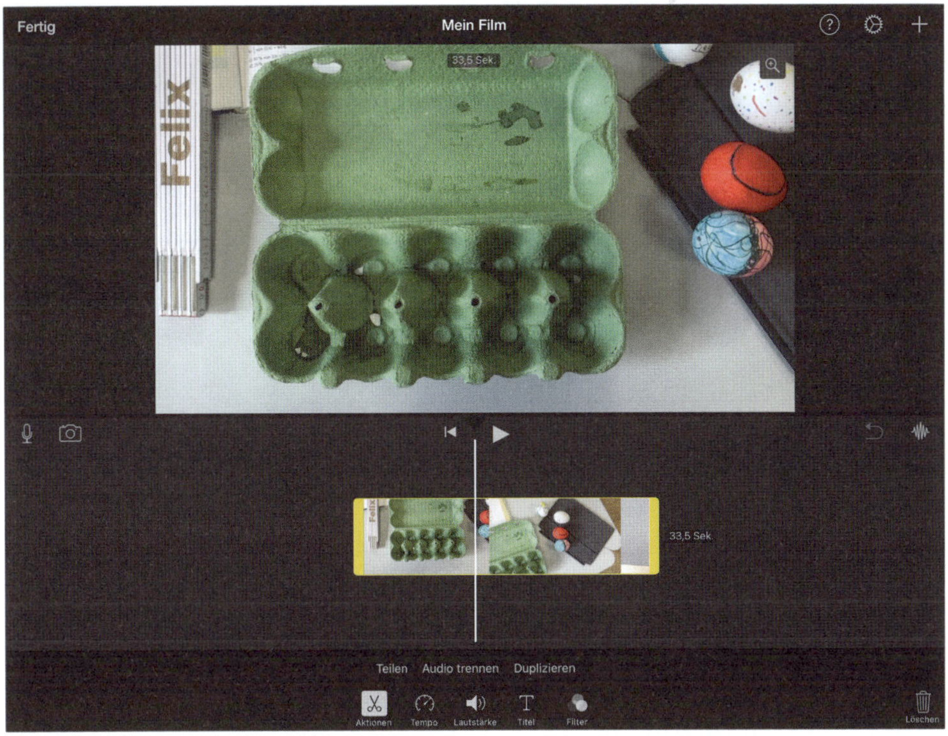

Abbildung 10.7 Die senkrechte Linie in Ihrem durch Antippen ausgewählten Video markiert die Stelle, an der ein Schnitt gesetzt werden soll.

In diesem Menü wählen Sie nun die Schaltfläche AKTIONEN aus und dann das darüber erscheinende TEILEN. Dadurch setzen Sie einen Schnitt und Ihr Videoclip wird in zwei Teile geteilt.

Nach dem Teilen erscheint ein neues Symbol zwischen den beiden Clipsequenzen (siehe Abbildung 10.8). Wenn Sie es antippen, können Sie anschließend die Übergänge zwischen den geteilten Sequenzen bearbeiten.

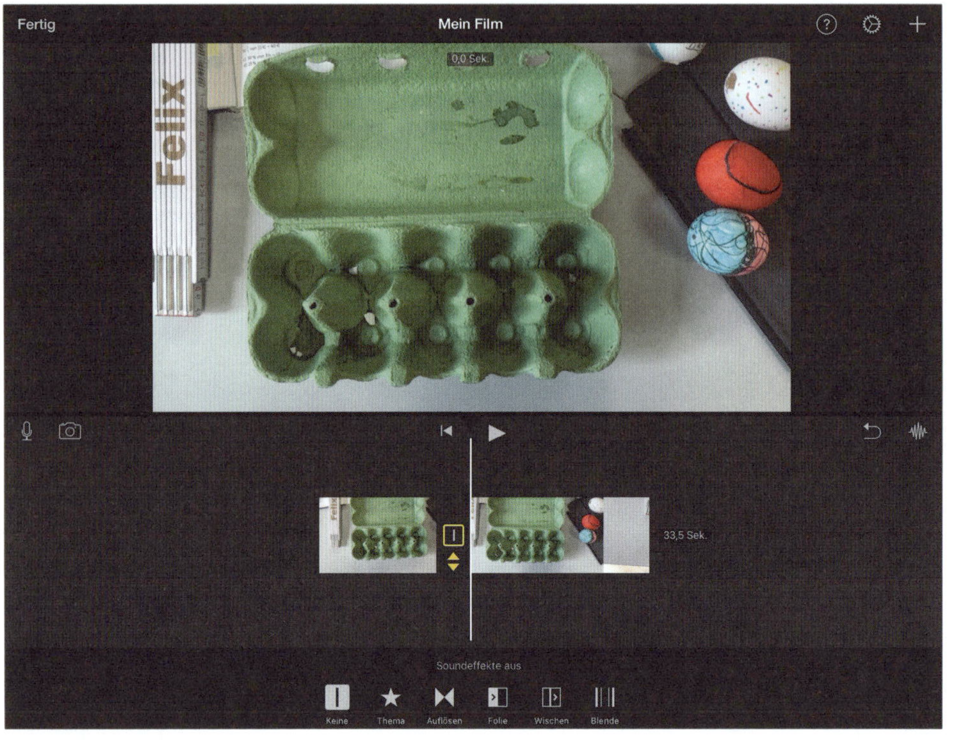

Abbildung 10.8 Der Videoclip wurde geteilt. Die Übergänge zwischen den Videos können nun bearbeitet werden.

10.3 Medien hinzufügen

Innerhalb Ihres Filmprojekts können Sie jederzeit weitere Medien hinzufügen. Über das Plussymbol rechts oben im Bildschirm erhalten Sie eine Auswahlmöglichkeit, welches Medium Sie in die Timeline legen möchten (siehe Abbildung 10.9). Sie können also nicht nur Videos, sondern auch Fotos, Alben oder etwa auch Dateien hinzufügen.

In unserem Beispiel wähle ich nach Antippen des Plussymbols die Option VIDEO, wähle anschließend einen neuen Videoclip aus und füge ihn der Timeline hinzu.

Nicht nur das zuvor geschnittene Video, auch das neu hinzugefügte wird durch einen Übergang getrennt, der ebenfalls noch nachbearbeitet werden kann.

Um Ihrem Projekt nun auch noch eine Audiodatei hinzuzufügen, tippen Sie auf den Menüreiter AUDIO, den Sie neben MEDIEN finden. Es öffnet sich ein Menü mit einer großen Auswahl an schon bestehenden Soundtracks oder Soundeffekten, die Sie durch Antippen in Ihr Filmprojekt übernehmen können (siehe Abbildung 10.10).

Abbildung 10.9 Über das Plussymbol oben rechts und »Video« habe ich einen weiteren Clip zur Timeline hinzugefügt.

Abbildung 10.10 Über das »Audio«-Menü können Sie Töne und Songs zu Ihrem Projekt hinzufügen.

Die Audiospur wird unter Ihre Videoclips gelegt und lässt sich durch Antippen auch weiter bearbeiten. Sie können dabei die Audiospur auch teilen oder die Lautstärke verändern, wenn Sie die Spur beispielsweise nur als Hintergrundmusik laufen lassen möchten.

10.4 Einen Titel hinzufügen

Mit iMovie kann man natürlich auch Text zu seinem Film hinzufügen. Dafür wählen Sie den entsprechenden Clip aus, den Sie mit Text unterlegen wollen. Achten Sie darauf, dass iMovie nur den ausgewählten Clip mit Text unterlegt.

Nachdem Sie den Clip ausgewählt haben, erscheint unten wie schon beim Filmschnitt wieder die Menüleiste (siehe Abbildung 10.11). Tippen Sie hier nun auf den Menüpunkt Titel. Dadurch erscheint eine weitere Leiste oberhalb mit verschiedenen Titeln, aus denen Sie wählen können. Die Auswahl bietet dabei nicht nur unterschiedliche Designs, sondern auch verschiedene Optionen zur Einblendung des Titels.

Abbildung 10.11 Unter dem Menüpunkt »Titel« können Sie Text zu Ihrem Film hinzufügen.

Wenn Sie den passenden Titel für Ihren Film gefunden haben, erscheint er in der Mitte des Videos. Wenn Sie einmal auf den Text tippen, wird ein schwarzes Menü aufgerufen. Hier können Sie den Titel entweder BEARBEITEN oder LÖSCHEN.

In unserem Beispiel soll der Titel bearbeitet werden. Nachdem Sie Ihren eigenen Titel eingegeben haben, können Sie zudem noch die Größe oder die Platzierung des Titels anpassen. Verändern Sie die Größe einfach durch Aufziehen bzw. Zuziehen, und verschieben Sie den Titel an die gewünschte Position. Über das Aa-Menü links oberhalb der Titelauswahl können Sie außerdem die Schriftart und die Schriftfarbe auswählen (siehe Abbildung 10.12).

Abbildung 10.12 Sie können Ihrem Titel einen individuellen Stil geben, indem Sie die Farbe oder Schriftart ändern.

Im Menü mit den drei Punkten ⋯ rechts daneben (zu sehen in Abbildung 10.11) stehen Ihnen weitere Optionen zur Verfügung: Sie können den Titel ins untere Drittel des Clips verschieben, einen Textschatten erstellen oder den Text über die Dauer des gesamten ausgewählten Clips laufen lassen.

10.5 Die Geschwindigkeit des Clips ändern

Natürlich lässt sich auch die Geschwindigkeit des Clips verändern. Gerade in Fächern wie Sport, Biologie oder Chemie ist es manchmal sinnvoll, Clips in Zeitlupe abspielen zu lassen, um Experimente oder Bewegungsabläufe genau erkennen und analysieren zu können. Hierfür markieren Sie zunächst den Clip, dessen Geschwindigkeit Sie verändern wollen. Unten erscheint das bekannte Menü. Wählen Sie hier den Punkt TEMPO aus (siehe Abbildung 10.13). Jetzt können Sie das Tempo des ausgewählten Clips verringern oder vergrößern, indem Sie den Slider in Richtung Schildkröte bzw. Hase ziehen.

Über die Option STANDBILD rechts neben dem Slider können Sie einen Bildausschnitt Ihres Clips ausschneiden und als Standbild in Ihren Film einfügen.

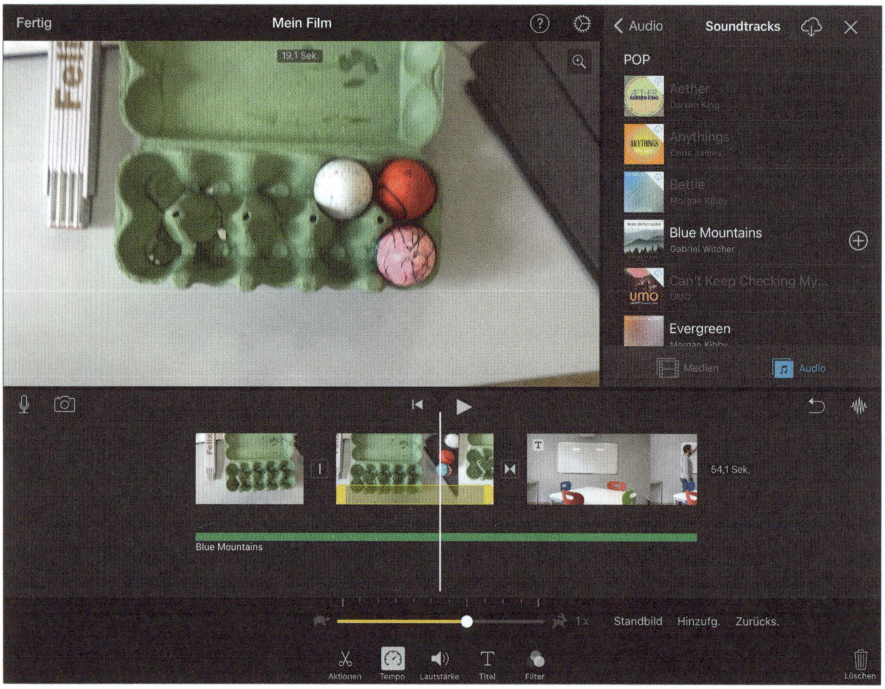

Abbildung 10.13 Im ausgewählten Clip können Sie die Geschwindigkeit im Menüpunkt »Tempo« durch den Slider regeln.

10.6 Das Video exportieren

Haben Sie Ihr Video fertig geschnitten und gegebenenfalls auch um weitere Elemente wie Text und Audio ergänzt, tippen Sie oben links auf den Punkt FERTIG (siehe Abbildung 10.13). Damit gelangen Sie wieder zurück in die Projektbibliothek. Dort finden Sie nun Ihr gerade erstelltes Projekt, an dem Sie auch später noch in iMovie über den großen Button unterhalb des Filmprojekts weiterarbeiten können (siehe Abbildung 10.14).

Um Ihr Projekt noch einmal anzusehen, tippen Sie auf die Play-Schaltfläche unten links. Mithilfe des mittleren Buttons können Sie es verschicken oder unter anderem auch in Ihrer Fotomediathek sichern. Das zeige ich Ihnen gleich noch genauer. Über das rechte Symbol können Sie ein Filmprojekt schließlich auch in den Papierkorb legen und anschließend löschen.

Abbildung 10.14 Ihren geschnittenen Film finden Sie in Ihrer Projektbibliothek, nachdem Sie auf »Fertig« getippt haben.

Wenn Sie den Titel Ihres Filmprojekts nachträglich ändern möchten, ist das schnell erledigt. In meinem Beispiel heißt das Projekt noch »Mein Film«. Nach Antippen des Titels wird die Bildschirmtastatur eingeblendet (siehe Abbildung 10.15), sodass darüber ein neuer Titel eingegeben werden kann.

Ist Ihr Film fertig und wunschgemäß benannt, können Sie ihn durch das Bereitstellungssymbol in der Mitte der unteren Menüleiste verschicken (siehe Abbildung 10.16), also etwa über AIRDROP an Ihre Schüler*innen verteilen, oder auch über die Option VIDEO SICHERN in Ihrer Fotomediathek abspeichern.

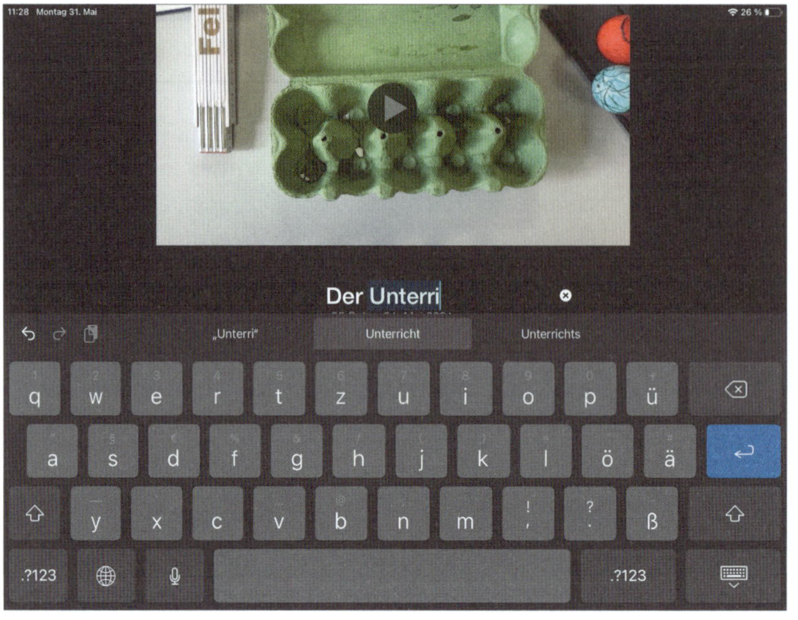

Abbildung 10.15 Nach Antippen des Filmtitels öffnet sich die Tastatur, und Sie können Ihren gewünschten Titel hinzufügen.

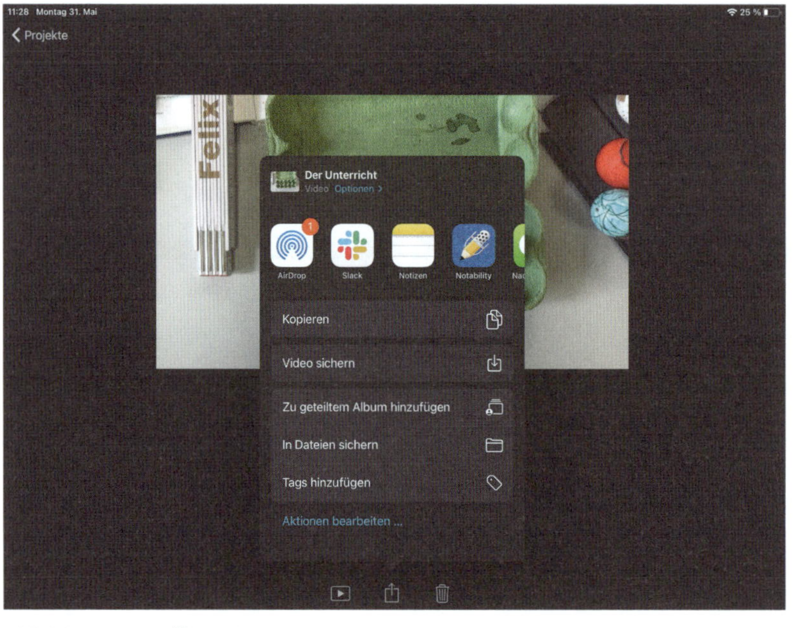

Abbildung 10.16 Über den Punkt »Video sichern« speichern Sie Ihren Film in Ihrer Fotomediathek.

10.7 Praxisbeispiel: Ein Nachrichtenvideo erstellen

Kommen wir nun zu einem typischen Anwendungsfall im Unterricht. Ihre Schüler*innen sollen ein Nachrichtenvideo aufnehmen und später per *AirDrop* an Sie schicken. Dazu benutzen die Schüler*innen die eingebaute *Greenscreen*-Technik, die ich Ihnen im Verlauf der Aufgabe vorstelle. Diese Aufgabe lässt sich fächerübergreifend anwenden, und gerade im Fremdsprachenunterricht ist es eine gute Möglichkeit, die Schüler*innen sprechen zu lassen.

10.7.1 Vorbereitung

Zur Vorbereitung müssen sich die Schüler*innen natürlich zunächst mit dem Thema auseinandersetzen, das sie jeweils vorstellen wollen. Nachdem Sie das Thema beherrschen und gegebenenfalls ein Skript geschrieben haben, nehmen die Schüler*innen ihre Nachrichten vor einer grünen Wand oder einem grünen Vorhang auf.

Ein Video setzt Planung voraus

Schüler*innen tendieren erfahrungsgemäß dazu, einfach loszufilmen, ohne genau zu wissen, was sie sagen sollen. Lassen Sie Ihre Schüler*innen daher das Video vorher gut vorbereiten, und planen Sie diese Zeit für Ihren Unterricht ein. Sie können z. B. eine Keynote anlegen, in der die Schüler*innen zunächst ihre Planung für das Video schriftlich festhalten sollen.

Danach sollen die Schüler*innen ein Bild eines Nachrichtenstudios im Internet suchen, das als Hintergrund für ihre Nachrichtensendung dienen soll. Das Bild muss in der Fotomediathek abgespeichert werden.

10.7.2 Das Projekt starten

Nun beginnen Ihre Schüler*innen ein neues Projekt und wählen dafür die Option FILM aus. Das zuvor gespeicherte Bild des Studios legen sie in den Hintergrund, indem Sie es links auswählen und dann unten auf FILM ERSTELLEN tippen (siehe Abbildung 10.17).

Jetzt befinden sich die Schüler*innen wieder in Ihrem Schnittbildschirm (siehe Abbildung 10.18) und haben dort das Foto des Studios im Hintergrund. Als Erstes sorgen sie dafür, dass dieses Foto länger im Film erscheint, indem sie es in der Schnittleiste unten am rechten Rand berühren und zur Seite ziehen. Auf diese Weise wird die Anzeige des Fotos im Film verlängert.

Abbildung 10.17 Mit dem zuvor gespeicherten Bild des Studios wird nun das Filmprojekt für das Nachrichtenvideo erstellt.

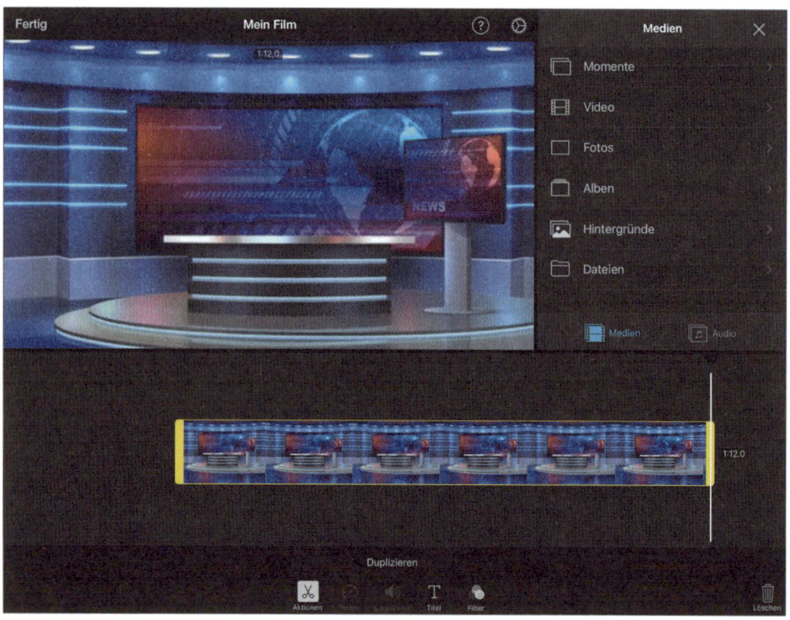

Abbildung 10.18 Durch Ziehen am Rand des Fotos kann das Bild zeitlich verlängert werden.

Wenn das Video abgespielt wird, sieht man, dass sich das Foto leicht bewegt. Dieser Effekt, *Ken-Burns-Effekt* genannt, ist bei aufeinanderfolgenden Fotos sehr schön. In unserem Unterrichtsbeispiel möchten wir ihn aber ausstellen. Dazu tippen die Schüler*innen auf das Foto in der Timeline. Im Vorschaubildschirm (siehe Abbildung 10.19) kann der Ken-Burns-Effekt nun unten rechts mithilfe der entsprechenden Schaltfläche deaktiviert werden.

Abbildung 10.19 Liegt ein Foto im Hintergrund, ist der sogenannte Ken-Burns-Effekt automatisch aktiviert. Um ihn zu deaktivieren, tippt man auf das Foto in der Timeline und danach unten rechts auf die Schaltfläche im Vorschaubildschirm.

10.7.3 Greenscreen-Video einfügen

Über den Hintergrund muss jetzt das von den Schüler*innen vorher aufgenommene Video gelegt werden. Dabei ist zu beachten, dass die Schüler*innen ihr Video vor einem möglichst gleichmäßig grünen Hintergrund aufnehmen. Dazu eignet sich etwa ein aufstellbarer Greenscreen aber auch ein farbiges Tuch, dass Sie an der Wand oder zwei Ständern befestigen können. Wichtig ist hier das der grüne Hintergrund möglichst gleichmäßig ausgeleuchtet ist. Das erleichtert es iMovie diesen von der Person im Vordergrund zu unterscheiden.

Um das Video einzufügen, wählen die Schüler*innen den Reiter MEDIEN aus und suchen das entsprechende Video (siehe Abbildung 10.20).

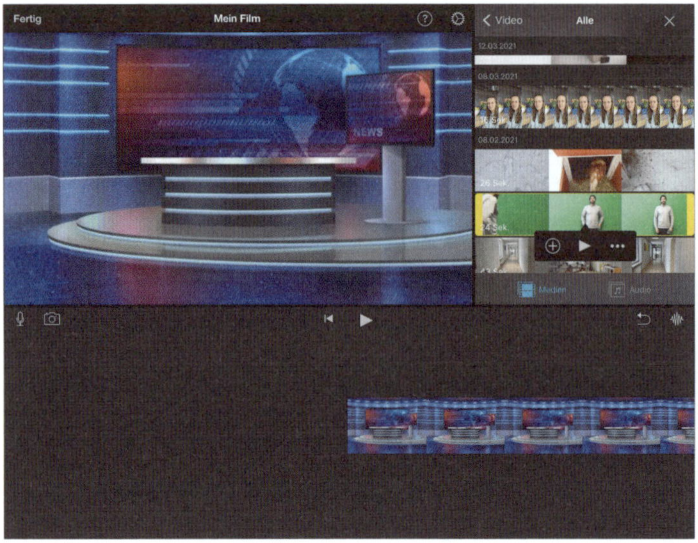

Abbildung 10.20 Nach Auswahl des Videos rufen die Schüler*innen zunächst das Drei-Punkte-Menü auf.

Nach Antippen des Videos nutzen sie die drei Punkte ganz rechts in dem kleinen Menü, das oberhalb von MEDIEN erscheint, und wählen dort den Menüpunkt GREEN-/BLUESCREEN aus (siehe Abbildung 10.21).

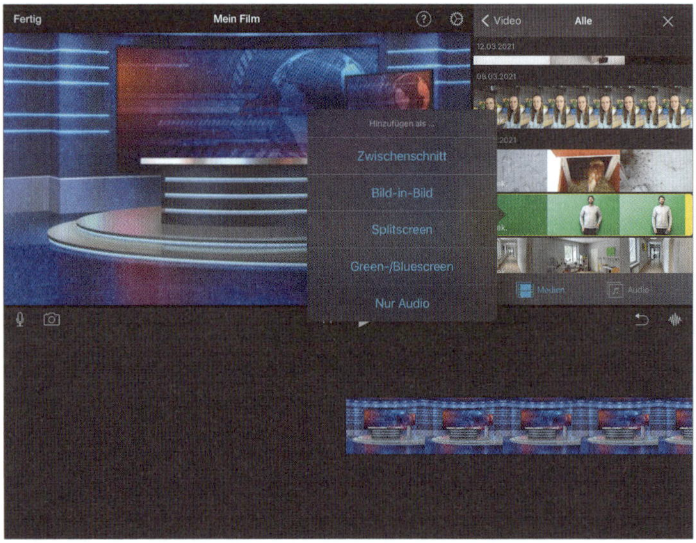

Abbildung 10.21 Über die Menüoptionen kann das Video nun als Greenscreen-Video hinzugefügt werden.

Nach einer kurzen Verarbeitungszeit befindet sich das ausgewählte Video nun in der Timeline und der grüne Hintergrund ist verschwunden. Was sichtbar bleibt, ist die Person vor dem Studiofoto (siehe Abbildung 10.22).

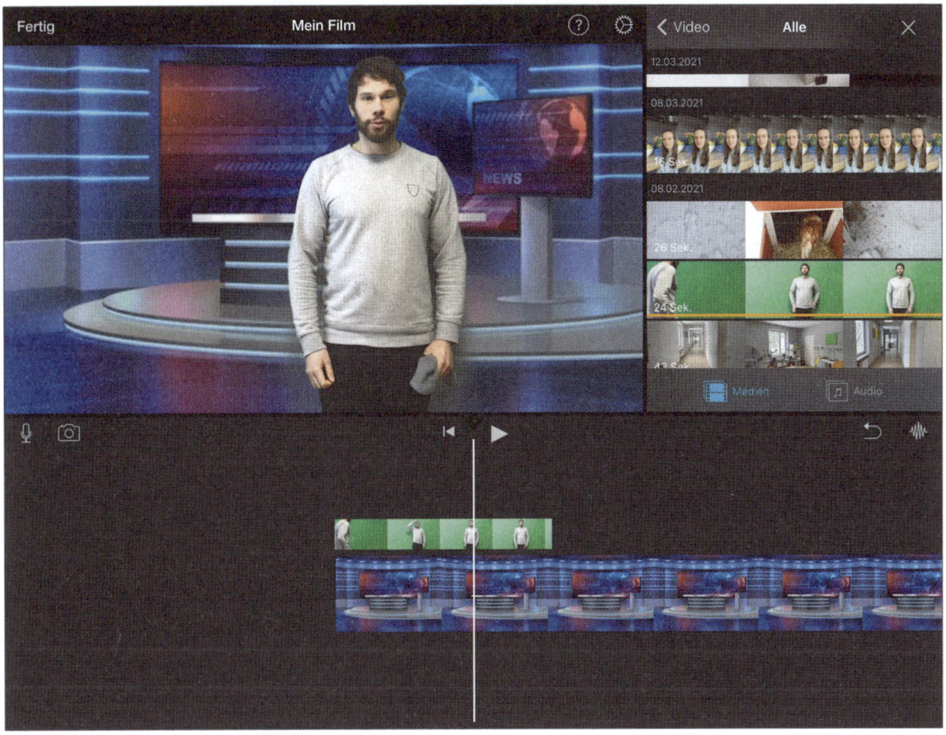

Abbildung 10.22 Das ausgewählte Video wurde über den Hintergrund gelegt. Die grüne Wand ist verschwunden.

10.7.4 Weitere Bearbeitung

Bevor die Schüler*innen das Video an Sie als Lehrer oder Lehrerin schicken, sollten sie es noch bearbeiten, um die Möglichkeiten in der Software kennenzulernen und anzuwenden. Sinnvoll ist es z. B., einen Titel hinzuzufügen wie in Abbildung 10.23. Aber auch die Auswahl und Hinterlegung mit Musik, die sich speziell für eine Nachrichtensendung eignet, kann eine geeignete Aufgabenstellung sein.

Regen Sie die Schüler*innen auch dazu an, Schnitte zu machen, um störende Szenen oder Versprecher zu entfernen. Zudem sollten die Schüler*innen auch noch einmal am Ende darauf achten, dass der Hintergrund auf die Zeitdauer des darüberliegenden Videos gezogen wurde.

Abbildung 10.23 Dem Nachrichtenvideo wurde hier noch ein Titel hinzugefügt.

Wenn das Video fertig ist, klicken die Schüler*innen auf oben links auf FERTIG und teilen es danach mit Ihnen. Wie das funktioniert, habe ich Ihnen in Abschnitt 10.6, »Das Video exportieren«, gezeigt. Im Teilen-Menü können die Schüler*innen ihr Nachrichten-Filmprojekt natürlich zudem in ihrer eigenen Fotomediathek abspeichern.

Kapitel 11
Arbeitsmaterialien mit Pages erstellen

Selbst erstellte Arbeitsblätter und Arbeitsmaterialien generell sind ein wichtiger Bestandteil im Unterricht. Digital ergeben sich dabei noch mehr Möglichkeiten.

Pages ist wie Keynote eine von Apple auf den iPads vorinstallierte Standard-App. Mit dem Schreibprogramm Pages können Sie recht intuitiv und unkompliziert Arbeitsmaterialien erstellen, die Sie an Ihre Schüler*innen verteilen und auch mit Ihnen gemeinsam bearbeiten können.

Wie Sie ein Arbeitsblatt erstellen, gehe ich mit Ihnen an einem Beispiel durch. Damit Sie später die Optionen in Pages in vollem Umfang nutzen können, zeige ich Ihnen im Folgenden zunächst aber die wichtigsten Bereiche der Benutzeroberfläche.

11.1 Die Benutzeroberfläche

Wenn Sie Kapitel 9, »Keynote als Allrounder für den Unterricht«, gelesen und schon mit der Präsentationssoftware Keynote gearbeitet haben, wird Ihnen die Benutzeroberfläche von Pages bekannt vorkommen.

Nachdem Sie die App durch Tippen auf das entsprechende Icon gestartet haben, gelangen Sie in das Dateien-System der App Pages (siehe Abbildung 11.1). Genau wie in Keynote können Sie hier Ihre Pages-Dokumente sortieren, bereits erstellte Dokumente öffnen oder ein neues Dokument anlegen.

Tippen Sie auf das Plussymbol oben rechts in der Menüleiste, oder wählen Sie im Inhaltsbereich die Option DOKUMENT ERSTELLEN, um ein neues leeres Dokument anzulegen.

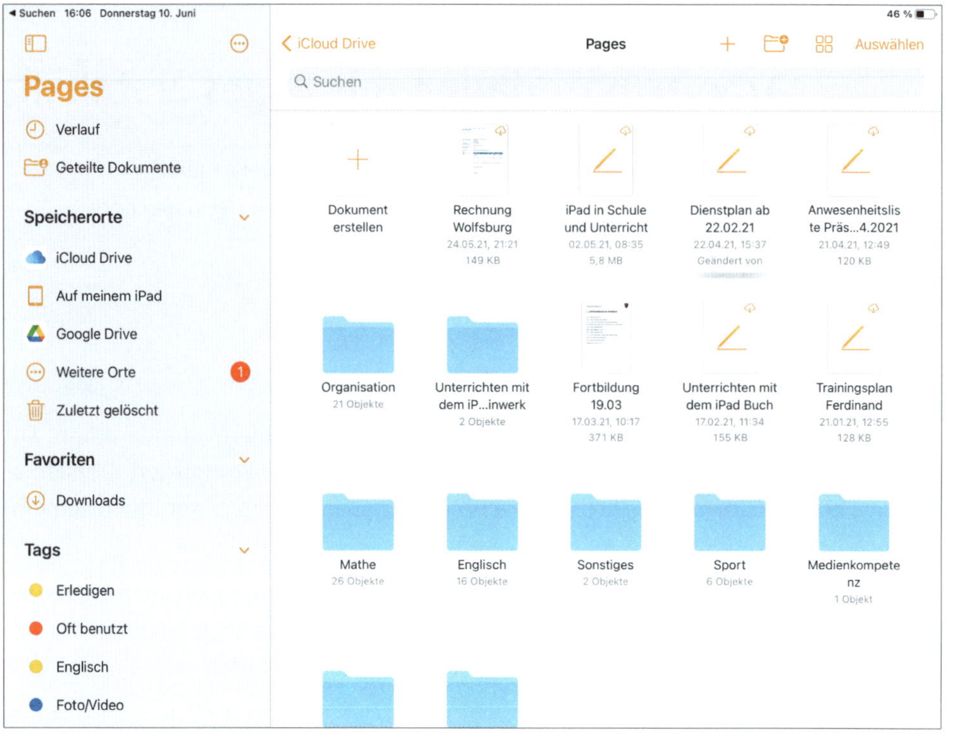

Abbildung 11.1 Über das Plussymbol oben rechts oder über »Dokument erstellen« wird ein neues Dokument angelegt.

11.1.1 Dokumente erstellen und Vorlagen nutzen

Nach Betätigen einer der beiden Schaltflächen werden Ihnen mehrere Dokumenttypen zur Auswahl angezeigt (siehe Abbildung 11.2). Sie bzw. Ihre Schüler*innen können hier z. B. im Bereich BERICHTE den Punkt HAUSARBEIT auswählen. Sie erhalten dadurch eine für umfangreichere Hausarbeiten oder Projektarbeiten gut geeignete und auch optisch ansprechende Vorlage.

Pages bietet insbesondere für den (digitalen) Unterricht eine Reihe von sinnvollen Vorlagen, wie etwa auch Berichte, Lebensläufe oder Plakate.

Was es mit den Vorlagen-Bereichen für BÜCHER darunter auf sich hat, erkläre ich Ihnen im folgenden Kasten »Buchvorlagen nutzen«.

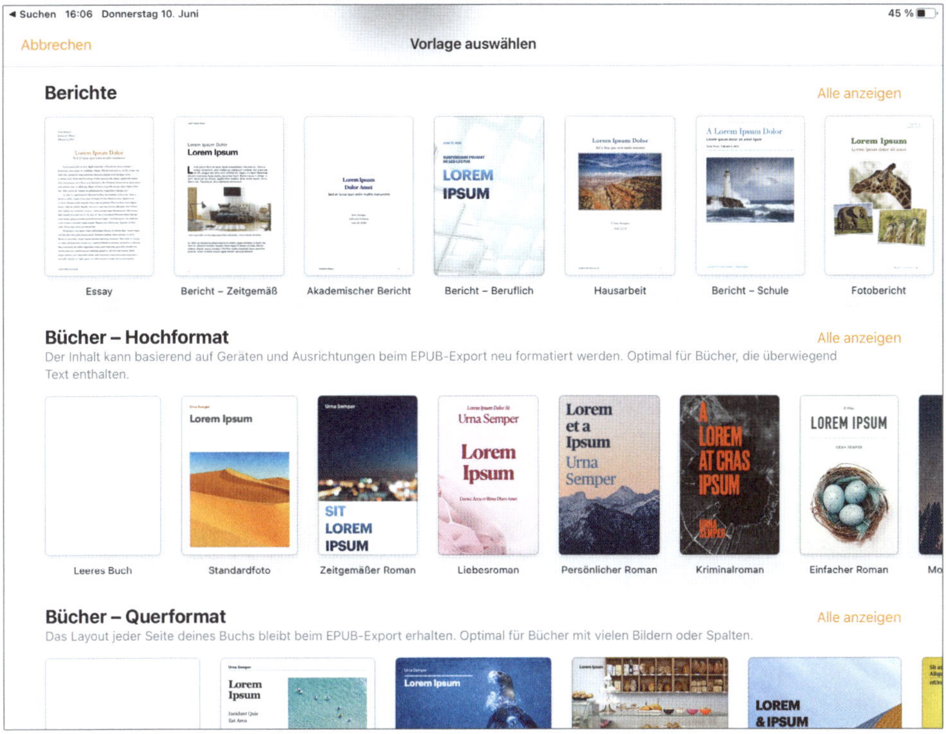

Abbildung 11.2 Pages bietet viele gute Vorlagen für den Unterricht.

Buchvorlagen nutzen

Die Büchervorlagen in Pages eignen sich, um Projektarbeiten mit Ihren Klassen durchzuführen. Die Bücher können multimedial aufbereitet, d. h. mit Videos und Sprachaufnahmen versehen und durch eigene Zeichnungen ergänzt werden. Diese Art, längere Texte zu gestalten, ist für Schüler*innen ungemein motivierend und rückt etwas für sie einigermaßen Fernliegendes wie das Schreiben und Gestalten von »Büchern« in ihren Erfahrungshorizont. Die Vorlagen eignen sich auch schon für jüngere Schüler*innen; sie können also für entsprechende Arbeiten in allen Klassen ab Stufe 5 genutzt werden und sind zudem nicht auf ein bestimmtes Fach beschränkt.

11.1.2 Text eingeben und gestalten

Damit ich Ihnen die Bedienelemente innerhalb eines Dokuments zeigen kann, öffnen Sie nun bitte ein leeres Dokument, indem Sie über das Pluszeichen oben ein neues

Dokument starten und dann im Dialog VORLAGE AUSWÄHLEN ein leeres Dokument auswählen.

Die Benutzeroberfläche dürfte Ihnen wie gesagt bekannt vorkommen, wenn Sie dieses Buch der Reihe nach durcharbeiten. In der App *Keynote* sind Ihnen bereits dieselben Symbole begegnet, die in Pages identische Funktionen haben.

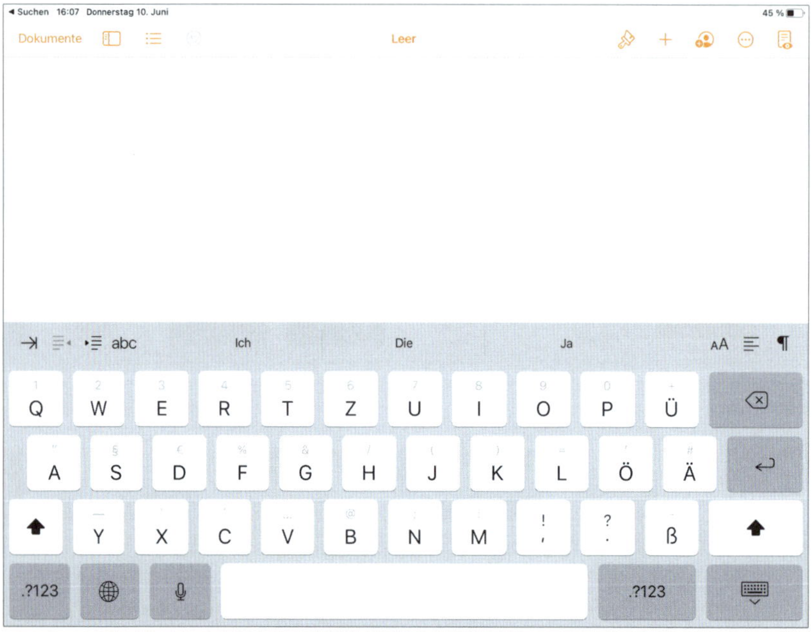

Abbildung 11.3 Ein leeres Dokument in Pages

Sobald Sie das Dokument geöffnet haben, öffnet sich auch schon die Tastatur (siehe Abbildung 11.3), und Sie können mit dem Schreiben beginnen.

Tippen Sie auf die Buchstaben in der eingeblendeten Tastatur, um Ihren Text einzugeben (siehe Abbildung 11.4). Mit dem Symbol ganz unten rechts können Sie die Tastatur wieder schließen.

Mit der klassischen Pinch-Geste vergrößern bzw. verkleinern Sie den Schreibbereich. Dabei führen Sie – wie den allermeisten von Ihnen vermutlich vom Smartphone her bekannt ist – Daumen und Zeigefinger auf dem Bildschirm zusammen bzw. auseinander.

Wenn Sie Objekte in Ihr Dokument einfügen möchten, tippen Sie auf das altbekannte Plussymbol in der Menüleiste. Jetzt können Sie im Kontextmenü Bilder, Videos, Sprachaufnahmen, Grafiken und anderes mehr als Objekte in Ihr Pages-Dokument einfügen (siehe Abbildung 11.5).

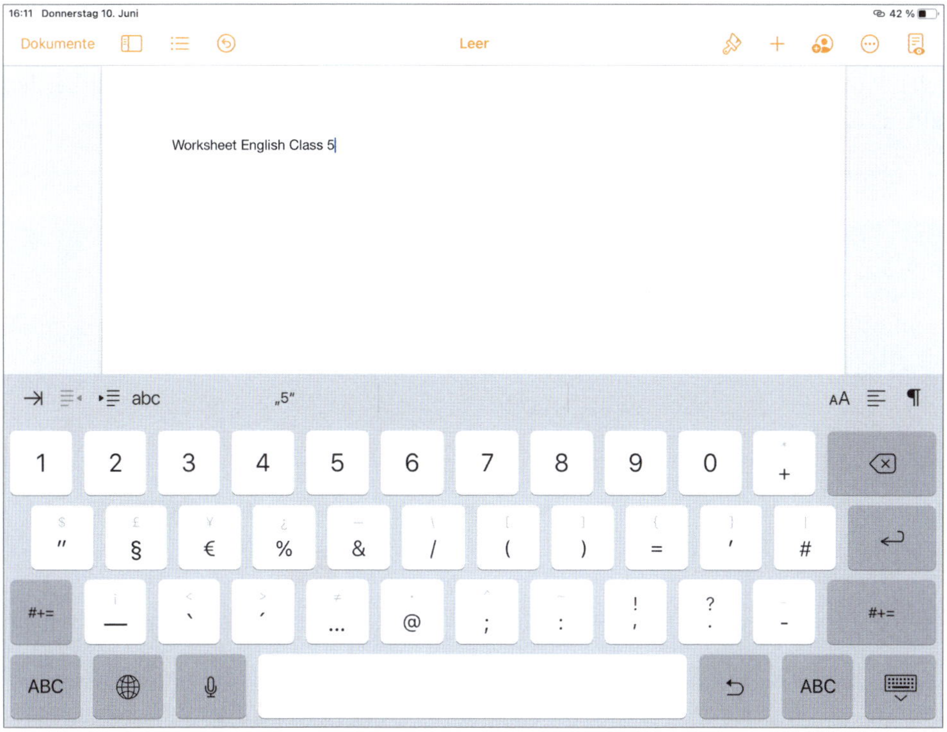

Abbildung 11.4 Schreiben in Pages ist sehr intuitiv und übersichtlich.

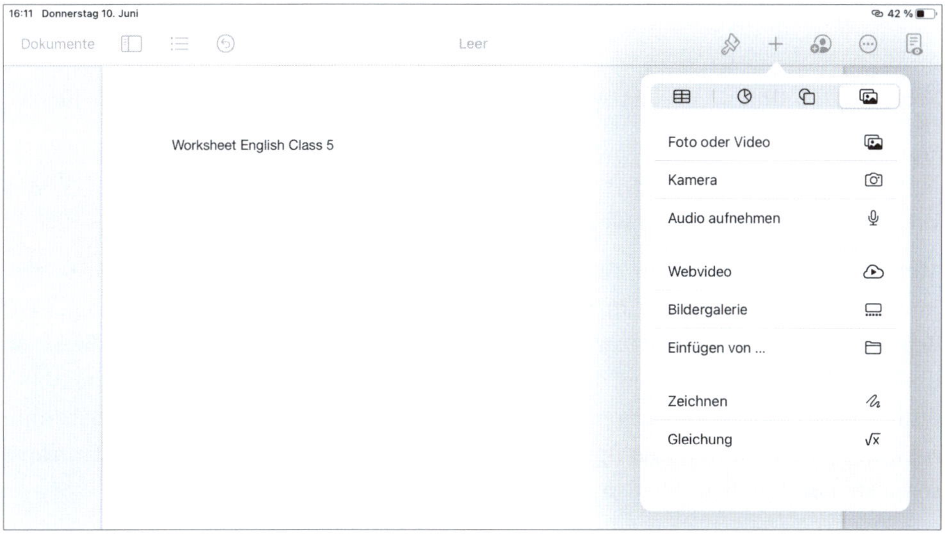

Abbildung 11.5 Über das Plussymbol fügen Sie Objekte in Ihr Dokument ein.

Das Pinselsymbol in der Menüleiste oben ist eine wichtige Option für die Gestaltung Ihres Dokuments. Nach Auswahl der Schaltfläche können Sie im dazugehörigen Menü (siehe Abbildung 11.6) unter anderem Absatzstile, die Schriftart und die Textfarbe, den Einzug oder den Zeilenabstand von Text festlegen.

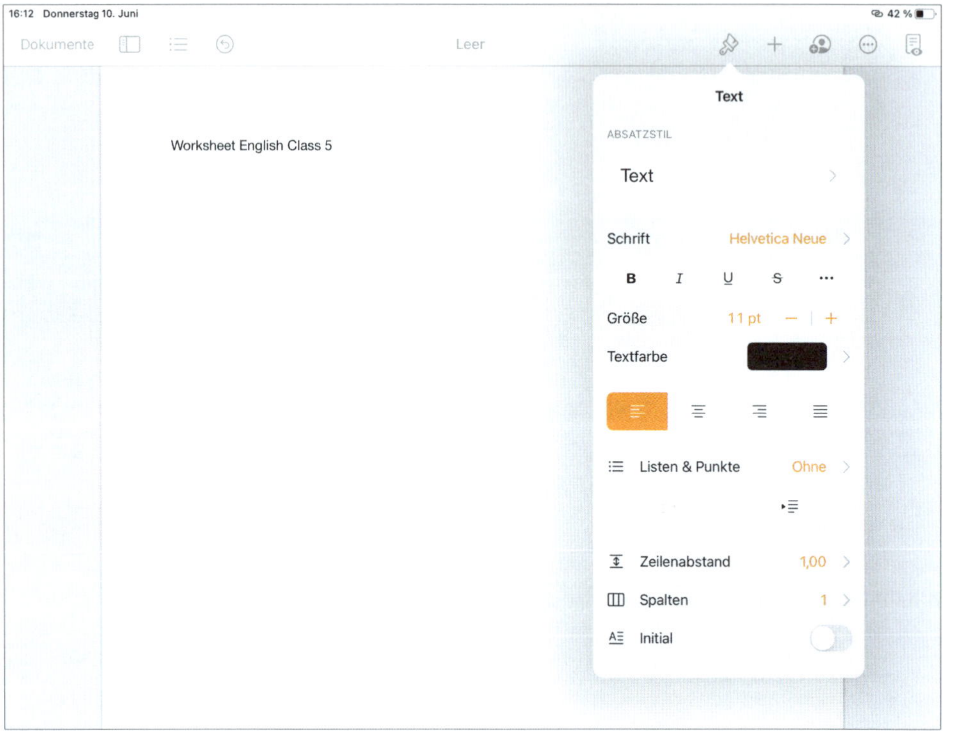

Abbildung 11.6 Unter dem Pinselsymbol finden Sie die gestalterischen Möglichkeiten für das Dokument.

11.1.3 Text markieren und weiterverarbeiten

Möchten Sie geschriebenen Text im Nachhinein über das Pinselsymbol bearbeiten, müssen Sie diesen zunächst markieren. Halten Sie dazu Ihren Finger etwas länger auf den Bildschirm. Nun werden zwei Striche mit blauen Punkten eingeblendet, die Sie so über den Text ziehen können, dass bestimmte Bereiche markiert werden (siehe Abbildung 11.7). Durch das Markieren öffnet sich das ebenfalls von Keynote her bekannte schwarze Menü mit weiteren Optionen. Hier können Sie den markierten Text dann ausschneiden, kopieren, löschen und anderes mehr.

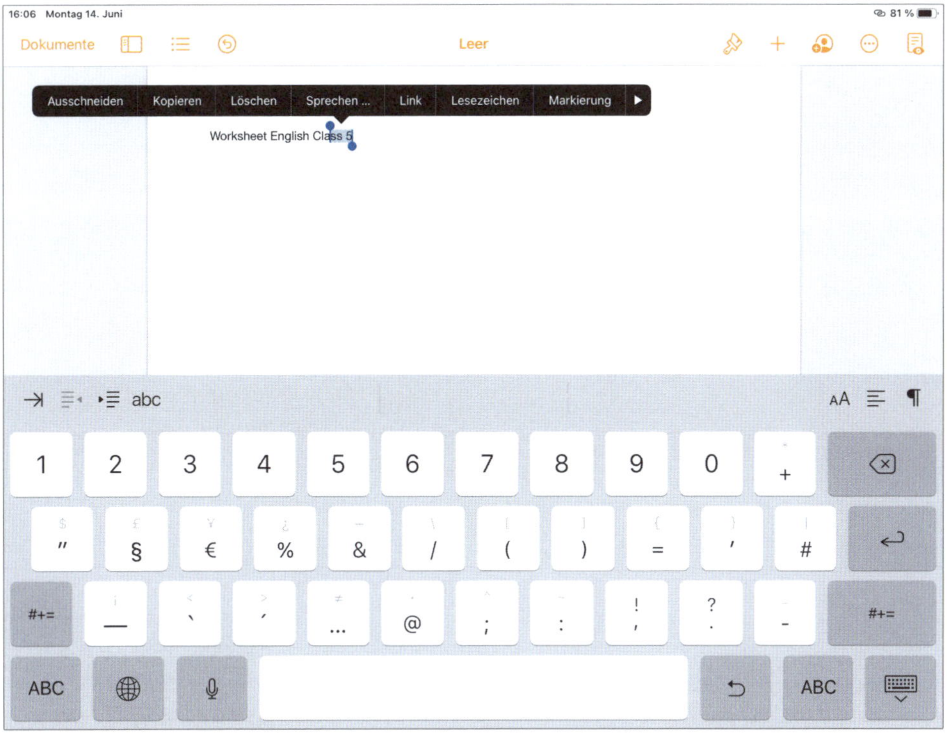

Abbildung 11.7 Durch längeres Tippen und Ziehen können Sie Text markieren.

11.1.4 Dokumente teilen, kommentieren und korrigieren

Über das Drei-Punkte-Symbol oben rechts teilen oder exportieren Sie Ihr Dokument (siehe Abbildung 11.8). Zudem haben Sie in diesem Menü verschiedene Möglichkeiten zur Dokumentenkonfiguration, die über die Funktionen in Keynote hinausgehen.

Für Lehrende sind vor allem die Intelligenten Anmerkungen interessant. Tippen Sie auf diesen Menüpunkt, öffnet sich die Menüleiste des Stiftes und Sie können mit Ihrem Apple Pencil handschriftliche Anmerkungen in Ihrem Dokument hinzufügen. Für Korrekturen in den Arbeitsblättern der Schüler*innen ist diese Option also ungemein hilfreich.

Außerdem können Sie das Änderungsprotokoll aktivieren, das alle Änderungen im Dokument zur Nachverfolgung kennzeichnet. Gerade bei in der Klasse geteilten Dokumenten ist dies ein zentraler Aspekt.

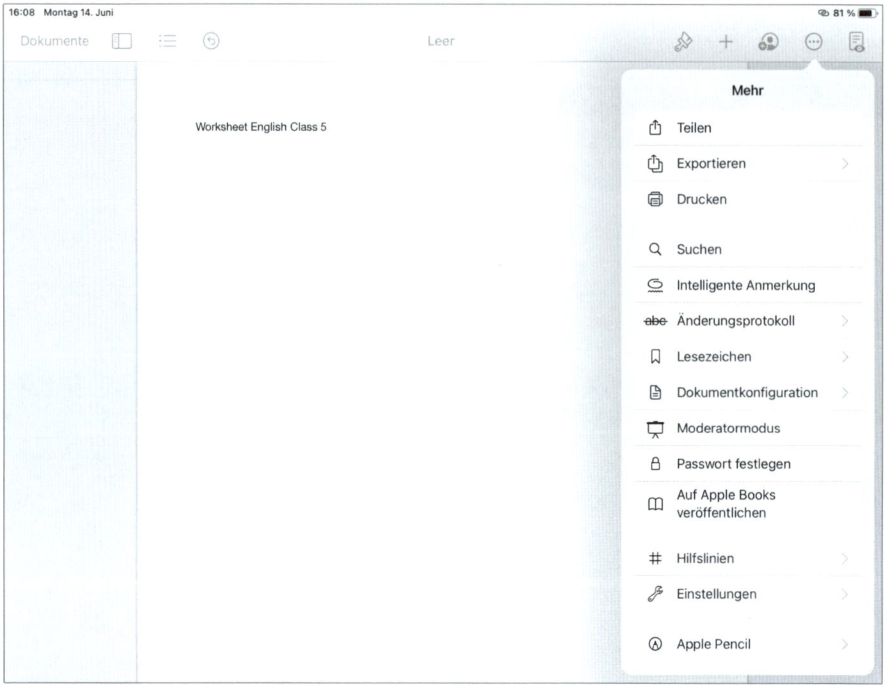

Abbildung 11.8 Über das Menü mit den drei Punkten haben Sie etwas mehr Möglichkeiten als in Keynote.

11.2 Ein Arbeitsblatt erstellen

Für Sie als Lehrkraft ist das Erstellen von Arbeitsblättern ein wichtiger Bestandteil Ihres schulischen Alltags, der oft viel Zeit in Anspruch nimmt. Mit ein bisschen Erfahrung geht es in Pages aber im Handumdrehen, und Sie können Ihre Arbeitsblätter mit digitalen Inhalten aufwerten.

Als Beispiel erstellen wir ein Arbeitsblatt über Haustiere im Fach Englisch. Das Arbeitsblatt kann interaktiv während des Unterrichts bearbeitet oder als Hausaufgabe gestellt werden.

Zuerst öffnen Sie ein neues leeres Dokument und geben dem Ganzen eine Überschrift. Sie können jetzt die Schrift Ihren Vorstellungen gemäß anpassen. Die Schüler*innen sollen nun ein Bild ihres Haustieres einfügen. Dafür habe ich ein Bild meines Haustieres eingefügt und definiere es als Platzhalter über das Pinselsymbol in der Menüleiste oben (siehe Abbildung 11.9). Sie erkennen einen Platzhalter immer am Plussymbol am Rande des Bildes.

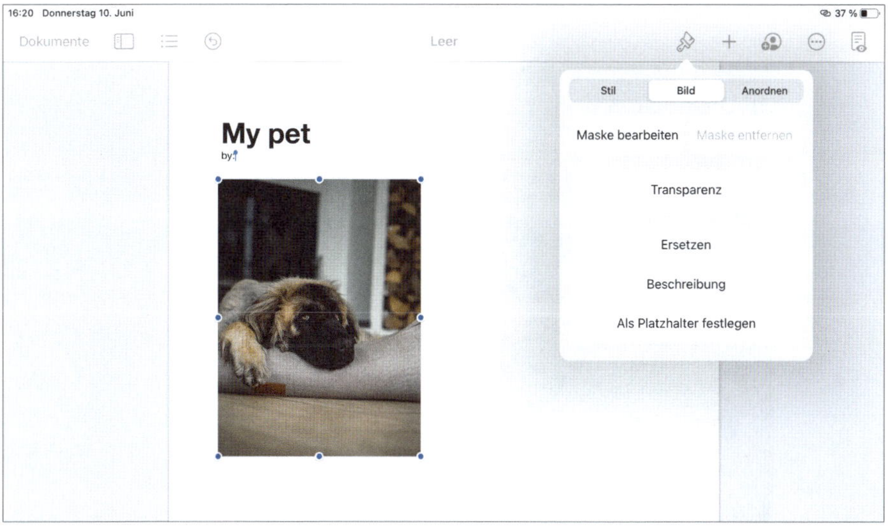

Abbildung 11.9 Wenn Sie ein Bild »als Platzhalter festlegen«, können die Schüler*innen es einfach durch ihr eigenes Bild ersetzen.

Jetzt schreibe ich die Aufgabe in eine Box unterhalb des Bildes. Dafür füge ich über das Plussymbol eine Form ein (siehe Abbildung 11.10) und schreibe nach doppeltem Antippen einen Text in die Box. Die Box kann ich durch einmaliges Antippen auch kopieren, um weitere Aufgaben dort hineinzuschreiben.

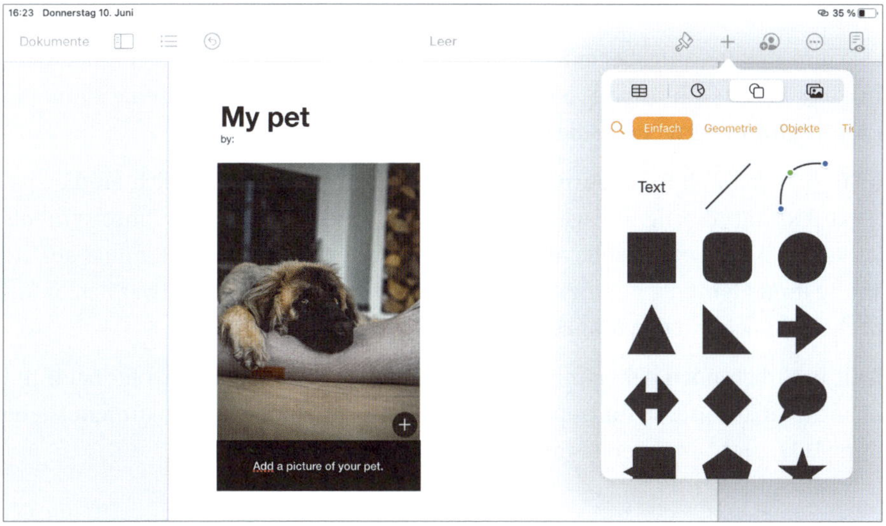

Abbildung 11.10 Die Aufgabe wurde in eine rechteckige Form unterhalb des Bildes geschrieben.

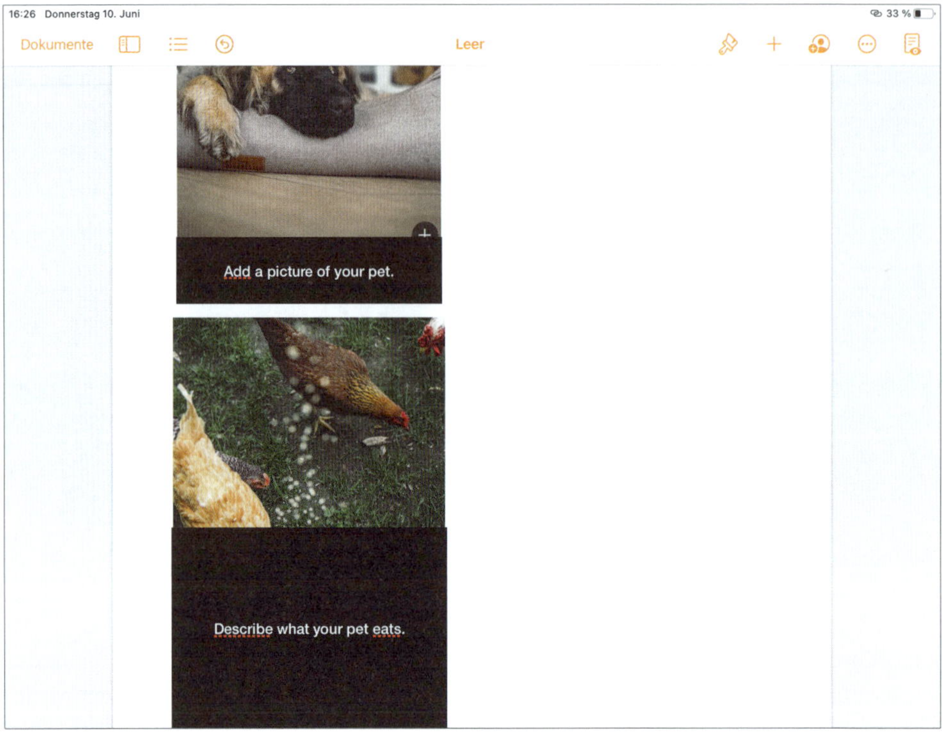

Abbildung 11.11 Weitere Aufgaben wurden hinzugefügt, aber das Layout ist etwas durcheinandergeraten.

Wenn Sie nun weitere Aufgaben auf dem Blatt gestellt haben, kann es wie in Abbildung 11.11 vorkommen, dass Ihr Layout uneinheitlich wirkt oder dass sich einzelne Elemente durch den Textumfluss nicht an die gewünschte Stelle schieben lassen.

Lassen Sie sich dadurch nicht entmutigen. Es braucht etwas Zeit, um sich an die spezielle Text-Bild-Anordnung in Pages zu gewöhnen. Durch Auswahl des Pinselsymbols und des Reiters ANORDNEN (siehe Abbildung 11.12) können Sie aber viel Einfluss auf die Anordnung Ihrer Elemente nehmen. Und, wie gesagt, nehmen Sie sich etwas Zeit dafür, und machen Sie sich mit den Möglichkeiten praktisch vertraut.

Jetzt fehlt natürlich noch der Name des Dokuments, damit es nicht als *Leer* bei Ihren Schüler*innen ankommt. Dafür tippen Sie auf diesen Namen oben im Dokument (siehe Abbildung 11.13) und benennen es individuell nach Ihren Vorstellungen.

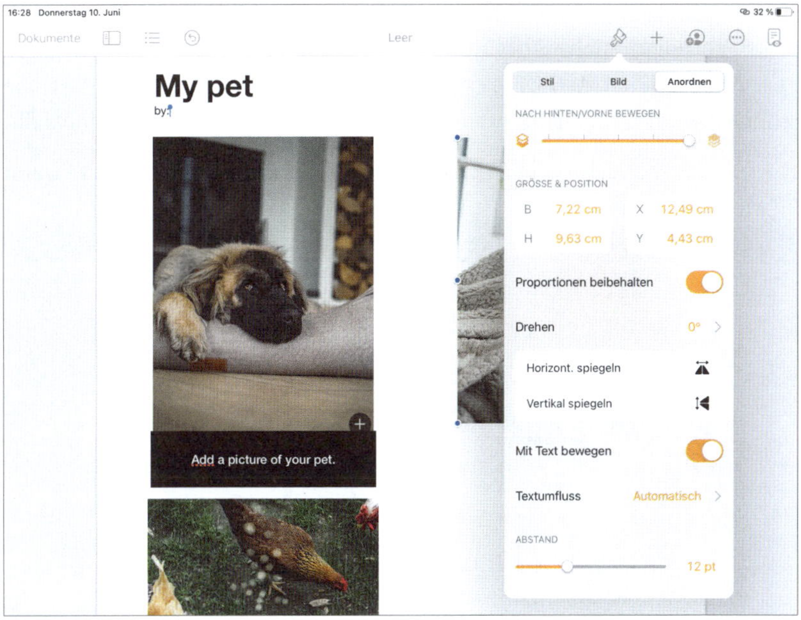

Abbildung 11.12 Über den »Anordnen«-Reiter können Sie Ihre Elemente im Dokument verteilen.

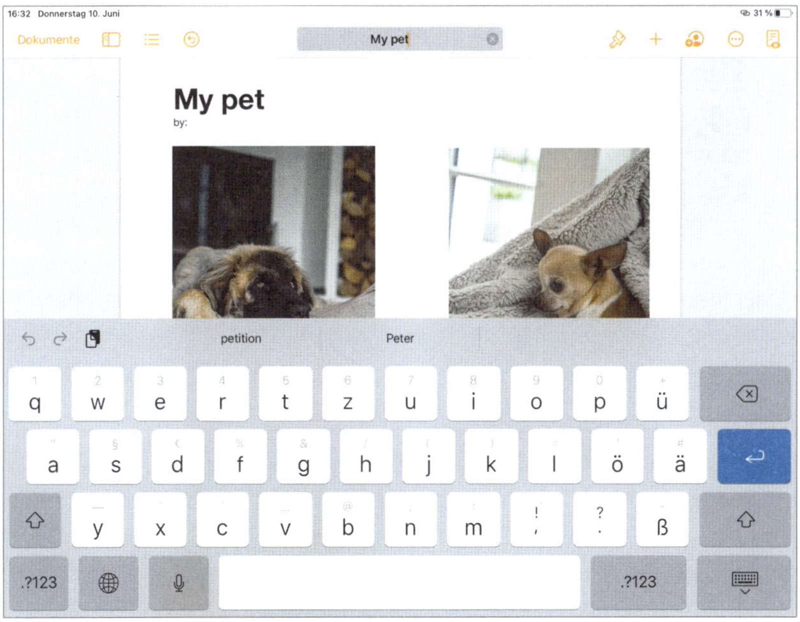

Abbildung 11.13 Wenn Sie auf den Titel des Dokumentes tippen, können Sie Ihrem Arbeitsblatt einen eigenen Namen geben.

11

Jetzt können Sie über die drei Punkte in der Menüleiste oben rechts das Dokument an Ihre Schüler*innen verteilen (siehe Abbildung 11.14). Sie könnten hier ein mit Pages erstelltes Dokument aber auch als PDF EXPORTIEREN (siehe Abbildung 11.15), falls Sie z. B. einen Elternbrief geschrieben haben, der natürlich nicht »bearbeitet« werden soll.

Das Dokument wird automatisch gespeichert, und über den Punkt DOKUMENTE oben links kehren Sie wieder zu Ihrem Ausgangspunkt, dem Dokumente-Ordner, zurück.

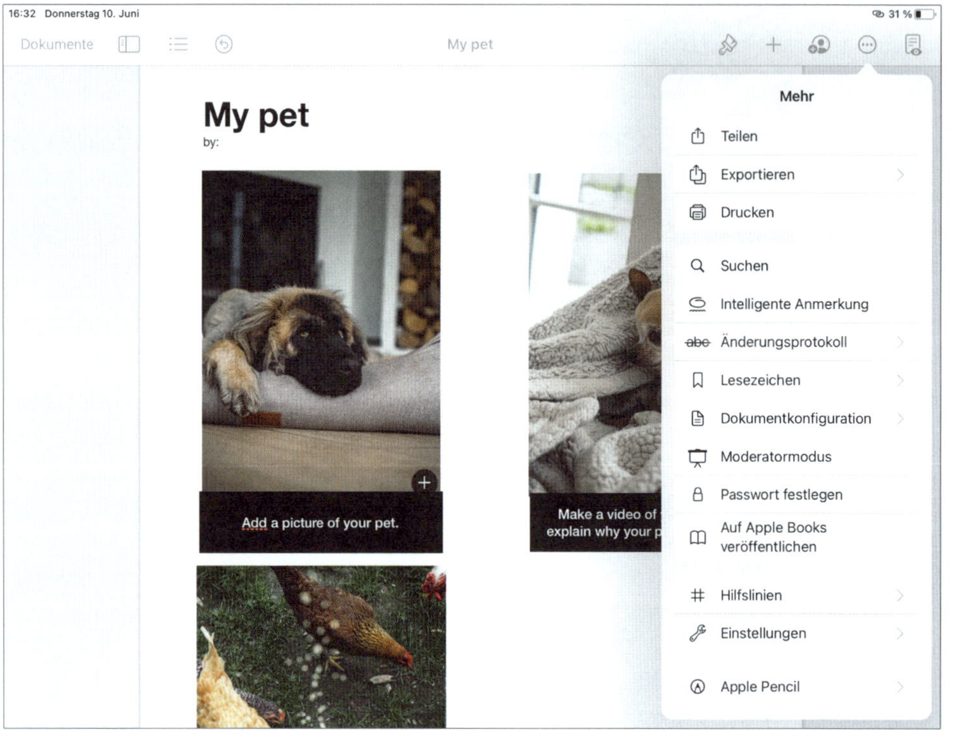

Abbildung 11.14 Über die drei Punkte können Sie das Dokument exportieren, drucken oder mit Ihren Schüler*innen teilen.

Dokumentenvorlagen erstellen

Wenn Sie eine einheitliche Vorlage für Arbeitsblätter erstellen möchten, können Sie diese als Pages-Vorlage speichern. Damit sparen Sie Zeit beim Layout, und Ihre Schüler*innen greifen auf vertraute Arbeitsblätter zurück. Erstellen Sie dafür Ihr gewünschtes Layout, tippen Sie auf das Menü mit den drei Punkten, und wählen Sie EXPORTIEREN. Über den letzten Menüpunkt können Sie Ihr Dokument nun als Vorlage speichern (siehe Abbildung 11.15).

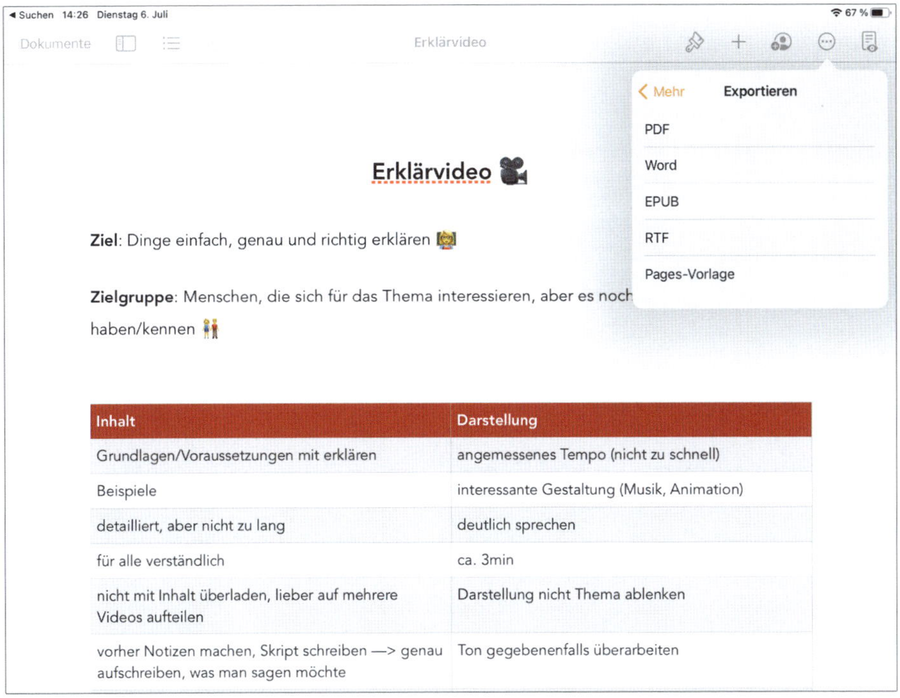

Abbildung 11.15 Eine Pages-Vorlage spart Arbeit beim Erstellen des Layouts. Sie können ganz einfach auf schon erstellte Vorlagen zurückgreifen.

Kapitel 12
Das digitale Whiteboard »Explain Everything«

*Explain Everything ist unter Lehrkräften, die Unterricht schon länger digital gestalten, wahrscheinlich eine der bekanntesten und beliebtesten Apps. Die App ist vielseitig einsetzbar und ermöglicht je nach Version auch eine echte digitale Interaktion mit den Schüler*innen.*

In diesem Kapitel erkläre ich Ihnen zunächst, welche Möglichkeiten Ihnen mit den unterschiedlichen Versionen von Explain Everything grundsätzlich zur Verfügung stehen. Anschließend zeige ich Ihnen den konkreten Einsatz im digitalen Unterricht. So können Sie nicht nur Tafelbilder auf einem digitalen Whiteboard erstellen, sondern diese auch aufnehmen und als Video exportieren. Und in der entsprechenden Version ist es wie gesagt möglich, dabei auch in Echtzeit zusammen mit Ihren Schüler*innen an Projekten zu arbeiten.

12.1 Die zwei Versionen von Explain Everything

Sucht man im App Store nach »Explain Everything«, erscheinen zwei verschiedene Versionen (siehe Abbildung 12.1). Welche Sie wählen, hängt von Ihren persönlichen Möglichkeiten bzw. von den Voraussetzungen ab, die an Ihren Schulträger geknüpft sind, etwa wenn Sie von der Schule verwaltete und keine privaten iPads benutzen.

Die Version *Explain Everything Whiteboard* ist eine Abo-Version, für die Sie oder Ihr Schulträger eine monatliche Gebühr zahlen müssen. Diese Version bietet mehr Funktionen als die *Basic*-Version der App. Mit der Abo-Version können Sie z. B. ein Whiteboard mit anderen Personen teilen, sodass Sie und Ihre Schüler*innen in einem Dokument kollaborativ arbeiten können. Außerdem können Sie in diesem Fall eine Aufnahme, die Sie zuvor erstellt haben, als Filmprojekt auf dem Server von Explain Everything erstellen lassen und in Form eines Links einfach mit den gewünschten Klassen teilen.

Der Vorteil dabei ist: Die Videoerstellung und Bereitstellung auf dem Server geschieht gewissermaßen automatisch im Hintergrund und nimmt kaum Zeit in Anspruch. Wenn Sie dagegen ein langes Video mit Explain Everything erstellt haben und es auf Ihrem Gerät lokal speichern möchten, kann dies schon einmal 30 Minuten in Anspruch nehmen.

Im Unterschied zum Abo handelt es sich bei der *Basic*-Version um einen Einmalkauf. Das heißt, Sie kaufen die App einmal für 14,99 € und können sie dann dauerhaft lokal auf dem iPad verwenden. Die monatliche Gebühr entfällt in diesem Fall, jedoch müssen Sie dann auf einige Features von Explain Everything verzichten. Trotzdem bietet auch schon die Basic-Version genügend Möglichkeiten für den digitalen Unterricht.

In diesem Kapitel zeige ich Ihnen die Funktionen anhand der Abo-Version, die ich persönlich im Unterricht verwende.

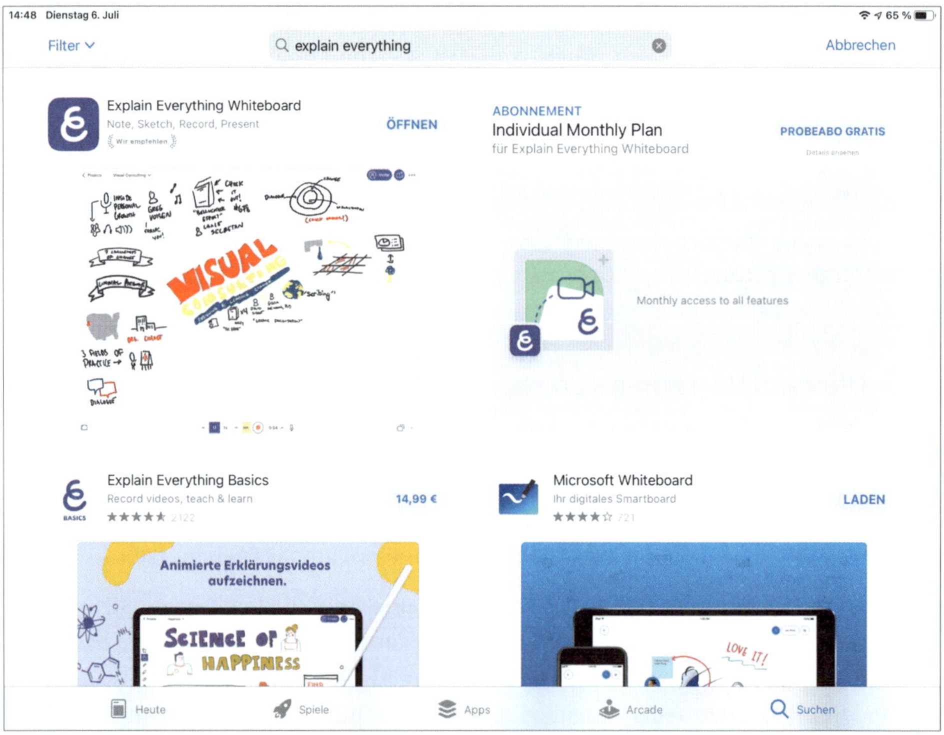

Abbildung 12.1 Über die Suchfunktion im App Store finden Sie die beiden Versionen der App auf der linken Seite.

12.2 Ein neues Projekt anlegen

Nachdem Sie die App gestartet haben, gelangen Sie auf die HAUPTSEITE (siehe Abbildung 12.2). Hier sehen Sie Ihre letzten Projekte, können ein neues Projekt starten, sich die Handbücher zu Explain Everything anschauen oder Tipps von Experten erhalten.

Im Menü unten können Sie auf all Ihre Projekte in der BIBLIOTHEK zugreifen, einzelne Projekte suchen oder Hilfe im Bereich LERNEN erhalten.

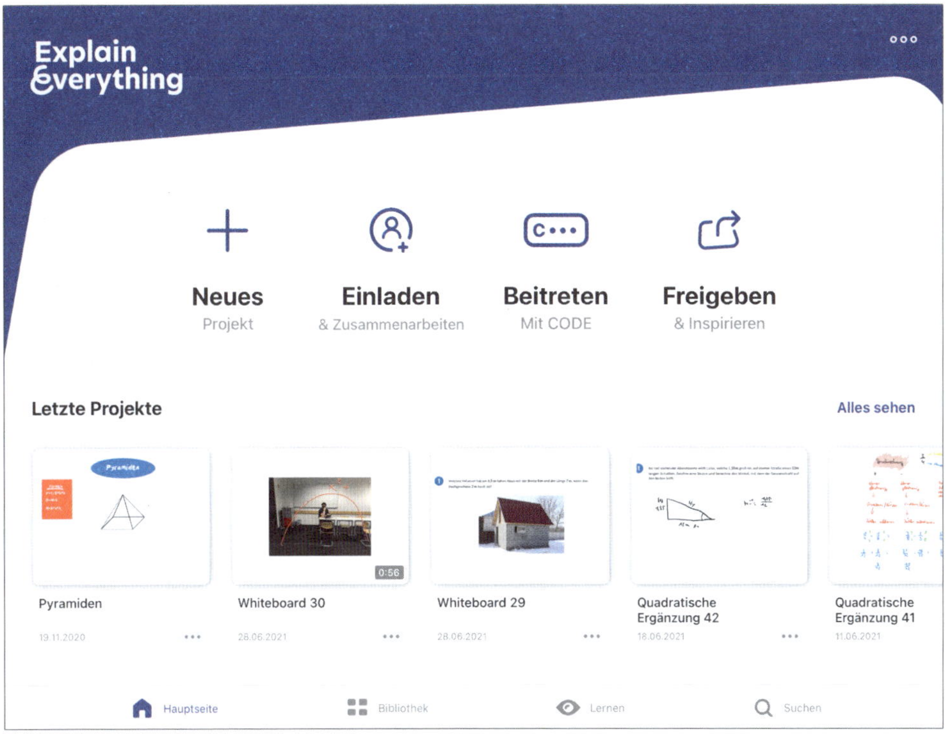

Abbildung 12.2 Die Hauptseite der App »Explain Everything«

Wie Sie es auch schon aus den vorangegangenen Kapiteln zu den einzelnen Apps auf dem iPad kennen, werden auch hier alle Projekte, die Sie in Explain Everything anlegen, automatisch gespeichert und sind dann unter PROJEKTE bzw. LETZTE PROJEKTE zugänglich.

Im Folgenden möchte ich mit Ihnen ein neues Projekt starten, um Ihnen die Bedienung der Oberfläche näher zeigen zu können: Tippen Sie dazu zunächst auf das große Pluszeichen bei NEUES PROJEKT auf der Hauptseite. Nun sollen Sie als Erstes einen Hintergrund für Ihr Projekt wählen. Dazu stehen Ihnen verschiedene Hintergründe zur Auswahl (siehe Abbildung 12.3). Wir beginnen in diesem Beispiel mit dem Hintergrund LEERER ZEICHENBEREICH.

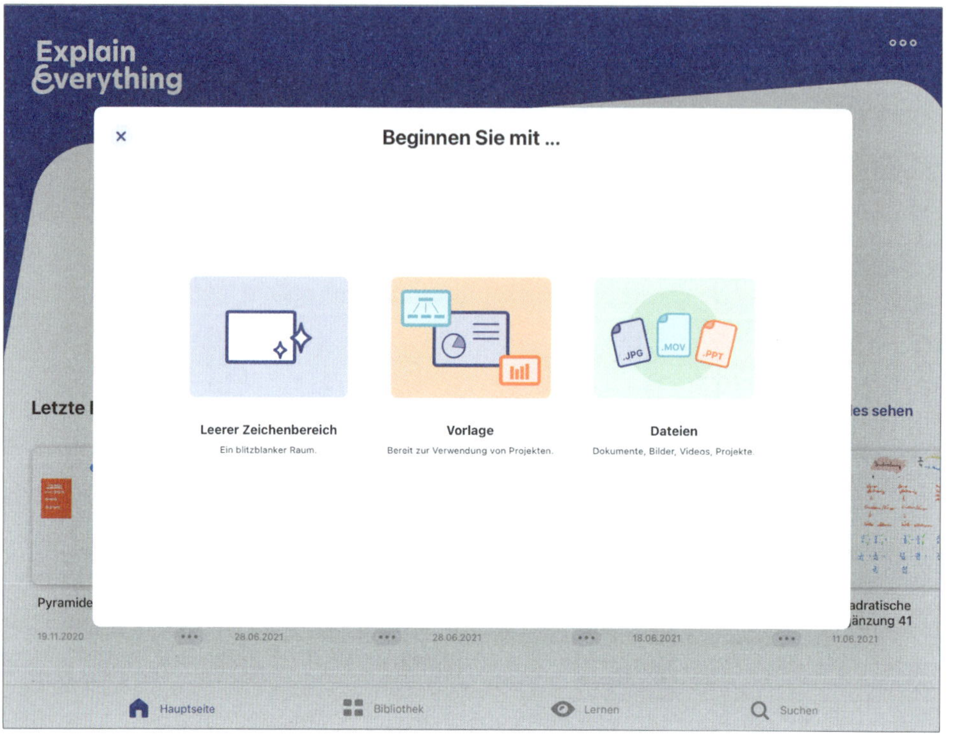

Abbildung 12.3 Die Auswahlmöglichkeiten für Hintergründe bei einem neuen Projekt

12.2.1 Die Oberfläche von Explain Everything

Sobald Sie ein Projekt gestartet und dafür einen Hintergrund ausgewählt haben, sehen Sie die eigentliche Arbeitsoberfläche von Explain Everything, in unserem Fall die Oberfläche mit dem noch leeren Whiteboard und weiteren Bedienelementen wie in Abbildung 12.4.

Die Oberfläche von Explain Everything ist generell sehr benutzerfreundlich aufgebaut: In der Mitte befindet sich Ihr Whiteboard, auf dem Sie schreiben können. Auf der linken Seite finden Sie die Arbeitspalette mit Stiften, Objekten, Laserpointern und vielem anderen mehr. In der Mitte unten sind die Aufnahmetools; der mittlere rote Aufnahme-Button hat eine besondere Funktion, auf die ich noch zu sprechen komme.

Über das Plussymbol unten rechts können Sie neue Seiten hinzufügen oder bestehende Seiten bearbeiten, also etwa duplizieren, den Hintergrund ändern, löschen etc.

Oben rechts stehen Ihnen drei weitere zentrale Schaltflächen zur Verfügung: Über die drei Punkte gelangen Sie zu den EINSTELLUNGEN, mit der Schaltfläche können Sie Ihre Projekte teilen und mit dem gleichnamigen Button Personen zu einem Projekt EINLADEN.

Links oben können Sie Ihr Projekt umbenennen, indem Sie auf WHITEBOARD tippen; und mit der Schaltfläche links daneben kehren Sie zu Ihren Projekten zurück.

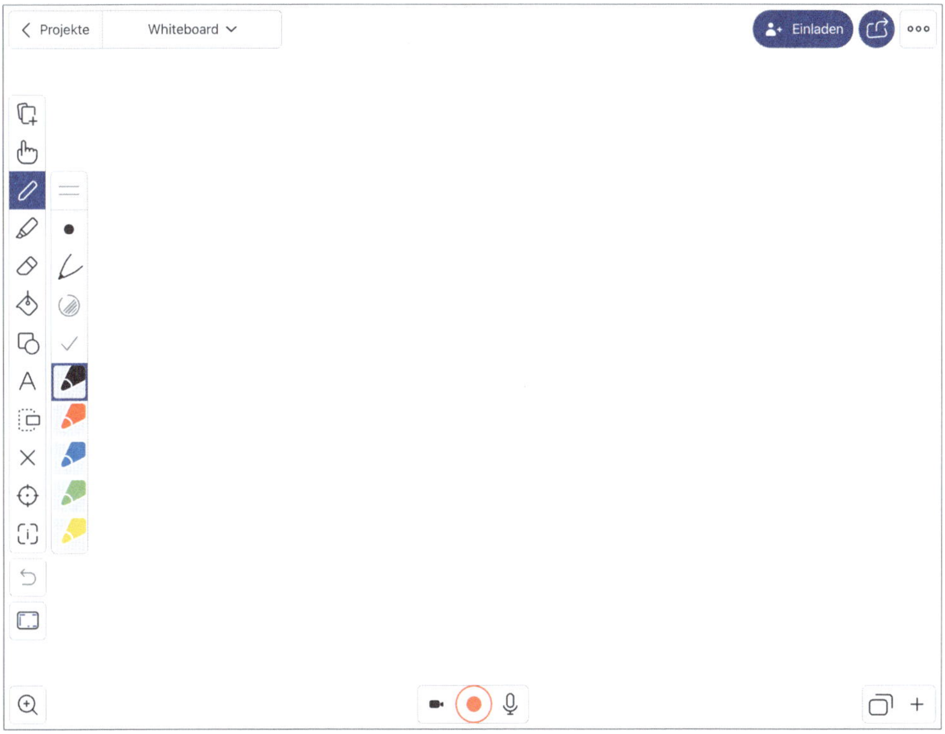

Abbildung 12.4 Die Benutzeroberfläche der App

12.2.2 Das Whiteboard nutzen

Nachdem Sie die Benutzeroberfläche kennengelernt haben, können Sie direkt loslegen. Benutzen Sie einfach Ihren Finger oder einen Apple Pencil, und schreiben Sie auf das Whiteboard. Dazu müssen Sie nur den gewünschten Stift auf der linken Seite auswählen (siehe Abbildung 12.5).

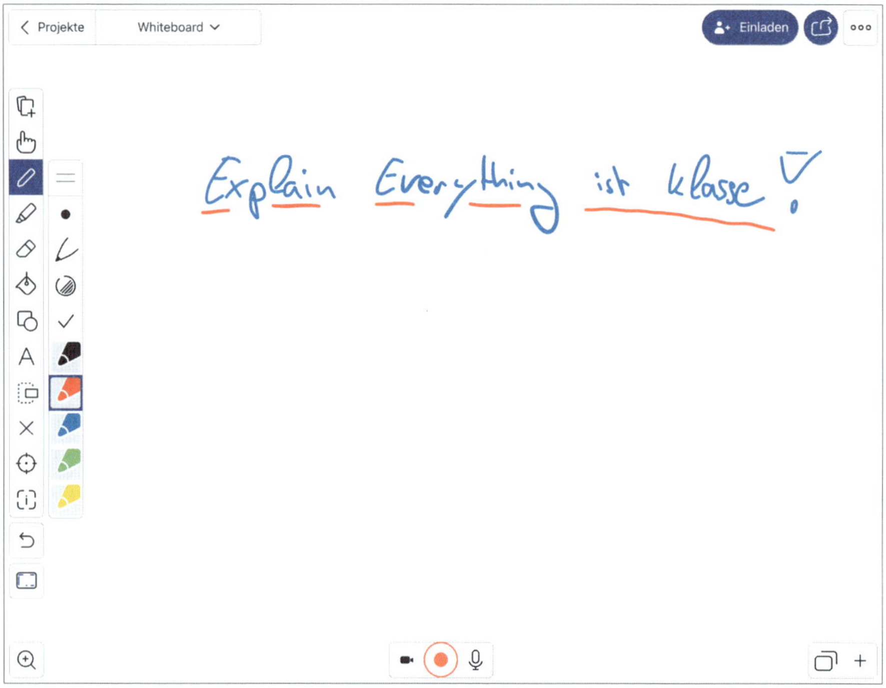

Abbildung 12.5 »Explain Everything« ist für den digitalen Unterricht einfach großartig.

Sie werden sicher feststellen, dass es sehr einfach ist, mit Explain Everything zu schreiben. Die App hat eine exzellente Handschriftenerkennung. Gefällt Ihnen Ihr geschriebener Text dennoch nicht, können Sie ihn wegradieren, löschen oder den letzten Schritt rückgängig machen.

12.2.3 Anwendung im Unterricht

Um Ihnen den Nutzen von Explain Everything zu verdeutlichen, zeige ich Ihnen ein kleines Beispiel aus dem Unterricht.

Über das Plussymbol unten rechts habe ich eine neue leere Seite geöffnet. Jetzt füge ich eine Aufgabe über das Plussymbol oben links in der Arbeitspalette hinzu (siehe Abbildung 12.6). Ich kann nun eine Vielzahl an Medien einfügen. Im Vorfeld habe ich eine Aufgabe ausgesucht, die in meinen Fotos gespeichert wurde. Daher wähle ich die Option VORHANDENES BILD/VIDEO aus.

Wenn Sie die Anleitung bis hierin mitgemacht haben, können Sie das Foto, das Sie zuvor ausgewählt haben, nun noch mit Explain Everything an den Rändern beschneiden oder auch Teile aus dem Foto ausschneiden (siehe Abbildung 12.7). Sie können es auch noch drehen oder den Kontrast verändern. Dafür nutzen Sie die eingeblendete Werkzeugpalette auf der linken Seite. Sind Sie mit dem Ergebnis zufrieden, tippen Sie oben rechts auf FERTIG.

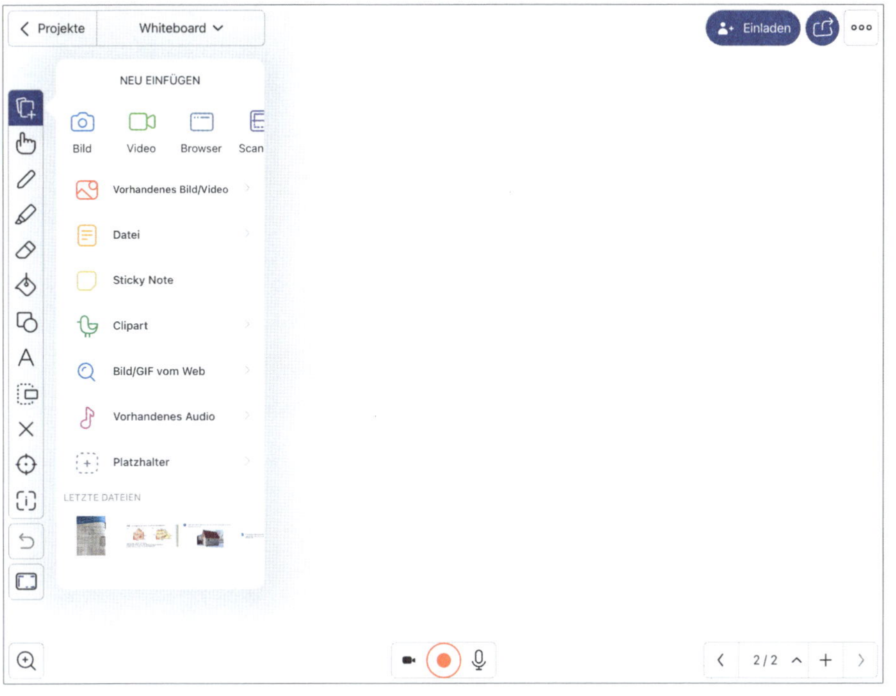

Abbildung 12.6 Über das Plussymbol oben links können Sie Medien hinzufügen.

Jetzt befindet sich Ihr Foto auf Ihrem Whiteboard (siehe Abbildung 12.8). Mit dem Handsymbol (zweites Symbol von oben in der Arbeitspalette) können Sie es vergrößern, verkleinern oder verschieben. Mit dem Stiftsymbol darunter ist es möglich, auf dem Foto zu schreiben und somit die gewählte Aufgabe den Schüler*innen näher vorzustellen und zu erklären. Mit den Medien und Stiften, die Ihnen hier insgesamt zur Verfügung stehen, können Sie sehr ansehnliche digitale Tafelbilder erstellen.

Whiteboard live oder als Aufnahme vorführen

Wenn Sie die Aufgabe live in der Klasse besprechen oder eine Aufnahme machen, ist es häufig auch sinnvoll, den Laserpointer ⊕ zu benutzen, um auf bestimmte Gegebenheiten auf dem Whiteboard zu zeigen.

Abbildung 12.7 Ein Foto kann auch in »Explain Everything« bearbeitet bzw. zurechtgeschnitten werden.

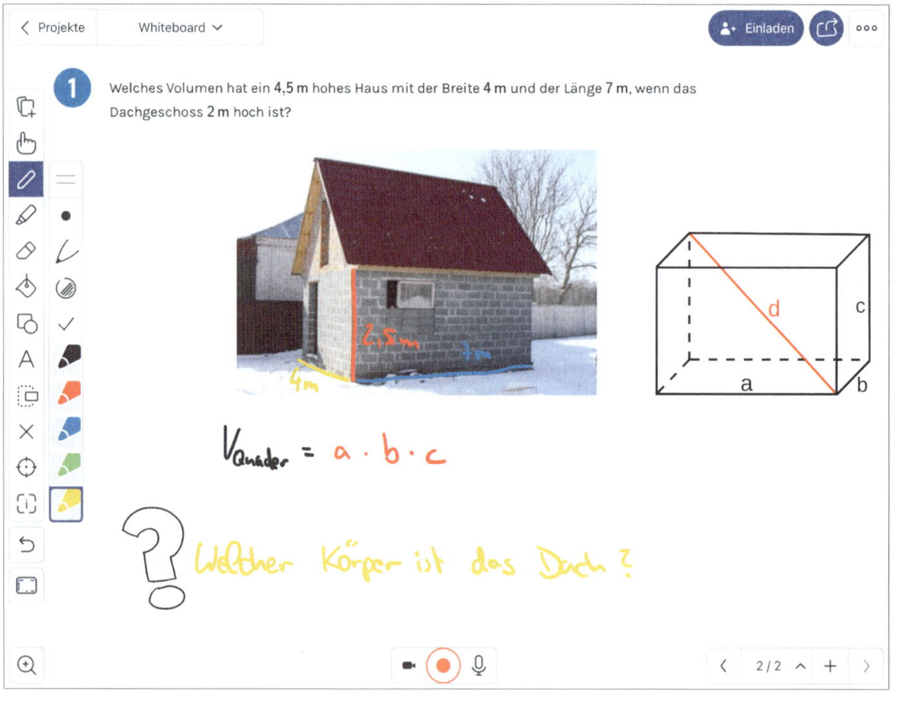

Abbildung 12.8 Neben der Aufgabe wurden weitere Bilder zur Veranschaulichung hinzugefügt.

12.3 Ein Video mit Explain Everything aufnehmen

Sie haben jetzt in aller Kürze einige zentrale Funktionen des Whiteboards kennengelernt und sind damit bereits für viele Einsatzzwecke gerüstet. Der große Vorteil von Explain Everything ist aber, dass Sie alles, was Sie auf dem Whiteboard erstellen, auch gleichzeitig aufnehmen können. Wenn Sie z. B. eine Themeneinführung machen, können Sie diese direkt aufnehmen und den Schüler*innen zur Verfügung stellen. So können sich diejenigen Schüler*innen, die das Thema während der Präsentation im Unterricht noch nicht gleich verstanden haben, Ihre Erklärungen noch einmal in Ruhe anschauen.

12.3.1 Eine Aufnahme erstellen

Um eine Aufnahme zu starten, tippen Sie einfach auf den roten Aufnahme-Button in der Mitte unten. Damit wird die Aufnahme sofort gestartet und alles, was auf dem Whiteboard passiert, inklusive Ihrer gesprochenen Kommentare, wird aufgenommen. Die Symbolleiste unten hat sich jetzt auch leicht verändert (siehe Abbildung 12.9), und Sie sehen neben dem Aufnahme-Button die Länge Ihrer bisherigen Aufnahme.

Abbildung 12.9 Der Laserpointer ist ausgewählt, und die Aufnahme des Whiteboards läuft.

12.3.2 Beenden der Aufnahme

Wenn Sie die Aufnahme beenden möchten, tippen Sie einfach wieder auf den roten Button. Die Aufnahme wird sofort gestoppt und unten wird die Gesamtdauer der Aufnahme angezeigt. Mit einem Fingertipp auf diese Schaltfläche öffnet sich eine Timeline wie in Abbildung 12.10. Hier können Sie nun zu einer beliebigen Stelle in Ihrem Video wechseln.

Explain Everything bietet auch die Möglichkeit, das Video zu schneiden oder einzelne Elemente zu löschen. Im Unterricht benutze ich diese Möglichkeit aber relativ selten, da ich mit Explain Everything vor allem überschaubare Erklärvideos erstelle, die ich im Nachhinein den Schüler*innen zur Verfügung stelle.

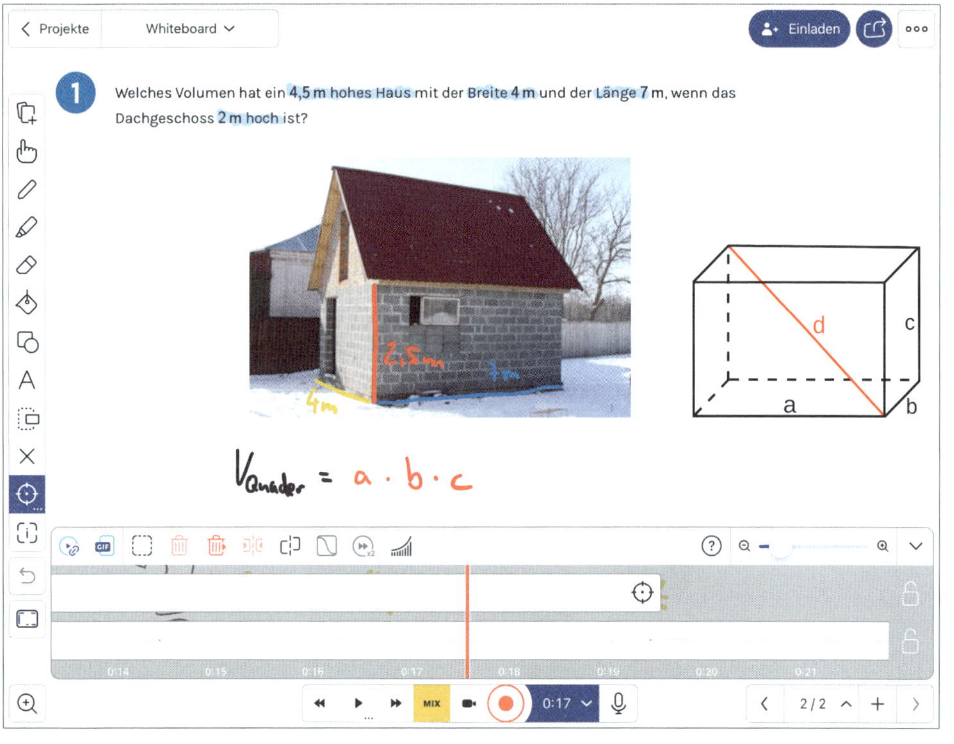

Abbildung 12.10 Die Aufnahme wurde beendet, und in der Timeline kann man zu einer bestimmten Stelle im Video springen.

12.3.3 Das Video/Projekt exportieren

Ist Ihr Video oder Projekt fertig, können Sie es über das Bereitstellungssymbol oben rechts exportieren (siehe Abbildung 12.11). Dafür wählen Sie den Menüpunkt EXPORTIEREN aus und entscheiden, wie Sie Ihr Projekt exportieren möchten.

Ein VIDEO können Sie z. B. in Ihrer Fotos-App speichern. Wenn Sie die Datei als PROJEKT speichern, wird Ihr Whiteboard als Explain-Everything-Datei gespeichert. Das ist dann sinnvoll, wenn Sie eine Aufgabe stellen, die die Schüler*innen auch in Explain Everything bearbeiten sollen.

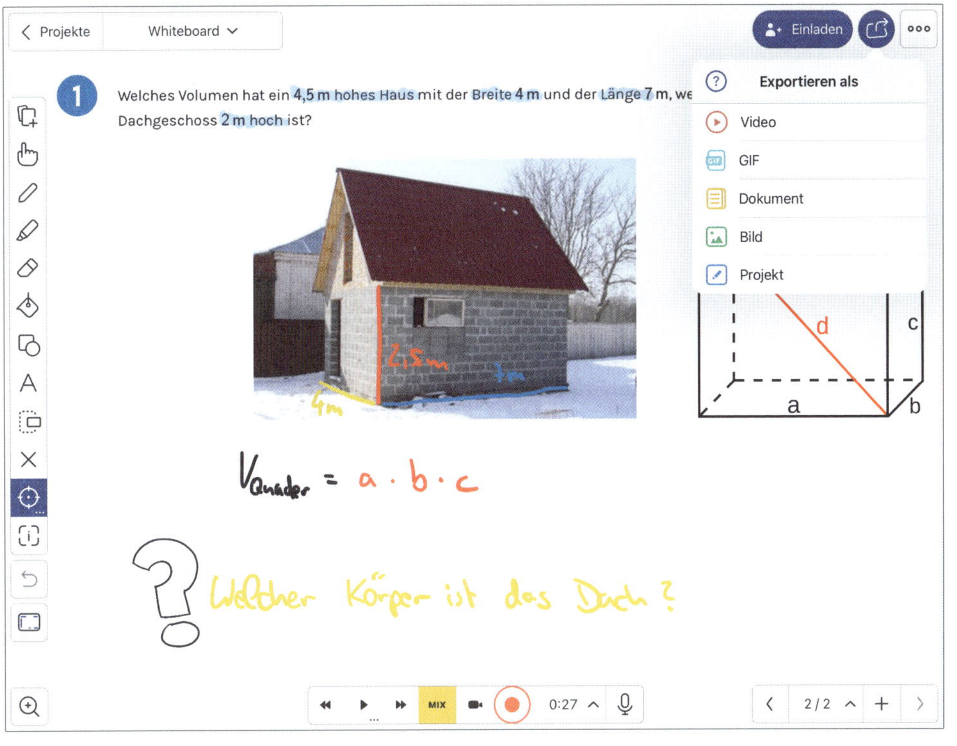

Abbildung 12.11 Die Exportmöglichkeiten in »Explain Everything«

12.4 Ein Tafelbild mit Explain Everything erstellen

Mit Explain Everything lassen sich nicht nur Erklärvideos erstellen, sondern Sie können auch unkompliziert Tafelbilder zeichnen und diese im Anschluss mit den Schüler*innen teilen. So können Sie zum Beispiel mit Ihrer Klasse brainstormen, während Sie die Punkte auf Ihrem iPad notieren. Wenn Sie währenddessen Ihr iPad an die Tafel oder das Whiteboard spiegeln, müssen Sie dabei noch nicht mal mit dem Rücken zur Klasse stehen, sondern können von einem beliebigen Platz aus arbeiten.

12.4.1 Schreiben und zeichnen

Die einfachste Art, ein Tafelbild zu erstellen, ist mit dem *Stift* , den Sie auf der linken Seite in der Werkzeugleiste finden (siehe Abbildung 12.12). Mit dem *Marker* können Sie Ihr Tafelbild anschaulicher gestalten. Talentierte Zeichner können mit diesen *Sketchnotes* ein sehr ansehnliches Tafelbild erstellen.

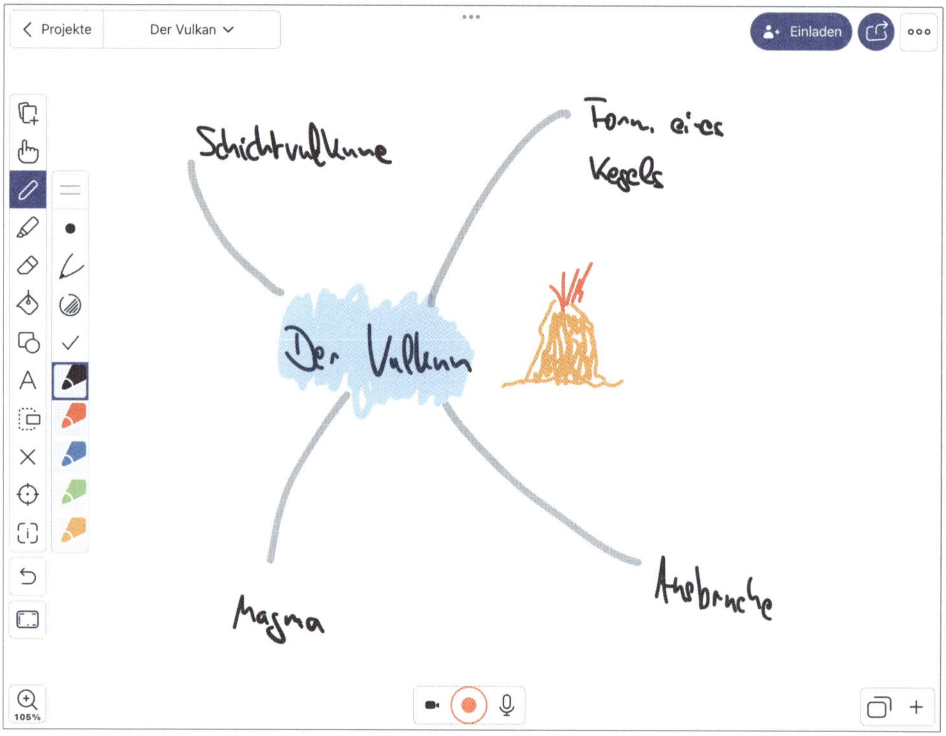

Abbildung 12.12 Der Stift und seine vielen Einstellungsmöglichkeiten in »Explain Everything« sind optimal, um schnell ein Tafelbild zu erstellen.

Mit dem *Radierer* haben Sie die Option, Ihre Zeichnungen auch schnell wieder zu entfernen. Dafür wählen Sie einfach das Radiergummi in der Werkzeugleiste unterhalb des Stiftes aus. Daraufhin öffnet sich ein Menü, in dem Sie Ihren Radierer weiter konfigurieren können (siehe Abbildung 12.13).

Mit der untersten Option des Radierers [Symbol] können Sie sogar in Bildern radieren. Dies bietet sich an, wenn Sie Teile des Bildes unkenntlich machen möchten.

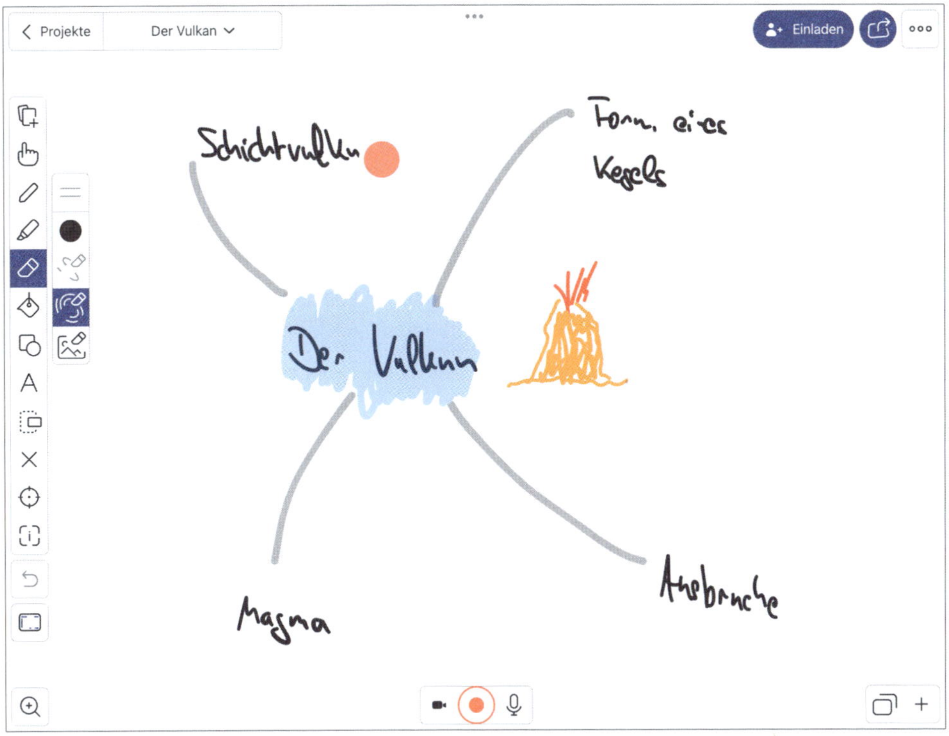

Abbildung 12.13 Mit dem Radierer können Sie schnell Geschriebenes verschwinden lassen.

12.4.2 Bilder einfügen

Möchten Sie Ihr Tafelbild mit Bildern füllen, können Sie diese über das »Neu Einfügen«-Symbol [Symbol] ganz oben in der Werkzeugleiste hinzufügen (siehe Abbildung 12.14). Ein kleiner Tipp für alle Mathematiklehrer*innen: Über dieses Symbol und die Schaltfläche GLEICHUNG können Sie auch leicht eine Gleichung einfügen. Damit die Schaltfläche GLEICHUNG erscheint, müssen Sie im oberen Menü etwas nach rechts wischen.

Nach Auswahl dieser Option öffnet sich ein Formeleditor (siehe Abbildung 12.15), in den Sie eine mathematische Formel für Ihr Tafelbild eingeben können.

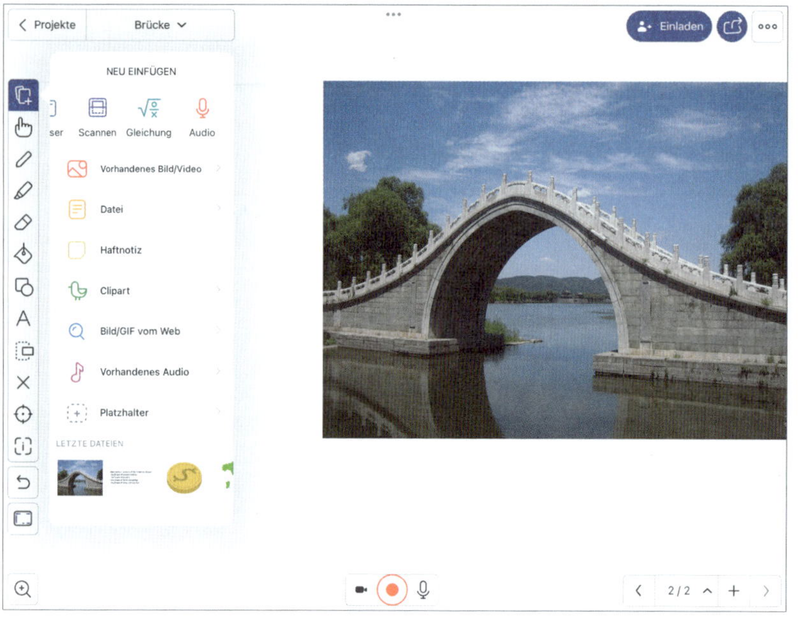

Abbildung 12.14 Tippen Sie auf »Gleichung«, können Sie eine mathematische Formel mithilfe eines Formeleditors einfügen.

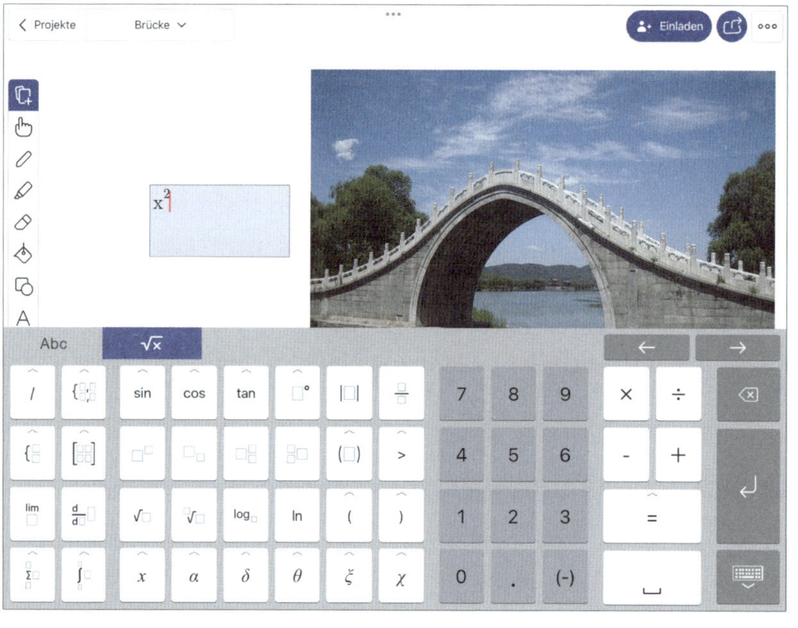

Abbildung 12.15 Im Formeleditor ändert sich die Tastatur, damit Sie mathematische Formeln eingeben können.

12.5 Lehrertipps für den Einsatz von Explain Everything

Ich habe Ihnen in diesem Kapitel nur eine Einführung in Explain Everything gegeben. Die App hat noch viel mehr zu bieten, was den Rahmen dieses Buches sprengen würde.

Sie können mit Explain Everything auch sehr nachhaltig korrigieren, indem Sie die Schülerarbeiten in Ihr Whiteboard einfügen, den Aufnahme-Button drücken und mit dem Korrigieren starten. Das fertige Video schicken Sie dann an die jeweilige Schülerin bzw. den jeweiligen Schüler. So erhalten diese ein viel detaillierteres und eindrücklicheres Feedback.

Außerdem können die Schüler*innen selbst sehr gute Videos mit Explain Everything erstellen. Dazu zählen nicht nur Erklärvideos, sondern etwa auch Animationsfilme. Dafür können Ihre Schüler*innen oder auch Sie selbst Cliparts nutzen (siehe Abbildung 12.16). Diese fügen Sie nach Antippen des Plussymbols oben links über die Option CLIPART (siehe Abbildung 12.6) auf dem Whiteboard ein. Mit diesen kleinen Animationsfilmen lassen sich etwa visuelle Inhaltsangaben von Büchern erstellen.

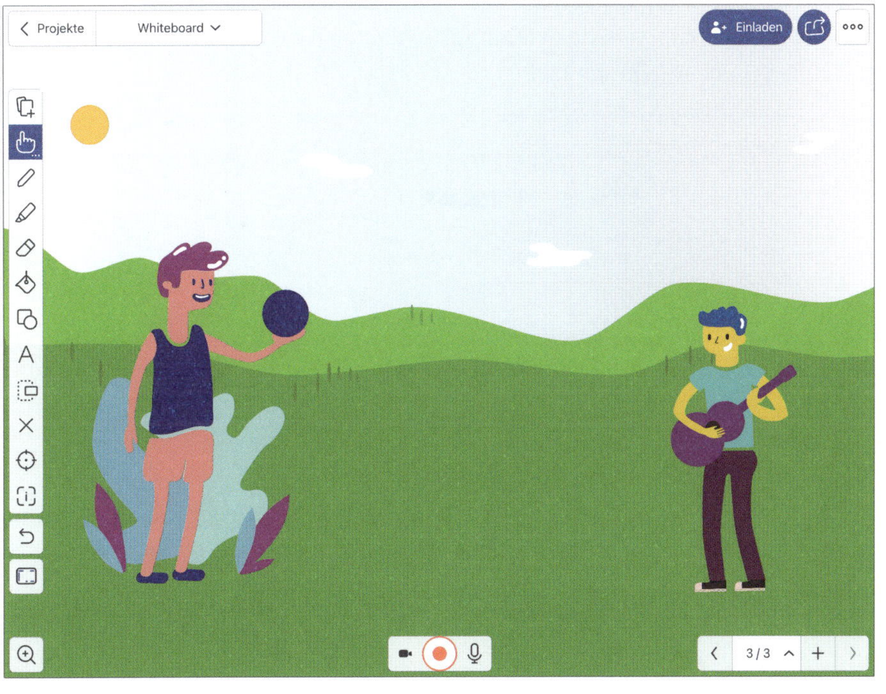

Abbildung 12.16 Mit Cliparts können kleine Animationsfilme erstellt werden.

Zum Abschluss möchte ich Ihnen noch zwei Features in Explain Everything zeigen, die ich fast täglich nutze.

12.5.1 Den Hintergrund anpassen

Die erste praktische Möglichkeit besteht darin, das Hintergrundmuster des Whiteboards zu ändern. Mit diesem Trick erhalten Sie einen karierten oder linierten Hintergrund. Dafür tippen Sie auf die Folienseite unten rechts und wählen dann die Farbpalette aus (siehe Abbildung 12.17).

Abbildung 12.17 Über die Folienauswahl unten rechts und die Farbpalette können Sie den Hintergrund ändern.

Jetzt können Sie den entsprechenden Hintergrund inklusive Hintergrund- und Musterfarbe auswählen (siehe Abbildung 12.18).

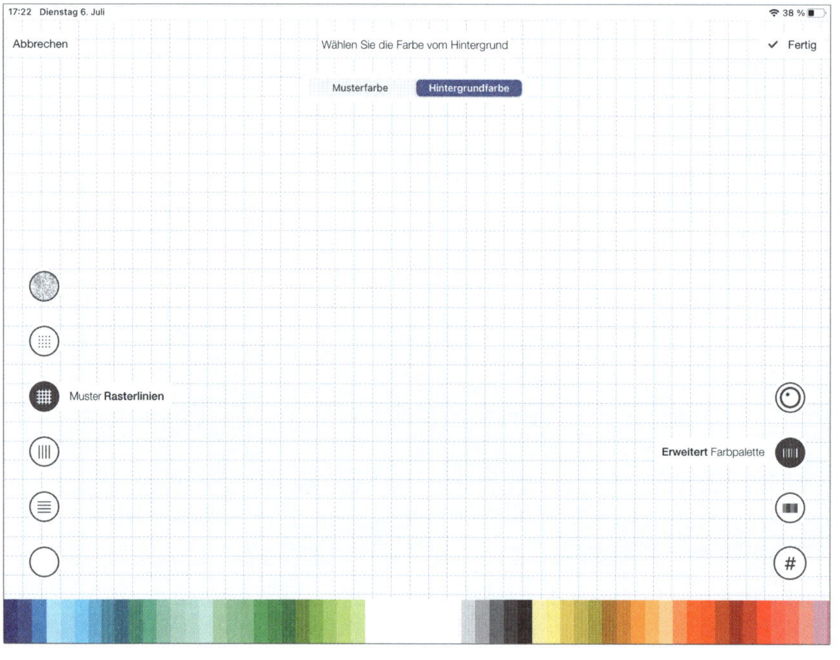

Abbildung 12.18 Gerade für Mathematiklehrer und -lehrerinnen ist der karierte Hintergrund sehr wertvoll.

12.5.2 Den Webbrowser einbinden

Ein weiteres Feature, das ich häufig benutze, ist der Webbrowser. Über das Plussymbol oben links kann ich einen BROWSER (siehe Abbildung 12.6) auf meiner Seite einfügen, in dem ich wie in Safari surfen kann. Der Vorteil ist, dass ich dann in Explain Everything auf der Webseite schreiben und wichtige Elemente markieren oder auch ausschneiden kann (siehe Abbildung 12.19 und Abbildung 12.20).

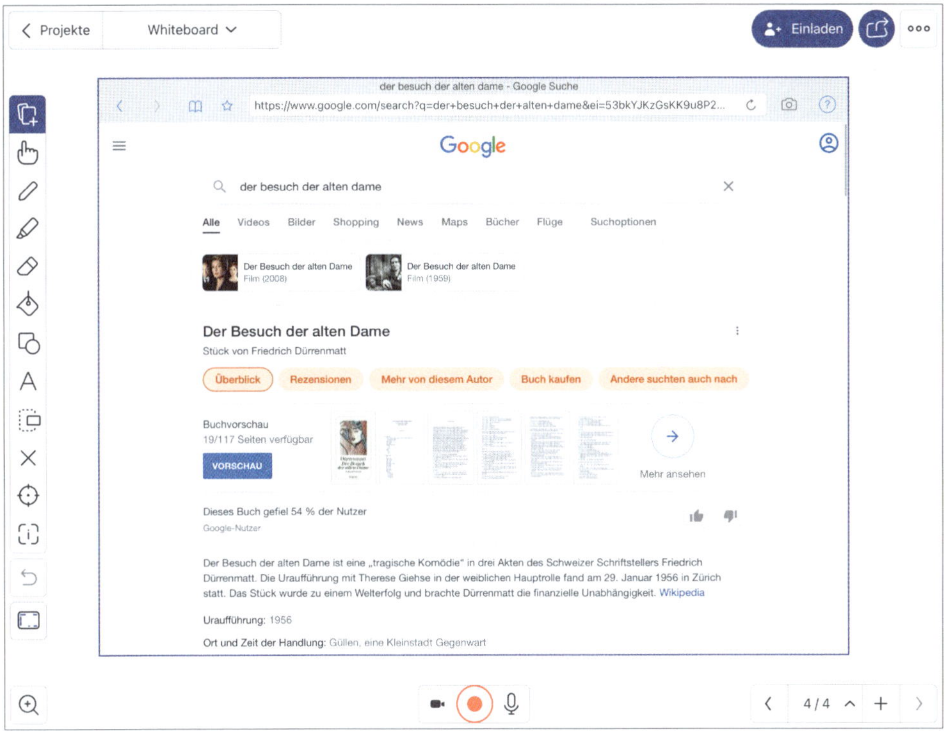

Abbildung 12.19 Ein auf dem Whiteboard eingefügter Browser kann in »Explain Everything« wie in »Safari« benutzt werden.

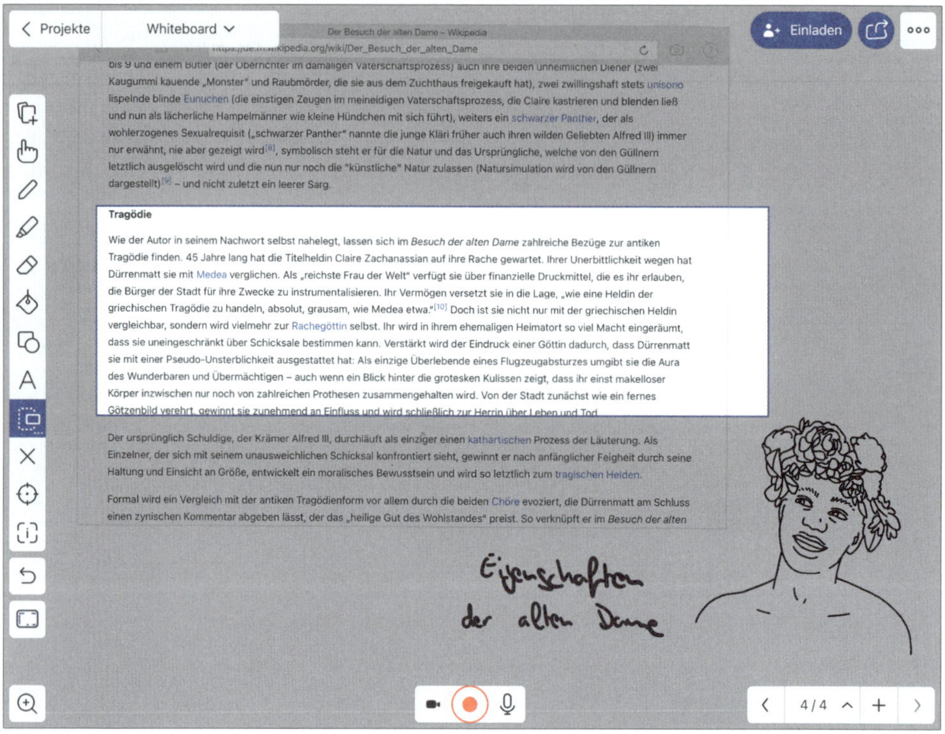

Abbildung 12.20 Mit dem Ausschneidewerkzeug können einzelne Elemente von Webseiten oder Fotos ausgeschnitten werden. Sie werden dann als eigenes Bild auf dem Whiteboard eingefügt.

Kapitel 13
Hilfreiche Apps für den Schulunterricht

*Inzwischen gibt es eine Vielzahl an Apps für den Unterricht. Diese kann Lehrkräfte und auch Schüler*innen leicht überfordern. In diesem Kapitel stelle ich Ihnen daher eine Auswahl besonders interessanter Apps vor, die Sie sich einmal anschauen sollten.*

In meinem Unterricht versuche ich mich auf einen festen Pool an Apps zu beschränken, die man meistens fächerübergreifend einsetzen kann. Natürlich können auch fachspezifische Apps besondere Vorteile bieten, eine Auswahl fachspezifischer App-Empfehlungen finden Sie in Abschnitt 13.5, »App-Ideen für Ihr Unterrichtsfach«.

Eine gemeinsame App-Auswahl treffen

Besprechen Sie im Kollegium oder in der Fachschaft, welche Apps Sie für den Unterricht verwenden möchten. Auf diese Weise verhindern Sie eine zu große Auswahl an Apps auf den iPads der Schüler*innen. Zeigen Sie sich ebenfalls gegenseitig, wie Sie die Apps im Unterricht benutzen. So können Sie sich gegenseitig inspirieren und Ihren Unterricht verbessern.

13.1 Notizen verfassen mit Notability

Notability wie auch seine Alternative *GoodNotes* sind Apps, mit denen sich PDFs bearbeiten oder erstellen lassen. Sie sind für den Unterricht sehr sinnvoll, da immer mehr Schüler*innen (und natürlich auch Lehrkräfte) mit ihrem Stift auf dem iPad schreiben.

In diesen Programmen lassen sich Notizen erstellen, Arbeitsblätter bearbeiten oder sie können sogar als digitales Heft dienen. Im Folgenden gehe ich auf Notability ein, da ich mit dieser App arbeite, jedoch bietet GoodNotes sehr ähnliche Funktionen. Beide Apps sind kostenpflichtig, ihre Anschaffung lohnt sich jedoch sehr.

13.1.1 Eine neue Notiz erstellen

Öffnen Sie die App, indem Sie auf das entsprechende Icon auf Ihrem Home-Bildschirm tippen. Sie befinden sich jetzt in der Übersicht aus Abbildung 13.1, in der Sie all Ihre Notizen sehen.

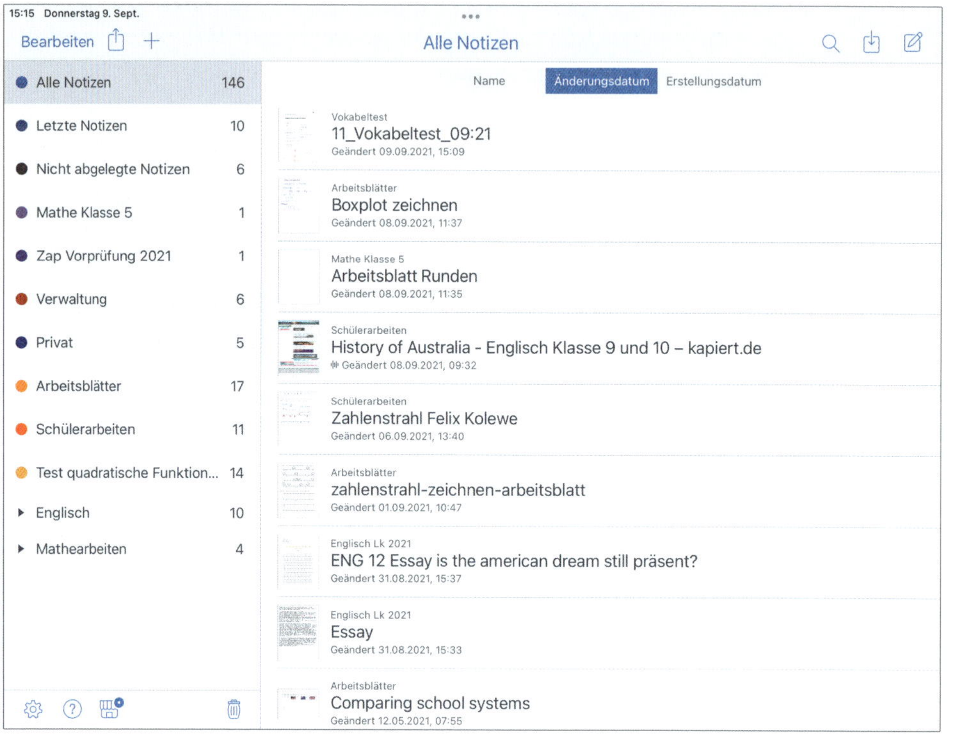

Abbildung 13.1 In der Übersicht sehen Sie Ihre gesamten Notizen.

Auf der linken Seite können Sie Ihre Notizen in Kategorien ordnen. Bei mir sind dies etwa Klassen, Fächer, Arten von Inhalten oder auch eine Kategorie für private Notizen.

Um eine neue Kategorie anzulegen, tippen Sie auf das Plussymbol oben links. Dort können Sie dann ein neues Thema hinzufügen oder eine Kategorie erstellen, in der Sie Ihre Themen gruppieren können (siehe Abbildung 13.2).

Möchten Sie eine Notiz einem Thema zuordnen, halten Sie den Finger lange auf die Notiz gedrückt und ziehen Sie sie in das entsprechende Thema auf der linken Seite (siehe Abbildung 13.3).

Abbildung 13.2 Über das Plussymbol können Sie auf der linken Seite neue Kategorien und Themen anlegen.

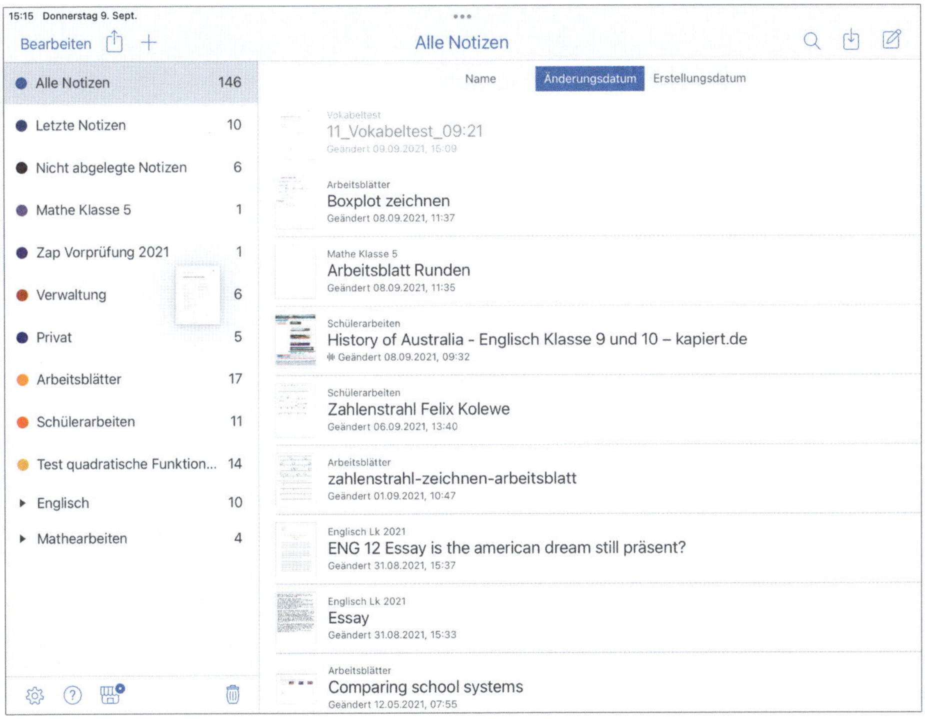

Abbildung 13.3 Sie können Notizen mit dem Finger in die entsprechenden Themen einordnen.

Möchten Sie eine neue Notiz anlegen, tippen Sie auf das Stift-Symbol oben rechts. Die Benutzeroberfläche von Notability ist sehr benutzerfreundlich, da sie sehr übersichtlich ist. Oben in der Mitte befindet sich Ihre Werkzeugpalette, mit dem Mikrofon-Icon rechts daneben können Sie Sprachaufnahmen hinzufügen (siehe Abbildung 13.4). Ganz links kehren Sie mit dem Pfeil wieder zurück in die Übersicht von Notability, und mit dem Viereck mit Pfeil nach oben teilen Sie Ihre Notiz mit anderen.

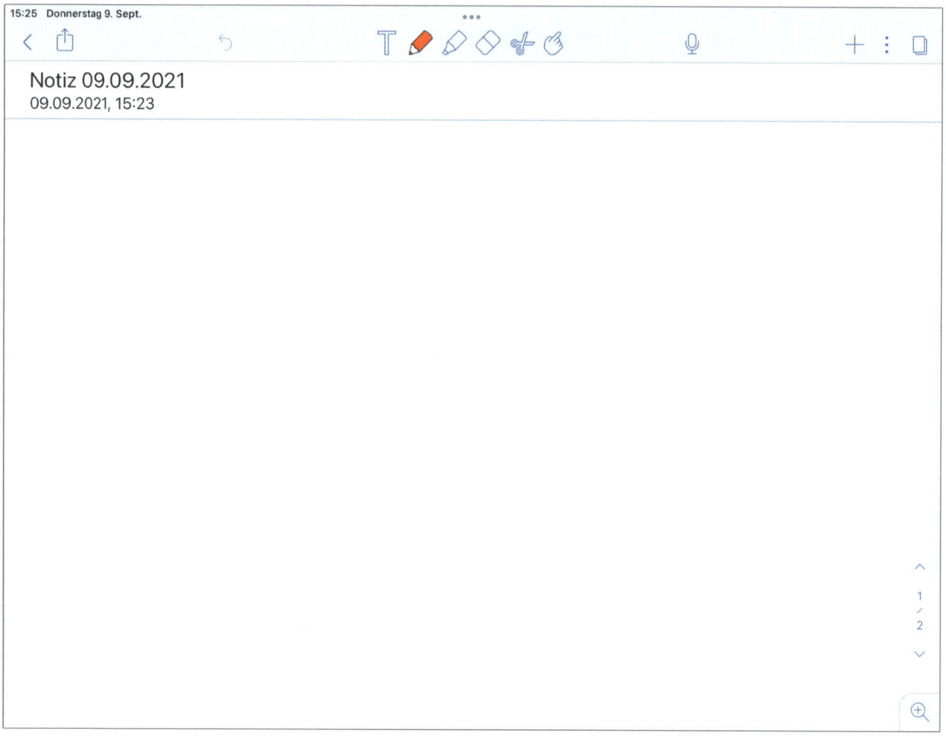

Abbildung 13.4 Die Benutzeroberfläche in Notabilty ist übersichtlich.

Bevor Sie starten, können Sie über die drei Punkte oben rechts Ihr Papier auswählen (siehe Abbildung 13.5). Tippen Sie dafür auf das Icon, und wählen Sie unter OPTIONEN den Reiter PAPIER aus. Jetzt können Sie zwischen verschiedenen Farben und Lineaturen auswählen. Das hilft vor allem, wenn man handschriftlich in Notability schreiben möchte.

Wenn Sie den Stift in der Werkzeugleiste oben ausgewählt haben und ein Apple Pencil mit Ihrem iPad gekoppelt ist, können Sie direkt mit diesem schreiben (siehe Abbildung 13.6). Ist kein Stift gekoppelt, können Sie auch einfach mit Ihrem Finger zeichnen.

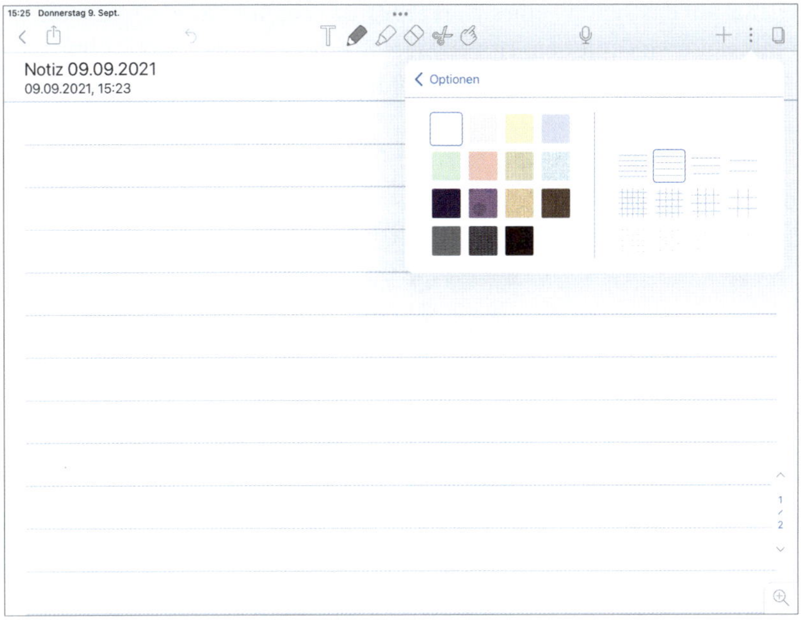

Abbildung 13.5 Sie können die passende Lineatur für Ihren Unterricht auswählen.

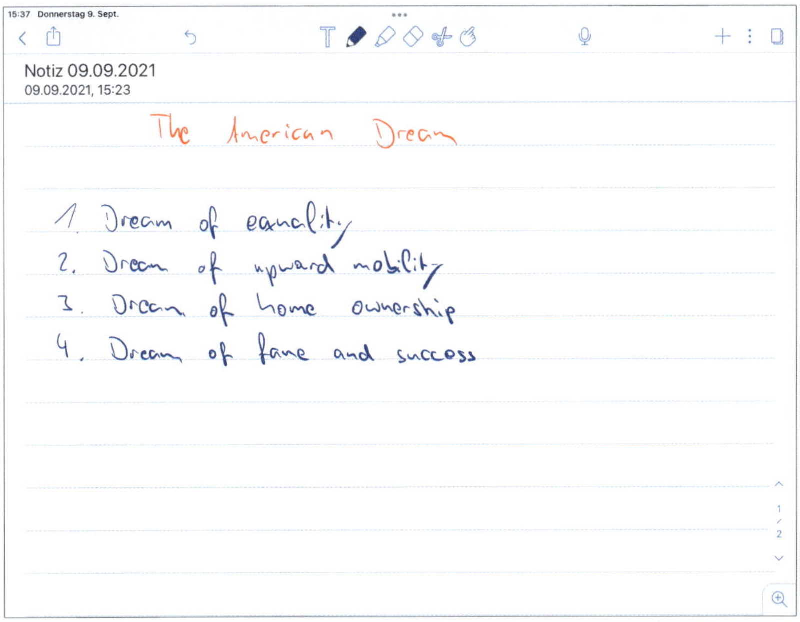

Abbildung 13.6 Mit dem Stift-Symbol in der Werkzeugleiste können Sie auf Ihrer Schreibfläche mit einem Apple Pencil schreiben.

Tippen Sie noch mal auf das Symbol eines Werkzeugs, das bereits ausgewählt ist, öffnet sich ein Menü mit weiteren Optionen. Tippen Sie z. B. erneut auf den Stift, können Sie die Farbe und Stärke des Stiftes ändern (siehe Abbildung 13.7).

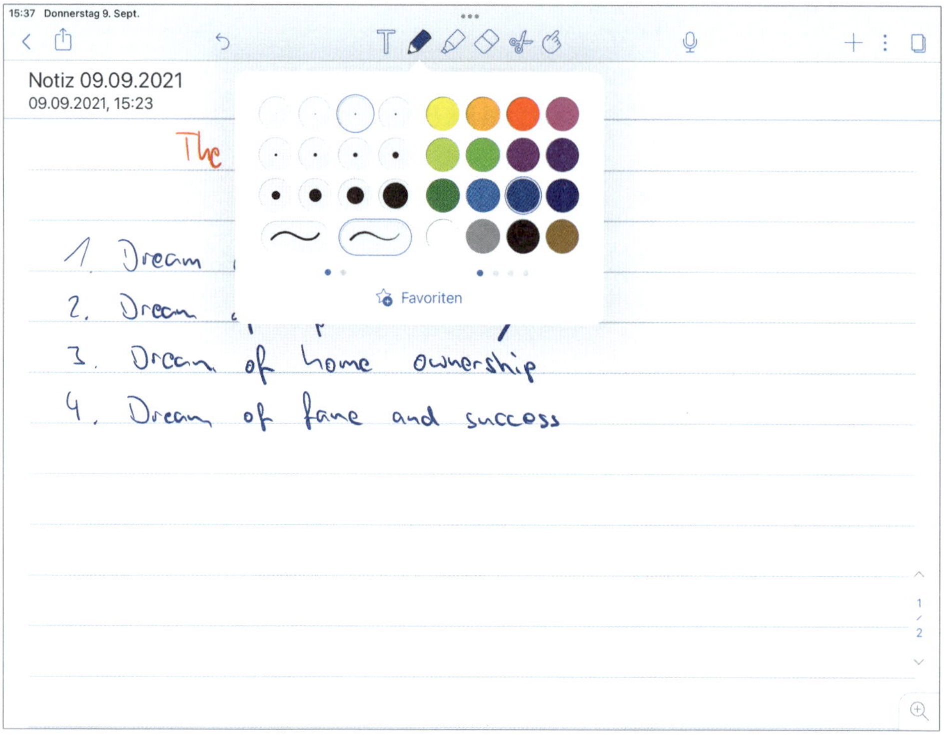

Abbildung 13.7 Die Werkzeugpalette bietet noch mehr Optionen, wenn Sie nach der Auswahl ein zweites Mal auf ein Symbol, wie hier den Stift, tippen.

Um die Übersicht zu behalten, ist es wichtig, dass Sie Ihrer Notiz einen Namen geben. Dazu tippen Sie oben links auf NOTIZ (daneben steht das aktuelle Datum, siehe Abbildung 13.8) und tragen einen eindeutigen Namen zu Ihrer Notiz ein.

Wenn Sie Ihre Notiz verschicken möchten, tippen Sie auf das Teilen-Symbol oben links. Tippen Sie dann im neu erschienenen Menü auf ANDERE APPS. Jetzt können Sie unter anderem das Format auswählen oder Ihre Notiz mit einem Kennwort versehen (siehe Abbildung 13.9). Tippen Sie unten auf NOTIZ TEILEN, wenn Sie alles nach Ihren Wünschen eingestellt haben.

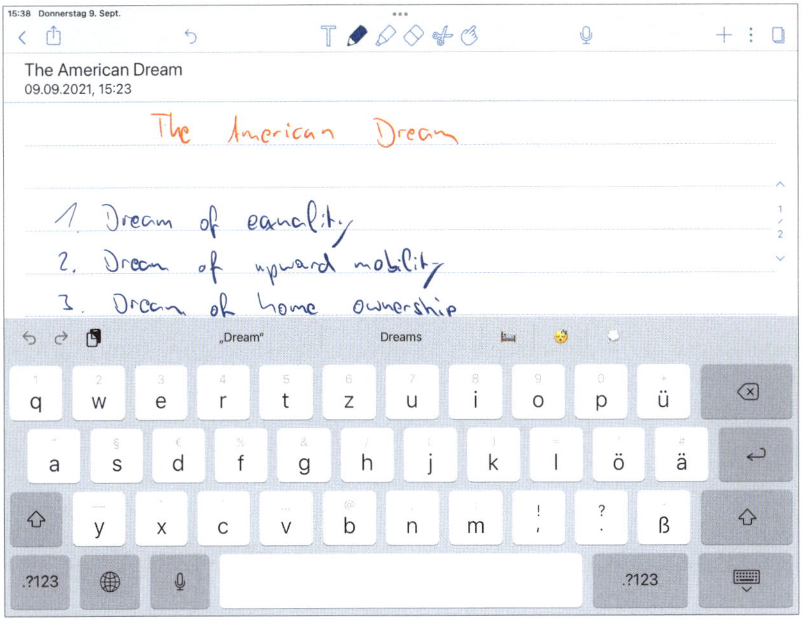

Abbildung 13.8 Geben Sie Ihrer Notiz einen Titel, damit Sie die Übersicht behalten.

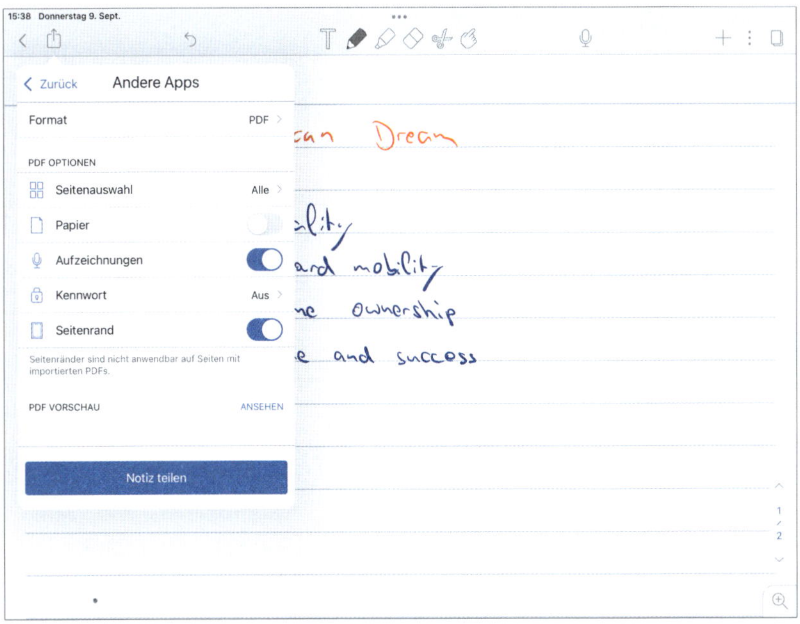

Abbildung 13.9 Notizen lassen sich auch mit einem Kennwort versehen, bevor sie verschickt werden.

Eine gerade Linie in Notability zeichnen

Sie können in Notability einfach gerade Linien zeichnen. Dafür zeichnen Sie mit dem Stift-Werkzeug eine Linie und halten den Apple Pencil oder Ihren Finger noch etwas auf Tablet gedrückt. Die handgezeichnete Linie wird nun von der App automatisch begradigt.

13.1.2 Ein Arbeitsblatt in Notability bearbeiten

Wenn Sie ein Arbeitsblatt in Notability bearbeiten möchten, öffnen Sie es und wählen über das Bereitstellungsicon oben rechts NOTABILITY aus (siehe Abbildung 13.10).

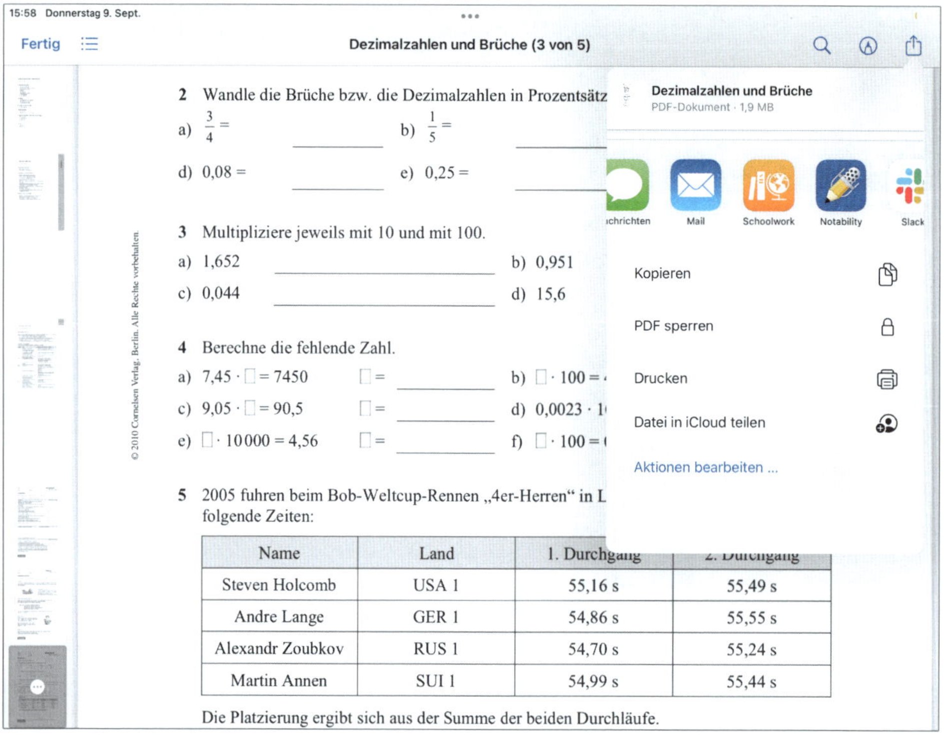

Abbildung 13.10 Über das Bereitstellungssymbol können Sie Ihr Arbeitsblatt an Notability senden.

Jetzt können Sie das Blatt zu Ihrer letzten Notiz hinzufügen oder eine neue Notiz anlegen (siehe Abbildung 13.11).

Wenn Sie auf NEUE NOTIZ ERSTELLEN tippen, können Sie der Notiz einen Titel geben und sie zu einem Thema hinzufügen (siehe Abbildung 13.12).

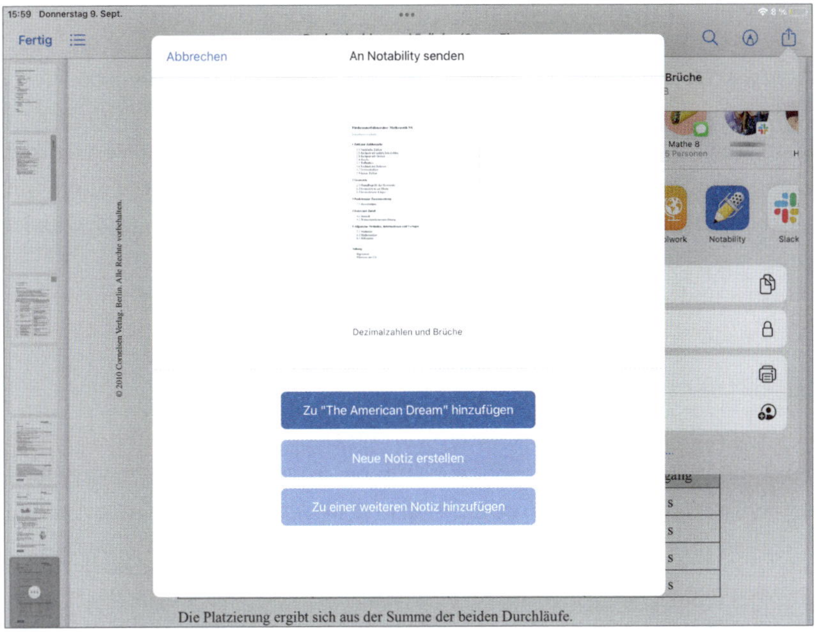

Abbildung 13.11 Sie können das Arbeitsblatt zu einer alten Notiz hinzufügen oder eine neue Notiz erstellen.

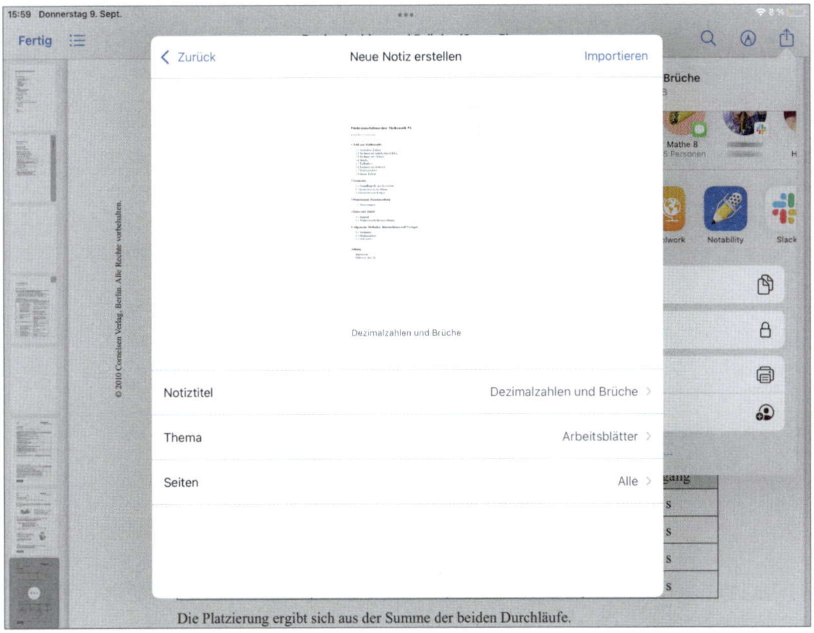

Abbildung 13.12 Ordnen Sie die Notiz direkt bei der Erstellung einem Thema zu.

13.2 Karteikarten erstellen mit Quizlet

Mit Quizlet können Sie zu jedem beliebigen Thema Karteikarten erstellen oder von Ihren Schüler*innen erstellen lassen. Quizlet verfügt auch schon über eine Menge Karteikartensets, auf die öffentlich zugegriffen werden kann. Die Basis-Version von Quizlet ist kostenfrei, es gibt außerdem noch eine Plus-Version, die man abonnieren kann. Mit dieser Version können Sie unter anderem Vokabelseiten einscannen und Quizlet erstellt dann automatisch ein Set, ohne dass Sie alles einzeln eingeben müssen. Quizlet funktioniert auch über den Webbrowser und ist damit plattformunabhängig.

13.2.1 Ein Karteikartenset erstellen

Öffnen Sie die App, indem Sie auf das Quizlet-Icon tippen. Zuerst müssen Sie sich einen Benutzeraccount erstellen oder sich mit einem bestehenden anmelden. Anschließend befinden Sie sich im Hauptmenü von Quizlet (siehe Abbildung 13.13). Dort sehen Sie Ihre Lernsets und Kurse.

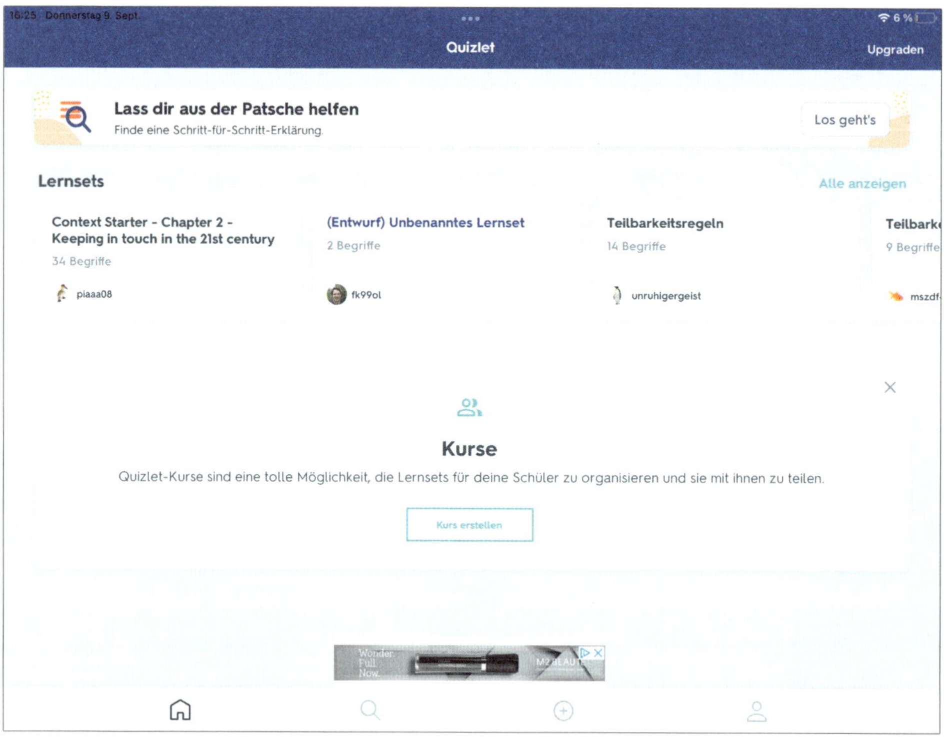

Abbildung 13.13 Das Quizlet-Hauptmenü zeigt die gespeicherten Lernsets und Kurse.

Tippen Sie in dem Menü am unteren Bildschirmrand auf das Plus (+), um ein neues Lernset anzulegen. Geben Sie dem Lernset einen Titel und definieren Sie Begriffe wie in Abbildung 13.14.

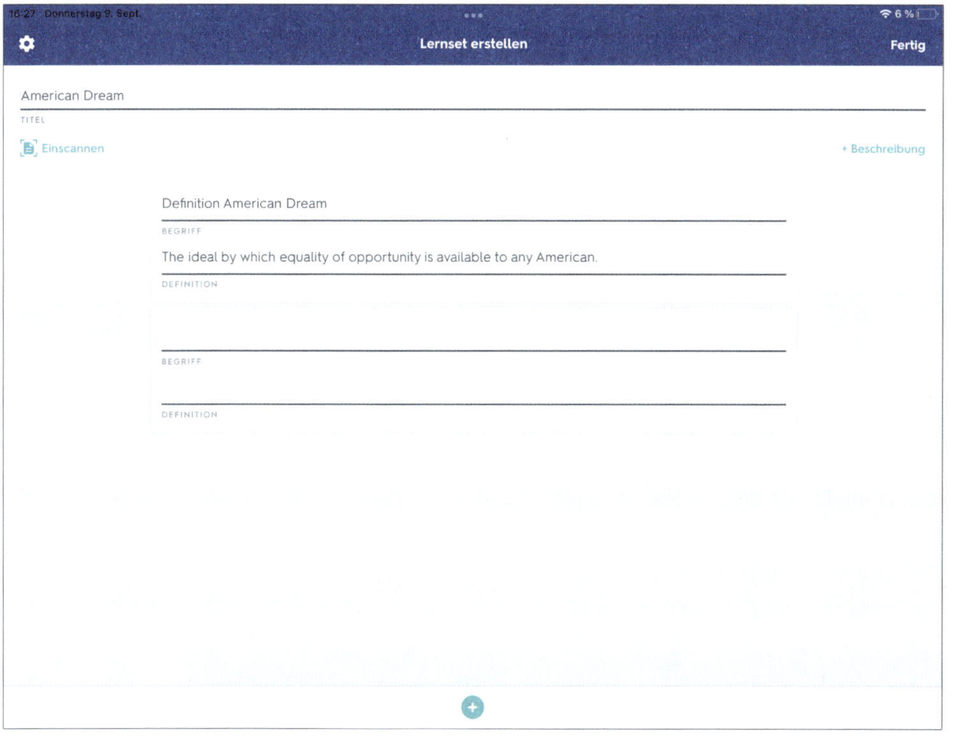

Abbildung 13.14 In einem Lernset definieren Sie Begriffe, unter »+ Beschreibung« können Sie eine Beschreibung hinzufügen.

Auch in diesem Dialog fügen Sie über das Plus am unteren Bildschirmrand weitere Definitionen hinzu. Mit dem Radsymbol oben links können Sie Einstellungen an Ihrem Lernset vornehmen, z. B. die Sprache einstellen.

Wenn Sie Ihr Lernset erstellt haben, tippen Sie oben rechts auf FERTIG. Ihr Lernset ist nun gespeichert und Sie können damit arbeiten.

13.2.2 Mit Lernsets arbeiten

Nachdem Sie in Quizlet ein Lernset erstellt haben, können Sie im Hauptmenü auf es zugreifen. Alternativ können Sie über die Suchfunktion in der Menüleiste unten ein Lernset suchen. Tippen Sie dazu auf die Lupe im Menü am unteren Bildschirmrand, und geben Sie den Namen des Lernsets ein, das Sie suchen möchten (siehe Abbildung 13.15).

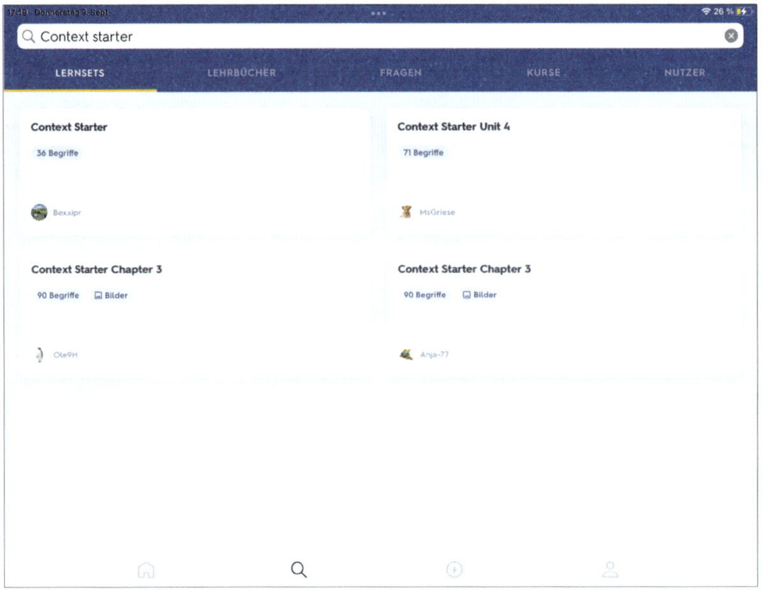

Abbildung 13.15 Über die Suchfunktion finden Sie das gewünschte Lernset.

Haben Sie Ihr Lernset gefunden, tippen Sie es an, um auf es zuzugreifen. Sie können jetzt die Begriffe sehen, die in diesem Lernset definiert wurden (siehe Abbildung 13.16).

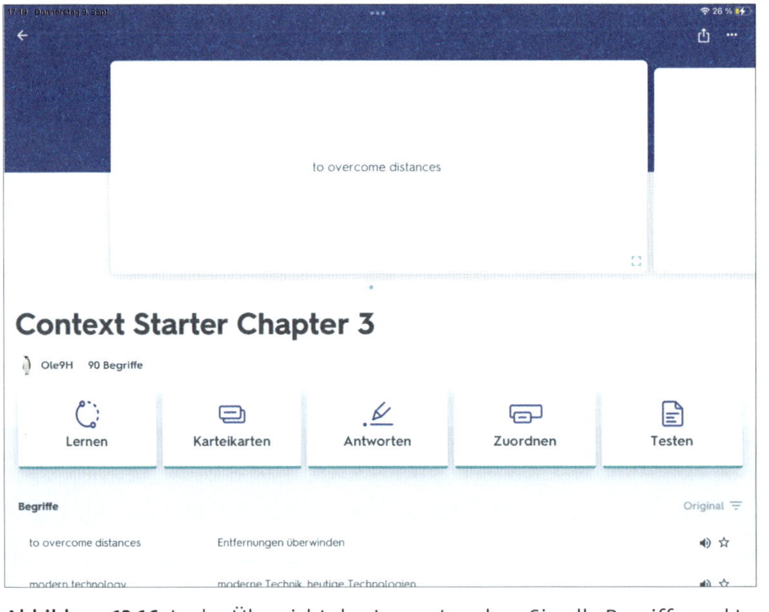

Abbildung 13.16 In der Übersicht des Lernsets sehen Sie alle Begriffe und Lernmöglichkeiten.

Jetzt können Sie bzw. Ihre Schüler*innen mit dem Set lernen. Tippen Sie dafür auf eine der Optionen in der Mitte. Unter LERNEN erhalten Sie z. B. mehrere Antwortmöglichkeiten wie in Abbildung 13.17.

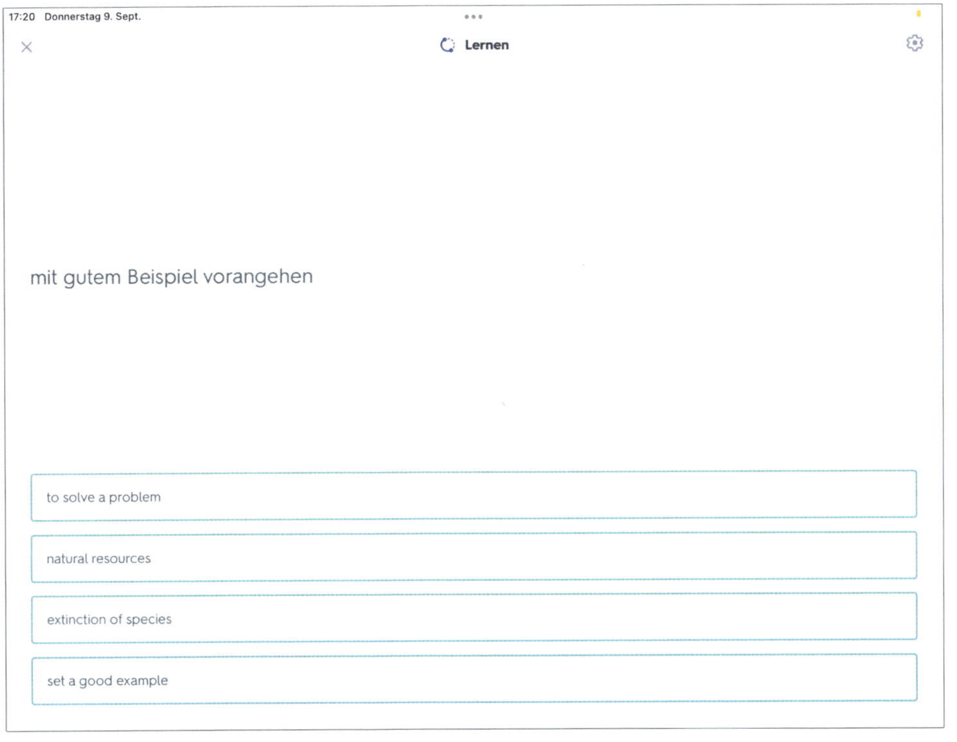

Abbildung 13.17 Mit Ihren Karteikarten können die Schüler*innen in verschiedenen Modi lernen. Im Modus »Lernen« wählen sie die passende Antwortmöglichkeit aus.

Tippen Sie auf die Option ANTWORTEN, müssen die Begriffe ohne Auswahlmöglichkeiten auf der Tastatur eingegeben werden (siehe Abbildung 13.18).

Wenn Sie das Lernset speichern möchten, tippen Sie im Menü des Sets (siehe Abbildung 13.16) auf die drei Punkte ••• oben rechts.

Jetzt können Sie das Lernset zu einem Ordner oder Kurs hinzufügen, das Lernset kopieren, damit Sie selbst daran weiterarbeiten können, oder es mit Ihren Schüler*innen teilen (siehe Abbildung 13.19).

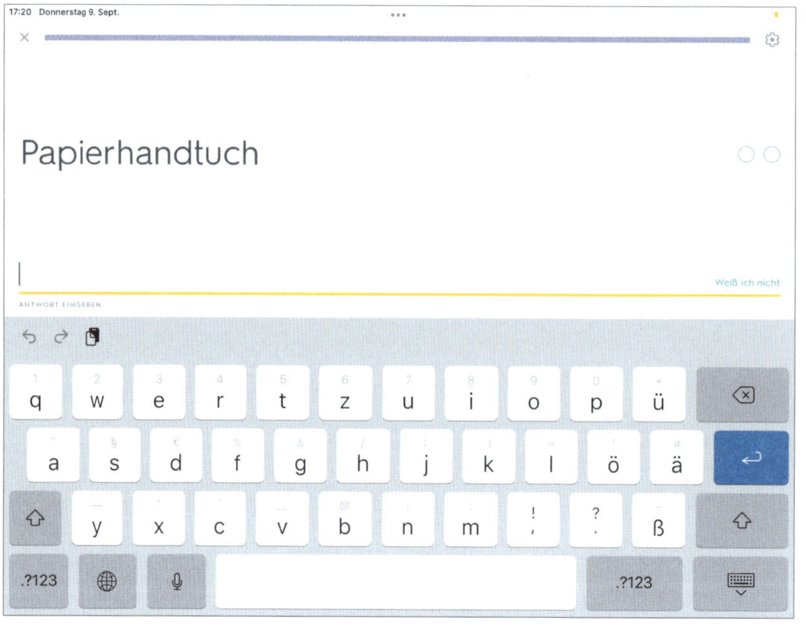

Abbildung 13.18 Es kann auch nach der geschriebenen Definition des Begriffs gefragt werden.

Abbildung 13.19 Im Menü hinter den drei Punkten können Sie das Lernset kopieren, um eine veränderte Version zu erstellen.

13.3 Zeichnen mit Sketches School

Sketches School ist eine Zeichen-App, die kostenlos verfügbar ist und mit ihrem Funktionsumfang gut für die Schule geeignet ist. Oft sind Zeichenapps sehr überladen, was schnell unübersichtlich und abschreckend wirken kann.

Sketches School hingegen hat nicht so viele Funktionen wie eine professionelle Zeichen-App, kann aber hervorragend fächerübergreifend benutzt werden. Gerade jüngere Schüler*innen nutzen fast jede freie Minute, um mit der App zu zeichnen.

Öffnen Sie die App, indem Sie auf das entsprechende Icon tippen. In Sketches School werden Ihre Zeichnungen in Ordnern abgelegt. Sie können die Ordner nach Ihren Wünschen benennen und Ihre Skizzen darin sortieren (siehe Abbildung 13.20).

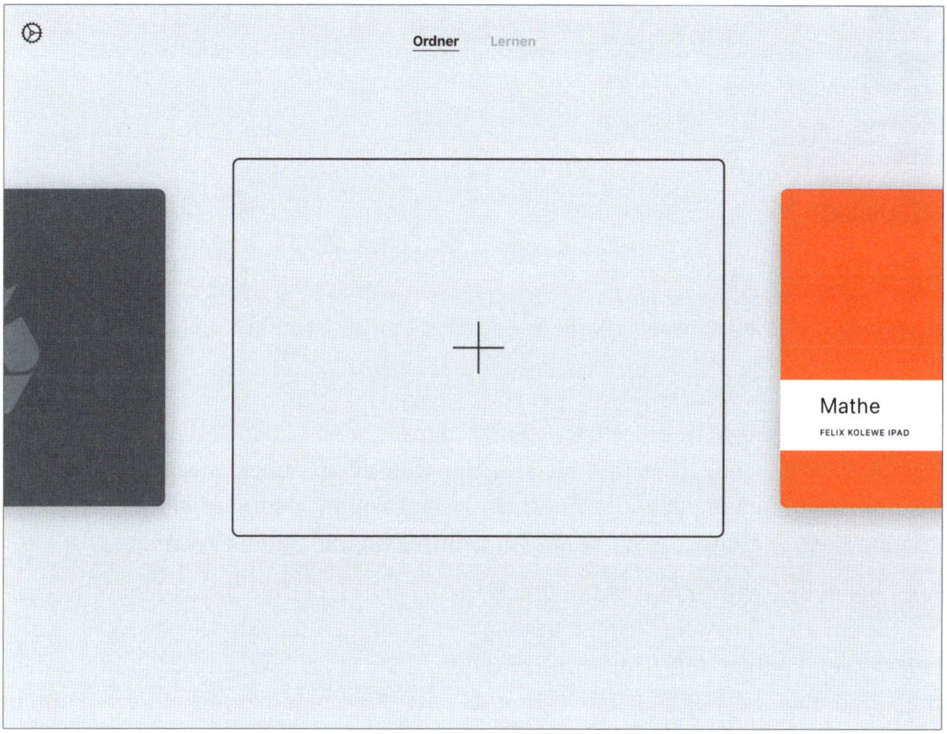

Abbildung 13.20 In »Sketches School« sind Ihre Skizzen in Ordnern sortiert.

Tippen Sie auf einen Ordner und anschließend auf das Plussymbol, um eine neue Skizze anzulegen. Nun öffnet sich die Zeichenoberfläche der Anwendung (siehe Abbildung 13.21).

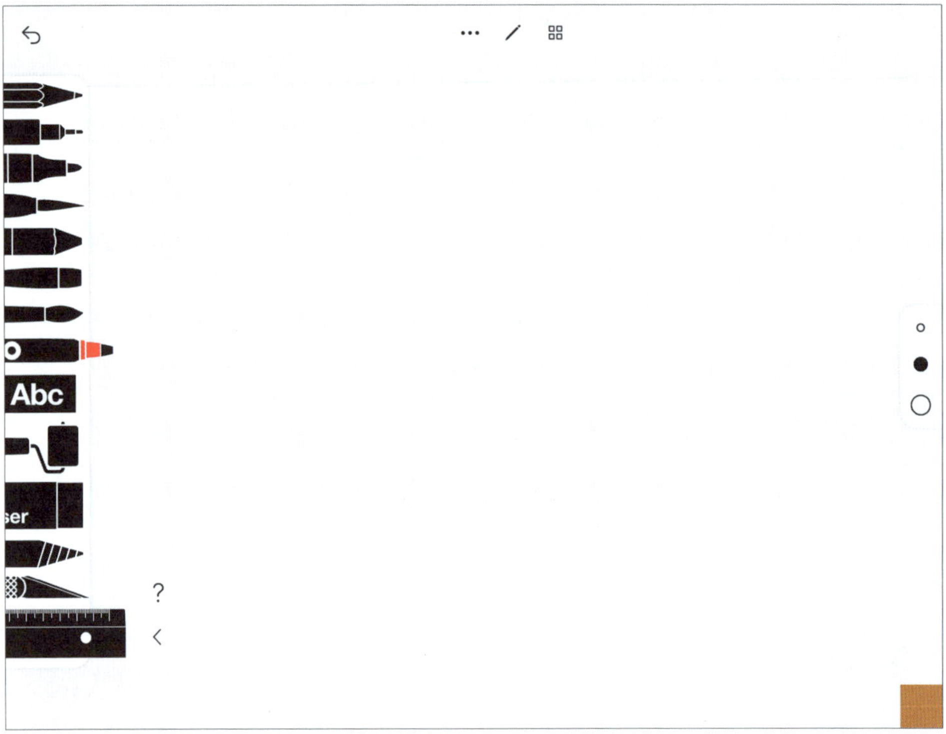

Abbildung 13.21 Die Zeichenoberfläche in »Sketches School« ist aufgeräumt und leicht zu verstehen.

Auf der linken Seite befindet sich Ihre Werkzeugpalette. Sie haben dort die Auswahl zwischen verschiedenen Stiften und Werkzeugen, wie Radierer oder Lineal. Über den Pfeil oben links können Sie den letzten Schritt rückgängig machen. Auf der rechten Seite können Sie in der Mitte die Stärke der Stifte einstellen und unten die Farben.

Am oberen Bildschirmrand warten drei weitere Optionen: Über die drei Punkte erhalten Sie ein Menü, in dem Sie eine Bildschirmaufnahme machen oder Ihre Zeichnung verschicken können. Mit dem Stift-Icon können Sie Einstellungen zum Stift vornehmen, und über die vier Quadrate kehren Sie ins Hauptmenü zurück. Ihre Zeichnung wird dabei automatisch gespeichert.

Wenn Sie mit dem Zeichnen beginnen möchten, wählen Sie einen Stift auf der linken Seite aus und zeichnen dann in der Mitte des Bildschirms (siehe Abbildung 13.22).

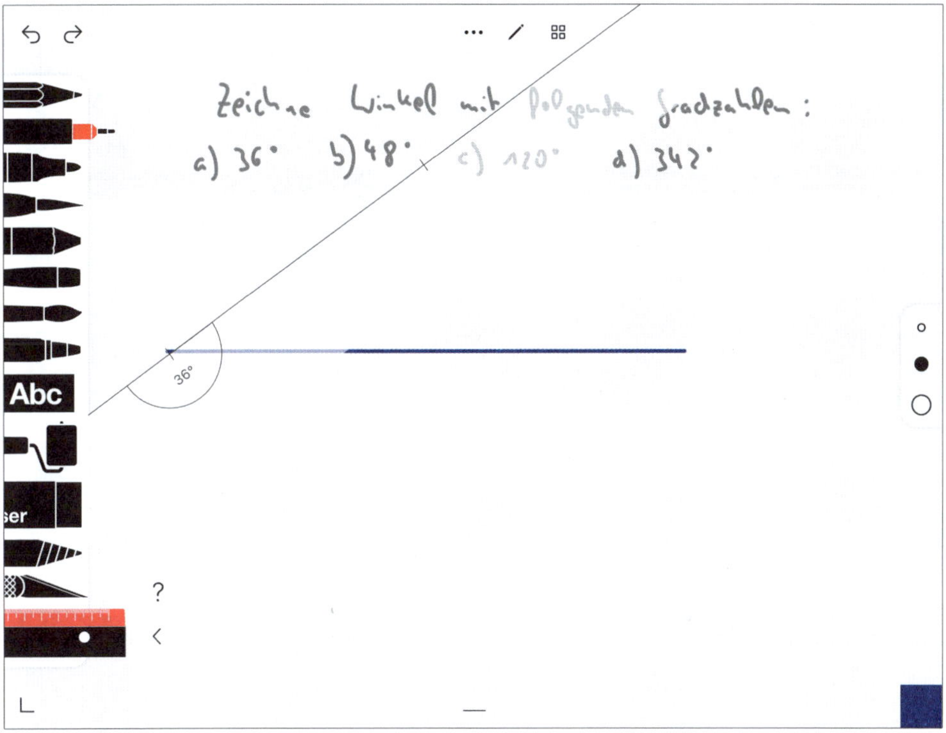

Abbildung 13.22 Ihre Schüler*innen werden auch ohne konkrete Aufgabe gerne in »Sketches School« zeichnen.

13.4 Spielerisch lernen mit Kahoot

Kahoot ist eine App, die man gut zur Auflockerung des Unterrichts benutzen kann. Dabei müssen die Schüler*innen spielerisch Fragen beantworten, indem sie auf ein entsprechendes Symbol auf ihrem Bildschirm tippen. Lehrerkräfte können auf eine große Quiz-Bibliothek zurückgreifen oder ihre eigenen Bibliotheken erstellen.

Es gibt verschiedene Modi beim Abfragen. Schüler*innen können den Inhalt eines Quiz selbstständig lernen und ihr Wissen anschließend überprüfen. Auch kann die Lehrkraft ein Quiz starten und die Schüler*innen treten unter Zeitdruck gegeneinander an. Dies eignet sich besonders zur Auflockerung gegen Ende der Stunde, denn wer schneller antwortet, bekommt hier mehr Punkte – ein Wettbewerb, der die Schüler motiviert.

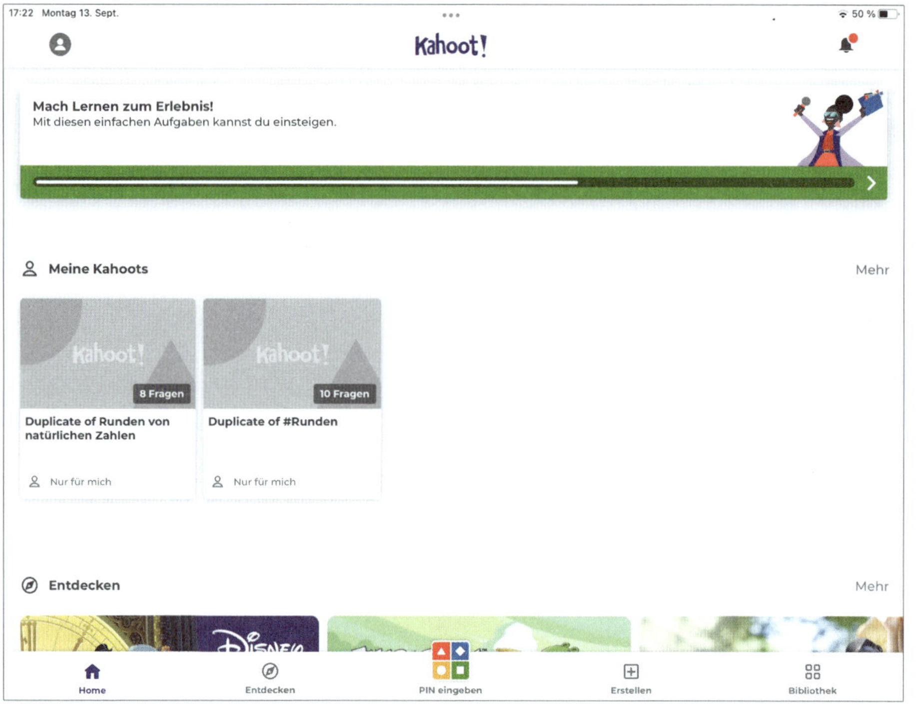

Abbildung 13.23 Der Startbildschirm der App »Kahoot«

Abbildung 13.24 Schüler können sich mit »Kahoot« auch selbst testen.

Startet beispielsweise der Lehrer ein Quiz, müssen sich die Schüler*innen mit einem Code zu diesem Quiz anmelden. Der Lehrer spiegelt dabei sein iPad auf das Whiteboard. Die Fragen werden dann dort angezeigt, zusammen mit den verschiedenen Antwortmöglichkeiten. Unter jeder Antwortmöglichkeit ist ein Objekt abgebildet, das auch auf den iPads der Schüler*innen angezeigt wird.

Die Schüler*innen müssen dann auf das zur Antwort passende Objekt tippen. Für schnelle richtige Antworten bekommen sie Punkte. Am Ende des Quiz gibt es einen Sieger bzw. eine Siegerin mit den meisten Punkten.

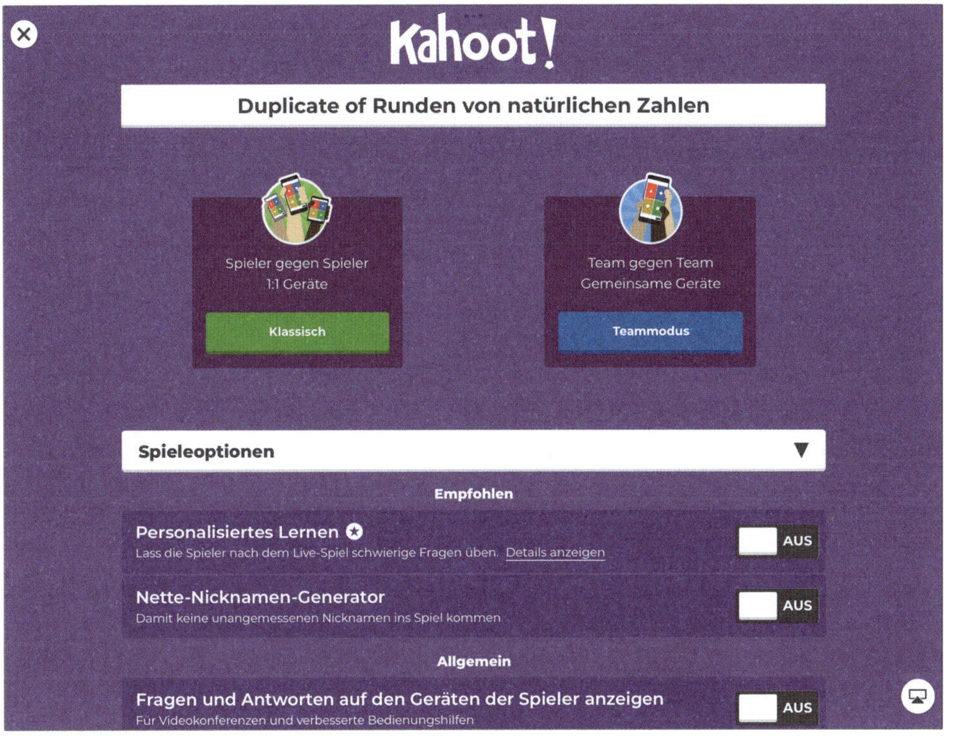

Abbildung 13.25 Das klassische Spiel ist bei Schüler*innen sehr beliebt.

Ein Quiz erstellen lassen

Sie können Ihre Schüler*innen auch gut eigene Quizfragen und -antworten erstellen lassen. Das bietet sich etwa an, wenn sie besonders schnell mit einer Aufgabe fertig geworden sind. Viele Schüler erstellen auch gerne ein Quiz mit Fragen zu einer Präsentation, die sie selbst gehalten haben.

13.5 App-Ideen für Ihr Unterrichtsfach

Neben den genannten fächerübergreifenden Anwendungen bietet der App Store eine reiche Auswahl an fachspezifischen Apps, die gezielt das Fachwissen einzelner Schulfächer vermitteln und Ihren Schüler*innen verständlich machen. In diesem Abschnitt möchte ich Ihnen einige davon vorstellen.

Augmented Reality verschafft Ihren Schüler*innen neue Eindrücke

Augmented Reality (AR) bedeutet auf Deutsch »erweiterte Realität«. Das heißt, Sie sehen auf dem Bildschirm Ihres iPads nicht nur das Bild der Kamera, sondern darin ein computeranimiertes Modell im Raum. Nun können sich Ihre Schülerinnen und Schüler frei mit Ihren iPads um das Modell herum bewegen und es aus allen Blickwinkeln genau untersuchen. Diese Technologie wird in einigen der in diesem Abschnitt aufgelisteten Apps eingesetzt.

13.5.1 Fremdsprachen lernen

Im Fremdsprachenunterricht bieten digitale Medien die Möglichkeit, sich Nachrichten in einer Fremdsprache anzuschauen. Viele ausländische Fernseh- oder Radiosender bieten ihre Sendungen auf YouTube oder auf ihren eigenen Websites an. Zudem bieten sie auch eigene Apps an, um ihre Sendungen besser auf mobilen Geräten zu präsentieren.

Zur Unterstützung beim Sprachenlernen haben sich außerdem folgende Apps bewährt:

- **Duolingo**

  Mit *Duolingo* lassen sich spielerisch Sprachen erlernen (siehe Abbildung 13.26). Die einzelnen Lektionen passen sich den Niveaustufen der Schüler*innen an und sind grafisch ansprechend aufbereitet. Schüler*innen können Punkte sammeln und ihren Fortschritt sehen.

  Für Lehrer*innen gibt es eine Duolingo-Schulversion, die Individualversion ist nach einigen freien Kapiteln kostenpflichtig. Duolingo ist eine großartige Möglichkeit, um neben dem Unterricht eine Sprache zu vertiefen oder Verpasstes aufzuholen. Sie kann gut zur Förderung eingesetzt werden.

  Download unter: *https://apps.apple.com/de/app/duolingo/id570060128*

- **Babbel**

  Babbel ist eine aus Berlin stammende App zum Sprachenlernen und eine Alternative zu Duolingo. Ähnlich wie diese App bietet Babbel personalisiertes Lernen und passt sich dem Niveau der Schüler*innen an. Auch diese App kostet nach 7 Tagen eine monatliche Gebühr.

Download unter: *https://apps.apple.com/de/app/babbel-sprachen-lernen/id829587759*

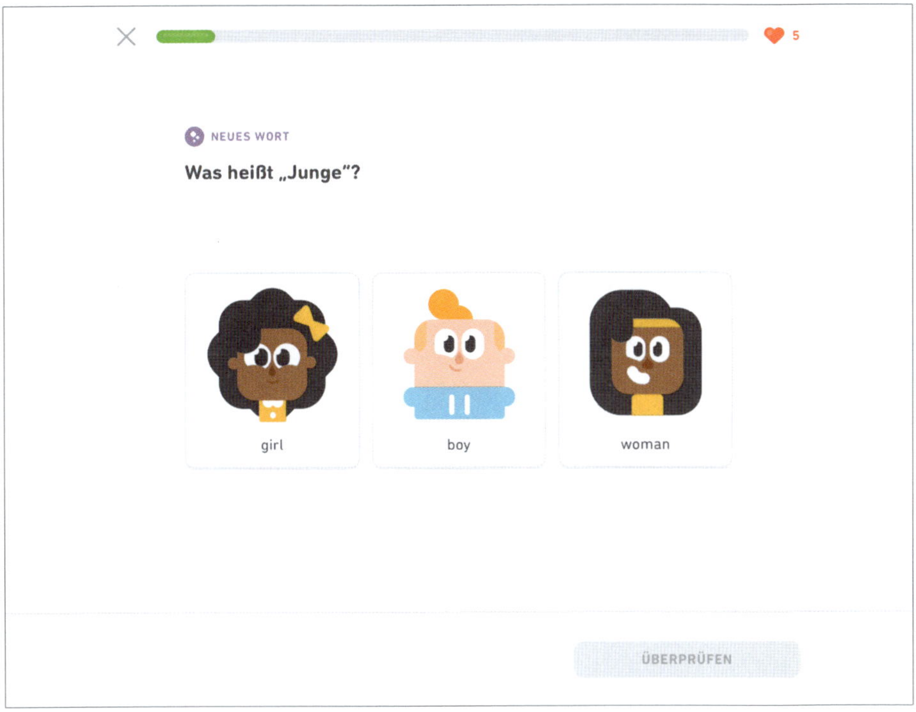

Abbildung 13.26 »Duolingo« ist spielerisch aufgebaut und für Schüler*innen sehr motivierend.

- **Karten**

  Die auf den iPads vorinstallierte *Karten*-App von Apple bietet die Möglichkeit, Länder und Städte genauer kennenzulernen. Neben dem Einsatz im Geografie-Unterricht lohnt sich ihr Einsatz auch in den Fremdsprachen, denn mit ihr lässt sich ein Land oder eine Stadt, die im Unterrichtsmaterial vorkommt, genauer erkunden.

  Man kann z. B. in der Landessprache eine Tour durch eine Stadt planen, schauen, wo sich die wichtigsten Orte in der Stadt befinden oder auch *Flyover-Touren* über einige Städte machen. Diese Touren sind besonders sehenswert und man bekommt einen guten Eindruck von der Stadt.

Abbildung 13.27 Eine Flyover-Tour über New York in Apples »Karten«-App

13.5.2 Naturwissenschaften greifbar machen

In den Naturwissenschaften lassen sich mit Apps Abläufe und Gegebenheiten erkennen und darstellen. Die digitalen Wegbegleiter können Ihren Schüler*innen einen ganz neuen Blick auf die Lerninhalte eröffnen:

- **PictureThis – Pflanzen bestimmen**

  Mit der App *PictureThis* lohnt sich ein Ausflug in den Wald gleich doppelt. Mithilfe dieser App können Ihre Schülerinnen und Schüler ganz leicht Blätter, Blumen und Bäume mit ihrer iPad-Kamera scannen. Die App bietet Namen und viele Hintergrundinformationen zu den Pflanzen. Leider ist die App nur 7 Tage kostenfrei nutzbar, anschließend muss sie zu einem monatlichen oder jährlichen Preis abonniert werden. Trotzdem ist sie für einen Ausflug in die Natur gut geeignet.

  Download unter: *https://apps.apple.com/de/app/picturethis-pflanzen-bestimmen/id1252497129*

- **Froggipedia**

  Froggipedia lässt Frösche durch AR (Augmented Reality) live im Raum erscheinen und veranschaulicht den Werdegang von der Eizelle bis hin zum ausgewachsenen Frosch.

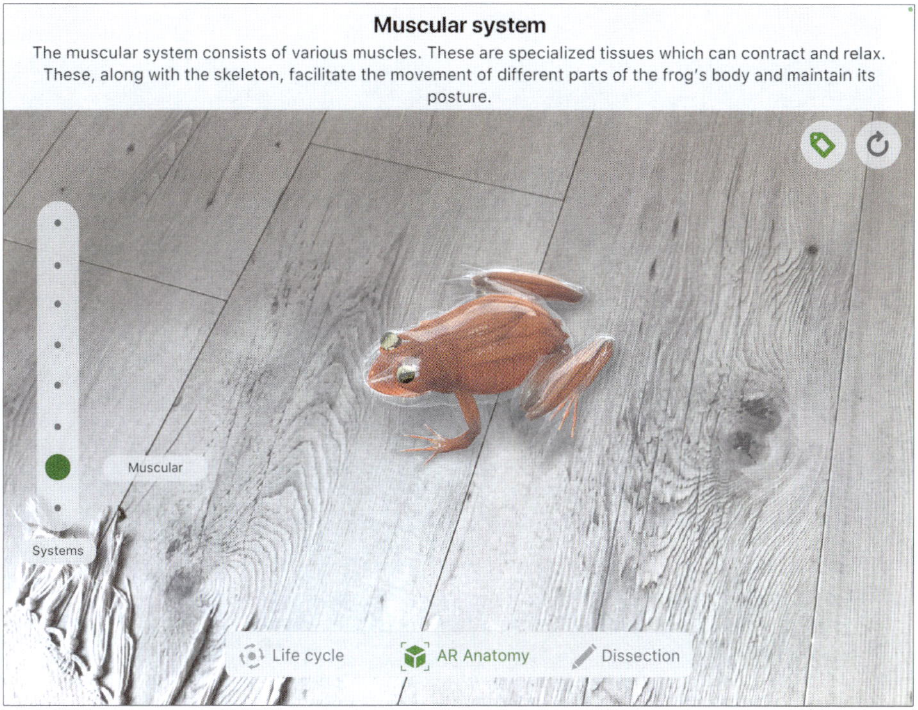

Abbildung 13.28 Mit »Froggipedia« kann man Frösche im Raum darstellen und untersuchen, ohne dass ein echter Frosch zu Schaden kommt.

  Der virtuell im Klassenzimmer erschienene Frosch kann ebenfalls reduziert auf sein Skelett-, Nerven- oder Muskelsystem betrachtet werden. Diese App eignet sich für einen abwechslungsreichen Biologieunterricht und ist mit einem Preis von 3,99 € bezahlbar.

  Download unter: *https://apps.apple.com/de/app/froggipedia/id1348306157*

- **Insight Heart**

  Für 2,99 € ermöglicht die App *Insight Heart* eine Reise ins Herz des Menschen. Durch AR können Ihre Schüler*innen das Herz live im Klassenzimmer betrachten. Auch verschiedene Zustände oder Krankheiten des Herzens lassen sich darstellen.

  Download unter: *https://apps.apple.com/de/app/insight-heart/id1280845473*

- **Essential Skeleton 4**

  Die kostenfreie App *Essential Skeleton 4* ersetzt das althergebrachte Plastikskelett durch eine virtuelle Version auf dem iPad.

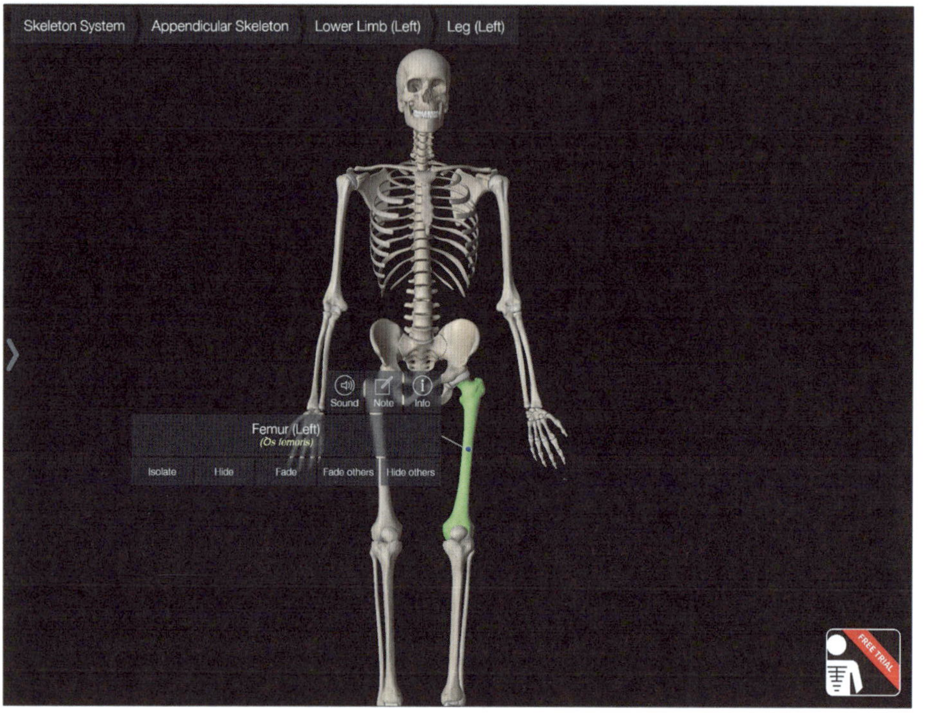

Abbildung 13.29 Einzelne Knochen lassen sich am Skelett darstellen und untersuchen.

  In der App können Knochen und ihre Funktionen genau untersucht werden. Auch können Ihre Schülerinnen und Schüler einzelne Knochen betrachten und in der App Notizen einzeichnen.

  Download unter: *https://apps.apple.com/de/app/essential-skeleton-4/id623811668*

- **Phyphox**

  Phyphox unterstützt Sie bei physikalischen Experimenten mit den Sensoren Ihres iPads. Ob 3D-Magnetometer oder Sonar: Ihr iPad hat viel mehr Einsatzzwecke, als Sie dachten.

  Die gemessenen Daten stellt das Tablet dann grafisch dar. Gerade beim Experimentieren in Gruppenarbeit kann das Messgerät in den Händen der Schüler*innen für Begeisterung sorgen.

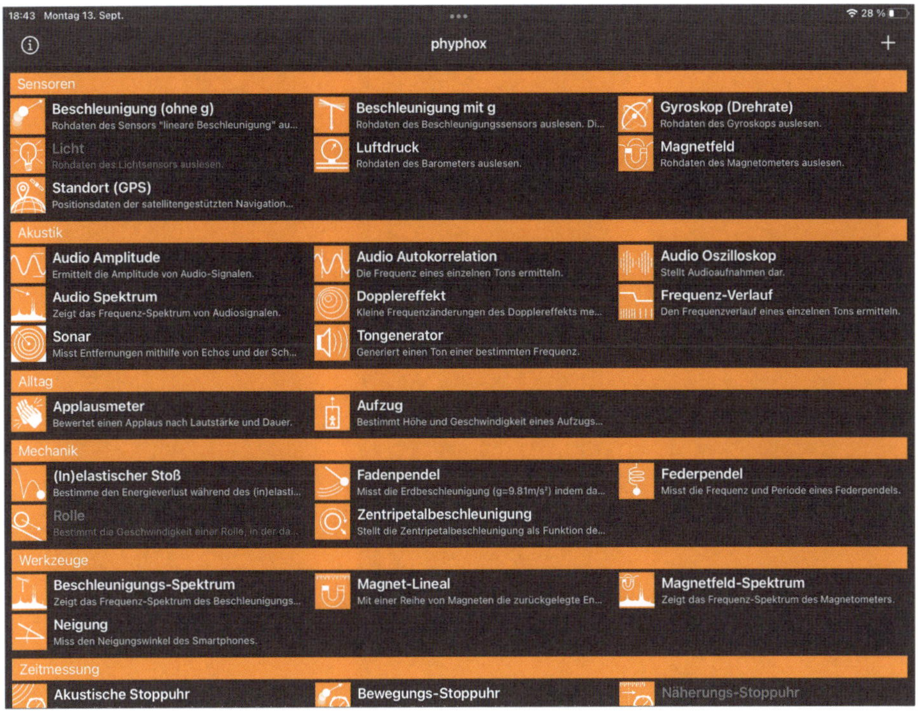

Abbildung 13.30 Mit den Sensoren des iPads lassen sich hervorragend Experimente durchführen.

Download unter: *https://apps.apple.com/de/app/phyphox/id1127319693*

13.5.3 Mathematik verstehen

Nicht nur der Taschenrechner lässt sich hervorragend einsetzen: Es gibt noch viele weitere Apps, die den Mathematikunterricht bereichern:

- **GeoGebra Grafikrechner** oder **Desmos Graphing Calculator**

  Die beiden grafikfähigen Taschenrechner *GeoGebra* und *Desmos* sind ein Muss im Mathematikunterricht. GeoGebra ist dabei die wohl bekanntere App, zu der es online viele Zusatzmaterialien gibt.

  Desmos bietet einen etwas reduzierteren Funktionsumfang und ist daher für jüngere Schüler*innen leichter zu handhaben.

13

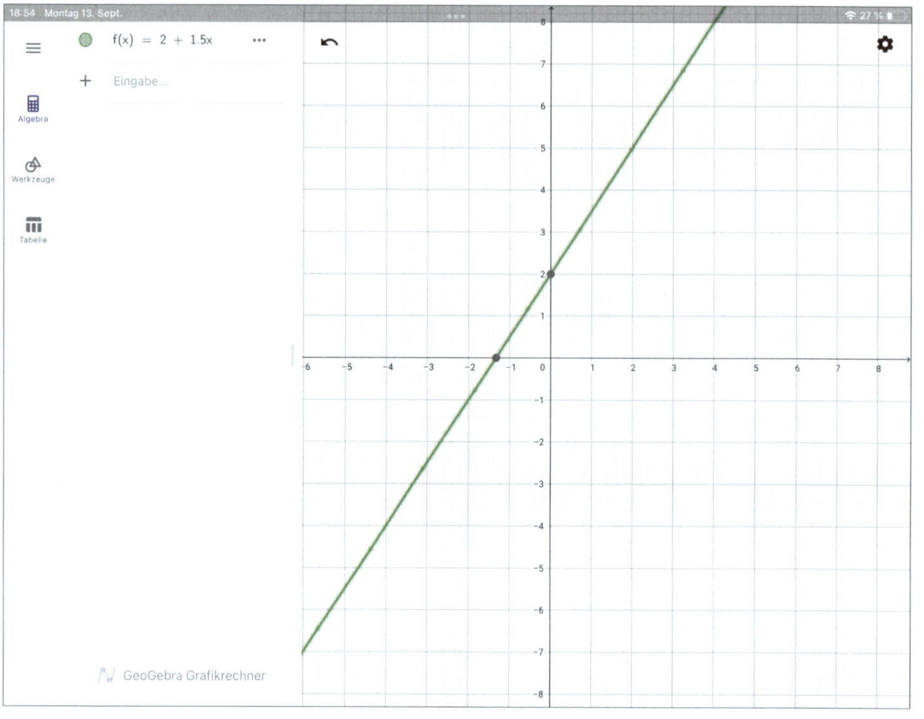

Abbildung 13.31 Mit wenigen Fingertipps lässt sich in »GeoGebra« eine mathematische Funktion visualisieren.

Download von GeoGebra unter: *https://apps.apple.com/de/app/geogebra-classic/id687678494*

Download von Desmos unter: *https://apps.apple.com/de/app/desmos-graphing-calculator/id653517540*

- **MeasureKit**

  Die App *MeasureKit* bietet ein virtuelles Maßband, mit dem Objekte einfach mit der Kamera Ihres iPads ausgemessen werden können. Zudem kann man Winkel messen oder Größen durch Vergleiche visualisieren.

  Da die App die Flächen nicht immer richtig erkennt, können ihre Messungen ungenau sein. In vielen Fällen reicht die Messgenauigkeit aber völlig aus und Sie können sich Zollstock und Winkel sparen.

Abbildung 13.32 Mit einem virtuellen Zollstock lassen sich Objekte messen.

Download unter: *https://apps.apple.com/app/id1258270451*

- **Photomath**

  Von einer App wie *Photomath* träumen Ihre Schüler*innen: Man fotografiert mit dem iPad eine Aufgabe und bekommt in Sekundenschnelle das richtige Ergebnis samt Lösungsweg präsentiert. Natürlich kann dies auch dazu verleiten, Aufgaben nicht selbst zu lösen. Aber für die Korrektur von selbst berechneten Aufgaben ist es eine wertvolle Hilfe.

  Download unter: *https://apps.apple.com/de/app/photomath/id919087726*

13.5.4 Geschichte erleben

- **WDR AR 1933–1945**

  In der App *WDR AR 1933–1945* wird die Geschichte des zweiten Weltkriegs mithilfe von Zeitzeugen und AR zum Leben erweckt – und das direkt im Klassenzimmer.

Zusätzlich stellt der WDR über seine Website Materialien für Lehrer*innen bereit, die passend zur App im Unterricht bearbeitet werden können.

Download unter: *https://apps.apple.com/de/app/wdr-ar-1933-1945/id1446878251*

- **MauAR – Berliner Mauer**

  Mit *MauAR* werden Ihre Schüler*innen und Sie in die Zeit des Kalten Krieges zurückversetzt, und die Mauer wird mithilfe von AR in Ihr Klassenzimmer geholt. Im Storymodus können Sie auf dem iPad die Geschichte der Mauer nacherleben.

  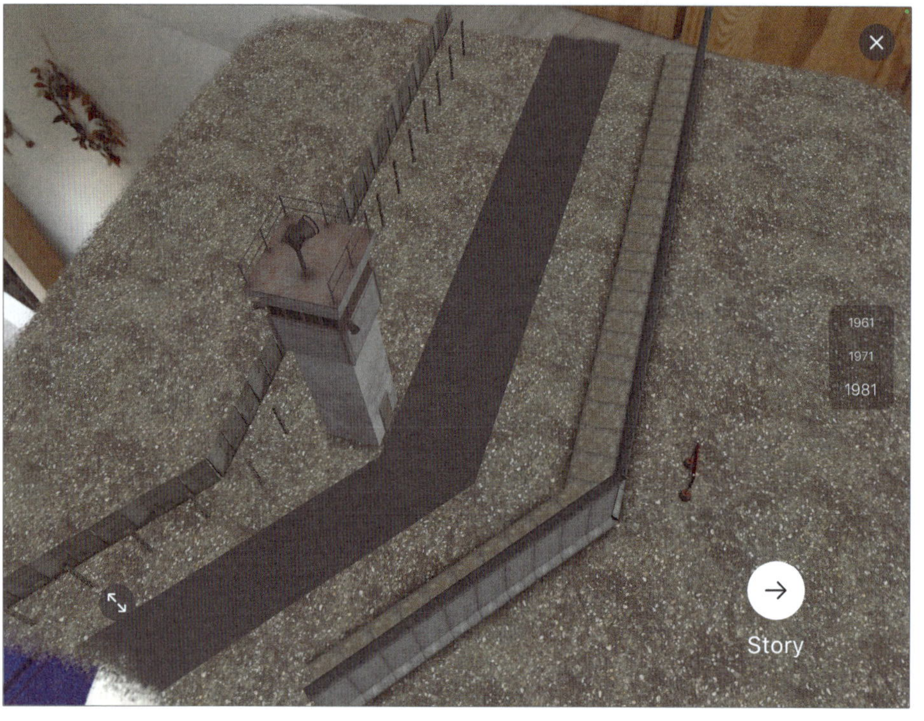

  Abbildung 13.33 Mithilfe der AR-Technologie steht die Mauer plötzlich im eigenen Raum.

  Download unter: *https://apps.apple.com/de/app/mauar-berliner-mauer/id1439084007*

- **WWF Free Rivers**

  AR lässt Ihre Schülerinnen und Schüler in der App *WWF Free Rivers* eine Flusslandschaft von der Quelle bis zur Mündung erkunden.

  Dabei lassen sich sogar Veränderungen am Flusslauf simulieren, wie z. B. der Bau eines neuen Damms oder Regenfälle.

Abbildung 13.34 Mit »WWF Free Rivers« holen Sie einen Fluss live ins Klassenzimmer.

Download unter: *https://apps.apple.com/de/app/wwf-free-rivers/id1349935575*

13.5.5 Musik machen

Mit dem iPad lässt sich nicht nur digitale Musik produzieren, sondern man kann auch Instrumente imitieren und diese so den Schüler*innen erfahrbar machen. Natürlich ersetzt dies kein echtes Instrument, Ihre Schüler*innen bekommen aber trotzdem ein Gefühl für die verschiedensten Instrumente.

- **Garage Band**

  Das Nonplusultra der Musik-Apps auf dem iPad ist Apples *Garage Band*. Neben der Simulation diverser Musikinstrumente können mit Garage Band eigene Songs entwickelt werden, indem man mit verschiedenen Tonspuren arbeitet.

  Garage Band kann zu Anfang recht komplex wirken und nimmt viel Speicherplatz auf den iPads ein, aber dafür ist der Funktionsumfang auch gewaltig. Es lohnt sich wirklich, sich mit dieser App zu befassen.

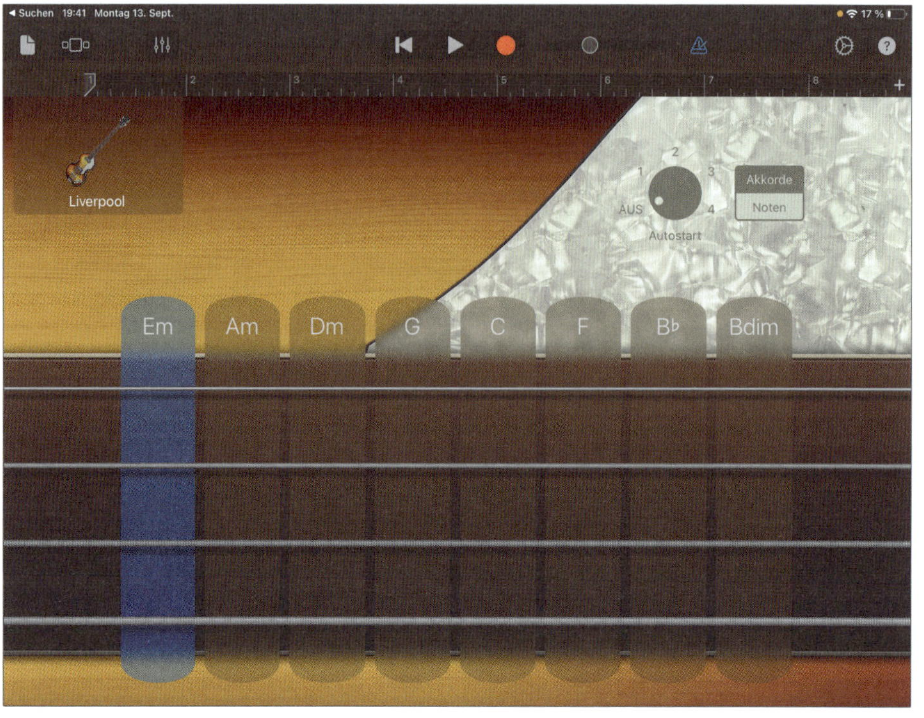

Abbildung 13.35 Mit »Garage Band« lassen sich verschiedene Instrumente ausprobieren.

Download unter: *https://apps.apple.com/de/app/garageband/id408709785*

Mit »Garage Band« einen Podcast aufnehmen

Mit Garage Band können Sie oder Ihre Schüler*innen auch hervorragend Podcasts aufnehmen und vertonen. Dazu steht eine breite Auswahl an Instrumenten bereit, mit denen man das Erzählte passend musikalisch unterlegen kann. Mit einem angeschlossenen Mikrofon lässt sich die Qualität des Podcasts zusätzlich verbessern.

Kapitel 14
Troubleshooting

Es kann immer wieder einmal vorkommen, dass bei der Arbeit mit einem digitalen Gerät wie dem iPad etwas nicht so funktioniert, wie man möchte. Das Wichtigste ist: Ruhe bewahren. Im Idealfall sind Ihre Dateien in der Cloud gespeichert, und es kann nichts verloren gehen.

Wenn einmal etwas plötzlich nicht mehr so läuft wie gewohnt, heißt es, sich auf Fehlersuche zu begeben. Liegt es möglicherweise an einer unterbrochenen Internetverbindung, oder ist etwa das Gerät beschädigt? Im Folgenden zeige ich Ihnen einige Möglichkeiten, wie Sie sich bei Problemen helfen können.

14.1 Flugmodus ein- und ausschalten

Falls Verbindungsprobleme auftreten, reicht es häufig schon aus, den Flugmodus vorübergehend einzuschalten, um ihn anschließend wieder auszuschalten. Alle Dienste wie WLAN oder Bluetooth werden bei der Aktivierung des Flugmodus nämlich deaktiviert. Warten Sie einige Sekunden, bevor Sie den Flugmodus wieder deaktivieren und somit die WLAN- bzw. Bluetooth-Verbindung erneut herstellen.

Um den Flugmodus einzuschalten, ziehen Sie mit dem Finger vom rechten oberen Bildschirmrand nach unten, damit sich das Kontrollzentrum öffnet (siehe Abbildung 14.1). Tippen Sie dann auf das Flugzeugsymbol, um den Flugmodus zu aktivieren. Deaktivieren Sie den Flugmodus einfach nach einigen Sekunden wieder durch erneutes Tippen auf das Symbol.

Der Flugmodus trägt seinen Namen, da bei Start und Landung eines Flugzeugs die Funkverbindungen der mobilen Endgeräte in seinem Inneren deaktiviert werden sollen. In diesem Fall kann die Ein-Ausschalt-Methode helfen, die Verbindung mit dem WLAN oder dem Mobilfunknetz wiederherzustellen.

Abbildung 14.1 Im Kontrollzentrum können Sie den Flugmodus aktivieren.

Manchmal hilft es bei Problemen auch, gleich das WLAN zu deaktivieren, um es kurz danach wieder zu aktivieren.

14.2 Das iPad neu starten

Hilft der Trick mit dem Flugmodus nicht weiter, starten Sie Ihr iPad am besten neu. Halten Sie dafür die Feststelltaste des iPads, mit der Sie normalerweise den Bildschirmschoner aktivieren, etwas länger gedrückt. Jetzt können Sie mit dem Schieberegler das iPad ausschalten (siehe Abbildung 14.2). Schalten Sie es nach einigen Sekunden auf dem gleichen Wege wieder ein.

Alternativ kann man das iPad auch in der *Einstellungen*-App unter dem Menüpunkt ALLGEMEIN ausschalten (siehe Abbildung 14.3). Zum Anschalten brauchen Sie jedoch die Feststelltaste.

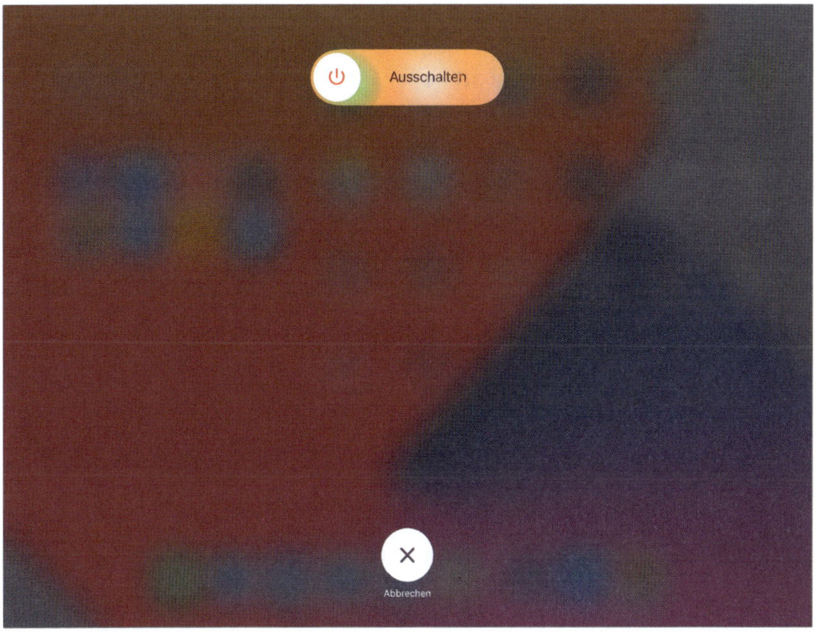

Abbildung 14.2 Durch langes Drücken der Feststelltaste können Sie Ihr iPad neu starten.

14

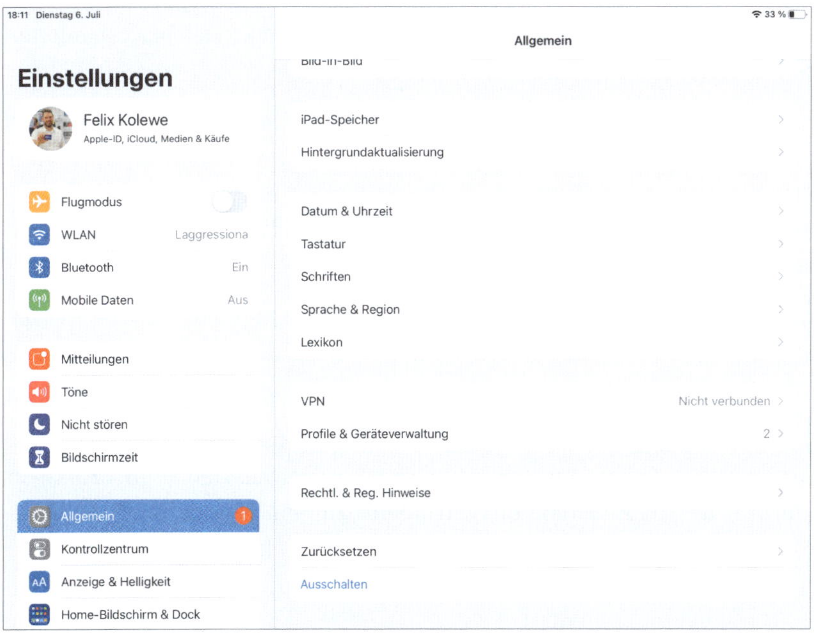

Abbildung 14.3 Unter »Einstellungen • Allgemein« lässt sich das iPad ebenfalls ausschalten.

14.3 Der Soft Reset

Hat das eben beschriebene Ausschalten nicht zum gewünschten Ergebnis geführt, können Sie im nächsten Schritt einen Soft Reset testen, mit dem das iPad nicht vollständig heruntergefahren, sondern gleich wieder neu gestartet wird. Dafür halten Sie den Homebutton und die Feststelltaste gleichzeitig für einige Sekunden fest. Das iPad startet daraufhin neu. Dabei wird der Arbeitsspeicher geleert, aber es werden keine Daten gelöscht.

14.4 Der Hard Reset

Bei ernsthafteren und wiederkehrenden Problemen hilft leider manchmal nur ein sogenannter Hard Reset. Dabei werden alle Daten aus dem lokalen Speicher des iPads gelöscht und es wird wieder auf die Werkseinstellungen zurückgesetzt.

Achtung: Hierbei können Daten also dauerhaft verloren gehen, wenn nicht sichergestellt ist, dass sie zusätzlich an einem anderen Ort bzw. auf einem externen Speichermedium gespeichert wurden! Achten Sie also darauf, dass Sie Ihre Daten vor der Rücksetzung des jeweiligen Geräts an anderer Stelle gesichert haben und dass die Sicherung in der iCloud aktiviert ist.

Wenn Sie sich unsicher sind, sprechen Sie mit einem Experten oder bei verwalteten iPads mit Ihrem Systemadministrator.

Um einen Hard Reset durchzuführen, tippen Sie in der App *Einstellungen* zunächst auf ALLGEMEIN und dann auf ZURÜCKSETZEN. Im neuen Dialog wählen Sie nun ALLE INHALTE & EINSTELLUNGEN LÖSCHEN aus (siehe Abbildung 14.4). Die Inhalte und alle zuvor vorgenommenen Einstellungen werden dabei vom iPad entfernt und es wird auf die Werkseinstellungen zurückgesetzt.

Wenn sich aufgrund eines massiven Hardware-Defekts das Gerät nicht mehr zurücksetzen lässt bzw. wenn Sie nicht mehr auf die Einstellungen auf dem Gerät zugreifen können, dann sollten Sie Ihr iPad per Kabel an einen Computer anschließen, um dort die Daten zu sichern.

Nach dem Verbinden von Computer und iPad müssen Sie jeweils den Zugriff zulassen, also bestätigen, dass die Geräte einander »vertrauen« (siehe Abbildung 14.5). Anschließend haben Sie über Ihren Computer Zugriff auf das iPad. Jetzt können Sie zunächst Ihre iPad-Daten auf dem Computer sichern bzw. mit ihm synchronisieren.

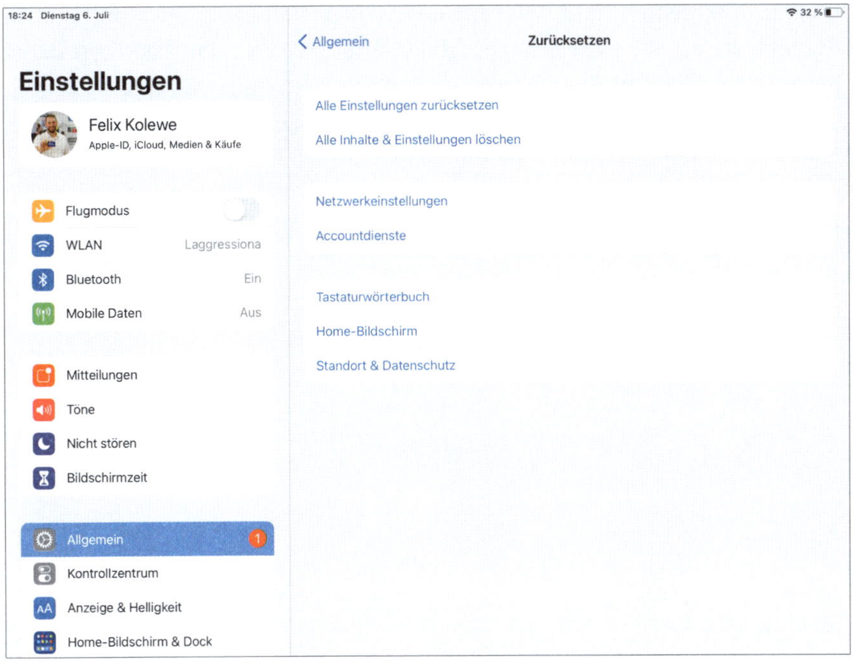

Abbildung 14.4 Wenn nichts mehr geht: »Alle Inhalte & Einstellungen löschen«

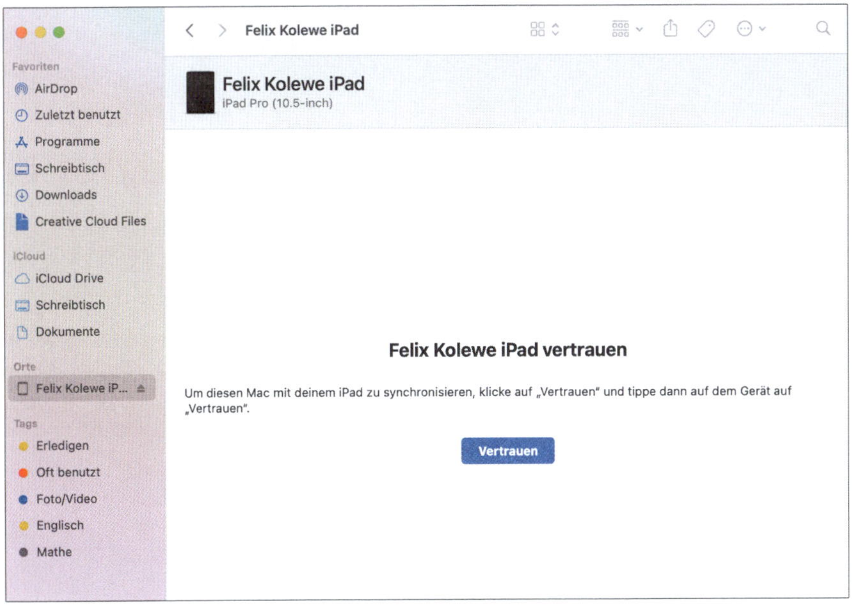

Abbildung 14.5 Über den Computer kann eine Verbindung zum iPad hergestellt werden.

Um nun das iPad durch einen Hard Reset zurückzusetzen, halten Sie den Homebutton und die Feststelltaste am iPad etwas länger gleichzeitig gedrückt. Ihr iPad fährt dabei zunächst herunter und kommt danach in eine Art Wartungsmodus. Auf Ihrem Computer erscheint nun ein Fenster mit dem Menüpunkt AKTUALISIEREN UND AUF WERKSEINSTELLUNG ZURÜCKSETZEN. Wenn Sie auf diesen Punkt klicken, wird die neueste Software aus dem Internet geladen und auf das iPad gespielt. Das iPad wird dabei auf die Werkseinstellungen zurückgesetzt.

Index

E

F

G

H

I

J

K

L

M

N

O

P

Q

S

T

U

V

W

Z